CB065879

COLEÇÃO
CRÍTICA,
HISTÓRIA E
TEORIA DA
LITERATURA

Impresso no Brasil, outubro de 2012.

Título original: *The Dark Dove – The Sacred and Secular in Modern Literature*
Copyright © 1975 University of Washington Press

Os direitos desta edição pertencem a
É Realizações Editora, Livraria e Distribuidora Ltda.
Caixa Postal: 45321 · 04010 970 · São Paulo SP
Telefax: (5511) 5572 5363
e@erealizacoes.com.br · www.erealizacoes.com.br

Editor | Edson Manoel de Oliveira Filho

Produtor editorial | Marcio Honorio de Godoy

Preparação de texto | Dida Bessana
              Gabriela Trevisan

Revisão | Renata Gonçalves
       Liliana Cruz

Capa e projeto gráfico | Mauricio Nisi Gonçalves – Estúdio É

Pré-impressão e impressão | Gráfica Vida & Consciência

Reservados todos os direitos desta obra. Proibida toda e qualquer reprodução desta edição por qualquer meio ou forma, seja ela eletrônica ou mecânica, fotocópia, gravação ou qualquer outro meio de reprodução, sem permissão expressa do editor.

EUGENE WEBB

A POMBA ESCURA

O Sagrado e o Secular
na Literatura Moderna

TRADUÇÃO DE
HUGO LANGONE

Realizações
Editora

Para Alix, minha filha, que ainda não tem idade para ler este livro, mas sobre cuja vida, rezo, seu tema possa pairar "com acalentado peito e, ah!, asas radiantes"

Sumário

Prefácio 9

Agradecimentos 11

Capítulo 1
    O paradoxo do sagrado 15

Capítulo 2
    A tradição do sagrado no Ocidente 25

Capítulo 3
    As ambiguidades da secularização: transformações modernas do
    Reino em Nietzsche, Ibsen, Beckett e Stevens 47

Capítulo 4
    O uno e o múltiplo: o desafio ambíguo do ser na poesia de
    Yeats e Rilke 105

Capítulo 5
    Uma escuridão brilhando na claridade: James Joyce e a alma
    obscura do mundo 129

Capítulo 6
A perigosa viagem rumo à totalidade em Thomas Mann.................. 175

Capítulo 7
O caminho para cima e o caminho para baixo: a redenção do tempo na "Quarta-feira de Cinzas" e nos *Quatro Quartetos*, de T. S. Eliot 211

Capítulo 8
W. H. Auden: a ambiguidade do sagrado.. 259

Capítulo 9
Conclusão 293

Bibliografia 299

Índice remissivo.. 305

Prefácio

"É na literatura", afirmou Alfred North Whitehead, "que o ponto de vista concreto da humanidade ganha sua expressão. Desse modo, é a ela, especialmente em suas formas mais concretas, que devemos nos voltar para descobrir os pensamentos mais profundos de determinada geração".[1] Isso é particularmente verdadeiro acerca do tema deste livro: o estudo do sagrado e suas transformações no pensamento moderno, tal como das transformações do secular em relação a ele. Mais do que apenas um conceito, o sagrado envolve posturas afetivas e, portanto, não é nos tratados filosóficos, teológicos ou psicológicos que vem expresso de modo mais direto ou adequado, e sim nas obras de literatura imaginativa, nas quais a imagística pode mesclar seus elementos intelectuais e emocionais e ainda comunicar ambos, fundindo tudo em uma única experiência cognitiva.

O sagrado pode ser superior ou inferior à razão, pode ser verdadeiro ou falso, benéfico ou perigoso – e este livro considerará todas essas possibilidades; no entanto, o sagrado exerce uma força na vida humana que se mostra inevitável. Pode ser que, em uma geração, muitos homens mal sintam seu poder; ao mesmo tempo, provavelmente,

---

[1] *Science and the Modern World*. Cambridge, Cambridge University Press, p. 106, citado em Joseph Anthony Mazzeo, "Some Interpretations of the History of Ideas". *Journal of the History of Ideas*, v. 33, n. 3, jan./set. 1972, p. 389.

haverá alguns que ao menos sentirão sua ausência, tal como sempre haverá aqueles que sentirão isso de maneira aguçada o bastante para querer saber o que está faltando ou, em alguns casos, desejar redescobri-lo. Do mesmo modo, haverá aqueles, dos quais gostaria de listar os autores aqui estudados, que conhecem o chamado e a força do sagrado, mas que precisaram encontrar uma nova linguagem simbólica para compreendê-lo e abordá-lo. São esses os verdadeiros exploradores de sua geração, pois é a eles, mais do que a quaisquer outros, que devemos a possível profundidade de nossa vida.

Gostaria de aproveitar a oportunidade para expressar minha gratidão aos seguintes amigos e colegas, os quais leram partes do manuscrito deste livro e me auxiliaram com seus comentários: os professores David C. Fowler, Otto Reinert, Harold P. Simonson e Richard Blessing, da University of Washington; o professor W. Ward Gasque, do Regent College, University of British Columbia, Vancouver; e o professor Fredrick C. Candelaria, da Simon Fraser University, Burnaby, B. C.

Agradecimentos

A permissão para citar as seguintes obras de W. H. Auden nos foi concedida pela Random House, Inc.: *The Collected Poetry of W. H. Auden* © 1945, *Collected Shorter Poems 1927-1957* © 1966, *About the House* © 1965 e *City Without Walls* © 1969. Excertos da poesia de T. S. Eliot foram extraídos do volume *Collected Poems 1909-1962* com permissão de Harcourt Brace Jovanovich, Inc.; © 1936, Harcourt Brace Jovanovich, Inc.; © 1963, 1964, T. S. Eliot. Excertos das seguintes obras de Rainer Maria Rilke foram reproduzidos com a permissão da W. W. Norton and Company: *Duino Elegies*, de Rainer Maria Rilke, traduzido por J. B. Leishman e Stephen Spender, © 1939 W. W. Norton & Company, Inc., renovado em 1967 por Stephen Spender e J. B. Leishman; *Sonnets to Orpheus*, de Rainer Maria Rilke, traduzido por M. D. Herter Norton, © 1942 W. W. Norton & Company, Inc., renovado em 1970 por M. D. Herter Norton. Excertos das seguintes obras de Wallace Stevens foram reproduzidos com a permissão de Alfred A. Knopf: *The Collected Poems of Wallace Stevens* © 1923, 1931, 1935, 1936, 1937, 1942, 1943, 1944, 1945, 1946, 1947, 1948, 1949, 1950, 1951, 1952, 1954, *Opus Posthumous* © 1957. Excertos dos seguintes poemas de William Butler Yeats foram reproduzidos com a permissão da Macmillan Publishing Company, Inc.: "To the Rose upon the Rood of Time" (© 1906 Macmillan Publishing Company, Inc., renovado em 1934 pela Macmillan Publishing Co., Inc.),

"Byzantium" (© 1933 Macmillan Publishing Co., Inc., renovado em 1961 por Bertha Georgie Yeats), "Vacillation" (© 1933 Macmillan Publishing Co., Inc., renovado em 1961 por Bertha Georgie Yeats), "Among School Children" (© 1928 Macmillan Publishing Co., Inc., renovado em 1956 por Bertha Georgie Yeats), "The Magi" (© 1916 Macmillan Publishing Co., Inc., renovado em 1944 por Bertha Georgie Yeats), "Ego Dominus Tuus" (© 1918 Macmillan Publishing Co., Inc., renovado por Bertha Georgie Yeats).

A POMBA ESCURA

O Sagrado e o Secular
na Literatura Moderna

Capítulo 1

O PARADOXO DO SAGRADO

A tendência universal à secularização, amplamente reconhecida como um dos traços distintivos do período atual, muitas vezes se vincula à ideia do declínio geral do sagrado. Uma vez relacionada a concepções do divino, a morte ou o desaparecimento do sagrado tornou-se um lugar-comum da crítica cultural moderna, tanto em seus níveis mais altos quanto nos mais baixos. Em determinado ano, quando um livro como *Honest to God*, de J. A. T. Robinson, apresenta de modo facilmente compreensível algumas especulações de Paul Tillich e Rudolph Bultmann, o jornalismo popular proclama a morte de Deus; no ano seguinte, à medida que vêm à luz traduções de pensadores posteriores, como Jürgen Moltmann e Wolfhart Pannenberg, ele anuncia Seu retorno. Nos níveis mais elevados, um estudo acadêmico cuidadoso e exigente como *The Disappearance of God*, de J. Hillis Miller, discute toda a tradição pós-medieval europeia como um registro da "gradual retirada de Deus do mundo".[1]

É um tanto óbvio que, ao longo dos últimos séculos, tem ocorrido uma mudança profunda no pensamento e na sensibilidade religiosa do homem moderno. No que esta consiste, porém, é algo que só aos poucos vem sendo esclarecido, e as discussões formuladas nos

---

[1] *The Disappearance of God: Five Nineteenth Century Writers*. Cambridge, Mass., Harvard University Press, 1963, p. 1.

termos da teologia tradicional – as referências à "morte de Deus", por exemplo – muitas vezes só aumentam a confusão. Miller percebe bem esse perigo; após começar seu estudo com a enunciação do tema acima mencionado, ele alerta que "uma declaração como essa não deve ser erroneamente compreendida. Ela não se refere a um ateísmo vazio, como é frequentemente interpretado o 'Deus está morto' de Nietzsche". O que ela significa para muitos, diz ele, é que, embora Deus ainda viva, Ele se encontra muito acima de nós, num mundo diferente: "Deus existe, mas está fora de nosso alcance". Formulando a questão de outra forma, o significado da situação descrita por Miller e por outros – seja esta um "ateísmo vazio", um deísmo ou qualquer outra variante desses posicionamentos tradicionais – dependerá em grande parte do significado atribuído a "Deus", a "desaparecimento", etc. E também dependerá – e aqui abordamos um aspecto importante do problema, capaz de indicar novos caminhos para sua interpretação – de atitudes e sentimentos que não são inteiramente conceituais e os quais podem ser distorcidos ou obscurecidos se formulados numa terminologia que tenta encaixá-los num molde conceitual inadequado.

O sagrado só é um conceito intelectual em parte: ele é também uma forma de experiência. Além disso, o que a ele se opõe não é o secular propriamente dito, mas o profano. O secular, isto é, o mundo da vida no tempo, pode ser vivenciado como sagrado ou como profano, e a secularização, embora de fato possa envolver a dessacralização, também pode envolver transformações nos conceitos de secular e de sagrado – transformações que, em alguns casos, talvez mais os aproximem do que os distanciem. A noção de sagrado é muito mais antiga que a de teologia, e por ser não uma ideia, mas uma experiência, é também mais fundamental; a teologia, tal como o rito e todos os outros aspectos da religião, surge da noção de sagrado e forma-se em torno dela. Consequentemente, embora a teologia como disciplina racional possa ser governada pelas leis da lógica, seus desdobramentos, incluindo os posicionamentos teológicos explícitos relacionados à visão de mundo de determinado período, também podem ocorrer de acordo com modelos cambiantes de experiências intrinsecamente irracionais.

Para compreender o papel desempenhado pelo sagrado no pensamento e na sensibilidade de determinado período, torna-se necessário abordar ambos os seus aspectos: o conceitual e o experiencial. Os dois não podem ser dissociados por completo, mas é possível distingui-los em alguma medida. Em certos casos, como veremos no terceiro capítulo deste estudo, pode até mesmo ocorrer de um pensador cuja linguagem em geral é vista como conceitualmente ateísta expressar, inclusive por meio dessa mesma linguagem, uma forte noção de reverência por uma dimensão sagrada do ser.

Ainda que a história da teologia como disciplina teórica seja milenar, o estudo do sagrado como forma de experiência religiosa é bastante recente: ele teve início em 1917, com a publicação de *Das Heilige* [O Sagrado], de Rudolf Otto.

Ao abordar o tema do sagrado partindo do estudo comparativo das religiões, disciplina que só veio a existir em meados do século XIX, Otto descreve as características comuns que o sentimento do sagrado assume numa série de tradições religiosas, embora seu foco seja sobretudo a tradição judaico-cristã. Estudos posteriores, entre os quais se destacam os de Mircea Eliade, abordaram do mesmo modo um grande número de religiões primitivas e não ocidentais. Segundo essa escola de pensamento, a noção de sagrado possui traços que não variam onde quer que ele se manifeste: a sensação de assombro, e até mesmo de terror, diante do sacro, a qual é experienciada como algo impenetrável e incompreensível que simplesmente subjuga o intelecto (*mysterium tremendum*); a majestade (*majestas*) atribuída à vasta superioridade de seu poder; o fascínio diante da plenitude de sua existência (*mysterium fascinans*); a sensação de sua completa alteridade, isto é, de que nada, seja humano, seja cósmico, se assemelha a isso, tal como a sensação de que todas as analogias são incapazes de abarcá-lo; o sentimento de uma dependência ontológica integral ou, nas palavras de Otto, o "sentimento de criatura"; e, por fim, uma sensação de abissal deficiência ou indignidade – em termos religiosos, de "iniquidade".[2]

Outro traço importante do sagrado é o modo pelo qual ele se revela. Em várias tradições, ele se manifesta numa grande diversidade de formas, mas sempre numa figura específica, ou seja, em algum elemento do mundo secular; como diz Eliade, "em objetos que são parte integrante de nosso mundo 'profano', natural". Isso constitui um paradoxo; o sagrado, em virtude dessa sua natureza, transcende tudo o que é finito, mas continua a se revelar apenas naquilo, e por meio daquilo, que tem fim: "É impossível enfatizar demais o paradoxo representado por cada hierofania, até mesmo por aquela mais elementar. Ao manifestar o sagrado, qualquer objeto se torna *algo mais*, ao mesmo tempo que não deixa de ser *ele mesmo*, dado que continua a participar do ambiente cósmico que o circunda. Uma pedra *sagrada* continua a ser uma *pedra*".[3] Ou, então, para adaptar a linguagem de São João Evangelista, a manifestação particular do sagrado está no mundo e não lhe pertence, ao mesmo tempo que pertence ao mundo e não se encontra integralmente nele; esta é uma incômoda união do finito com o infinito, a qual aponta para ambas as direções de uma só vez.

Colocando a questão em termos que podem ser úteis para esclarecer a dinâmica do sagrado como experiência e como fonte de modelos de pensamento que dão forma à nossa tradição, o sagrado, independentemente de sua fórmula conceitual, é sempre apreendido

---

[2] Esse tratamento do tema do sagrado é apresentado nos capítulos III-VII de Otto, *O Sagrado*. Para uma exposição breve e condensada de suas principais afirmações, ver Mircea Eliade, *The Sacred and the Profane: The Nature of Religions*. Nova York, Harper and Brothers, 1961, p. 8-10.

[3] Mircea Eliade, *The Sacred and the Profane*, p. 11, 12.

pela experiência como algo ao mesmo tempo transcendente e imanente, e esses dois aspectos podem servir como polos entre os quais a experiência oscila. Quando um dos polos é mais proeminente que o outro, o caráter da experiência é afetado. Quando o polo transcendente domina, a experiência é caracterizada, de modo um pouco mais forte, pelos sentimentos de terror e de iniquidade; quando o polo imanente ganha maior destaque, os sentimentos de terror e de iniquidade dão lugar a outras sensações – talvez aos sentimentos de salvação e perdão, de renascimento e de participação no ser sagrado.

Para que a noção do sagrado conserve sua vitalidade – de fato, para que qualquer experiência de sacralidade sequer venha a existir –, os dois polos devem estar presentes, e a força de ambos deve ser percebida. Se, do ponto de vista da experiência, a plenitude do ser parecesse inteiramente contida no finito, o assombro, que é uma função da noção de transcendência, se dissiparia, e a experiência seria puramente secular, isto é, profana. Se, de outro modo, a plenitude do ser, concebida como o ser de Deus ou dos deuses, parecesse exclusivamente transcendente, completamente além do mundo, ela também pareceria extremamente remota – nas palavras de Miller, "fora de alcance" –, não tendo, então, qualquer valor para o homem; tanto o homem quanto o universo teriam sido abandonados, sendo obrigados a bastar a si mesmos. Ambos os caminhos da tensão polar do sagrado – seja aquele que a princípio poderia soar como uma glorificação da natureza, seja aquele que enfatiza de modo radical a majestade de Deus em detrimento da criatura – conduzem ao mesmo lugar: à dessacralização do universo.

Exemplos de ambas as tendências podem ser encontrados em várias tradições religiosas, e são tão numerosos que quase parecem governados por uma lei que prescreve que as divindades transcendentes devem aos poucos se refinar para além da existência – ou ao menos para além do universo humano – e que a divindade imanente deve aos poucos se dissolver na natureza. Os deuses celestes descritos por Eliade, por exemplo, são predominantemente transcendentais – por meio do simbolismo natural da altitude e da vastidão celestial – e tipicamente remotos, chegando até mesmo à disfuncionalidade: "Os seres supremos estruturados celestialmente tendem a desaparecer da prática religiosa, do culto; eles se afastam dos homens, recolhem-se no céu e tornam-se deuses remotos e inativos (*dei otiosi*)".[4] Sua função característica é a criação, e uma vez que a tenham realizado, nada mais lhes resta, a não ser que a comunidade seja ameaçada pela destruição e necessite novamente daquela força criativa:

> Se ainda é lembrado, o Deus Supremo é conhecido por ter criado o mundo e o homem, e isso é quase tudo. Tal Deus Supremo parece ter cumprido sua tarefa ao completar a obra da criação. Ele quase não desempenha papel algum no culto, seus mitos são poucos e um tanto banais, e, quando não é inteiramente esquecido, ele é invocado somente em casos de extrema apreensão, quando todos os outros seres divinos se mostraram completamente ineficazes.[5]

Como o Deus Supremo se recolhe no céu, seu lugar na economia do sagrado é ocupado em grande medida pelas forças da divindade imanente:

> Ao preocupar-se com as hierofanias da vida, ao descobrir a fertilidade sacra da terra e ao ver-se exposto a experiências religiosas mais concretas (mais carnais e mesmo orgíacas), o homem primitivo se afasta do deus celestial e transcendente. A descoberta da agricultura transforma essencialmente não apenas a economia do homem primitivo, mas sobretudo sua *economia do sagrado*. Outras forças religiosas entram em jogo: a sexualidade, a fertilidade, a mitologia da mulher e da terra, etc.[6]

---

[4] Ibidem, p. 121-22.
[5] Mircea Eliade, *The Quest: History and Meaning in Religion*. Chicago, University of Chicago Press, 1969, p. 81-82.
[6] Mircea Eliade, *The Sacred and the Profane*, p. 125-26.

1. O paradoxo do sagrado | 21

Essas forças religiosas parecem mais acessíveis do que a divindade celeste – e talvez muito mais agradáveis –, mas elas têm poder limitado[7] e, no fundo, a exemplo do cosmos que avivam, veem a sacralidade de que desfrutam depender do transcendente:

> Os chamados cultos da vegetação não dependem de uma experiência profana e "naturista", vinculada, por exemplo, à primavera e ao redespertar da vegetação. Ao contrário, a experiência religiosa da renovação (= recomeço, recriação) do mundo precede e justifica a valorização da primavera como ressurreição da natureza. É o mistério da regeneração periódica do cosmos que se encontra na base do significado religioso da primavera. Assim, também nos cultos de vegetação a ênfase nem sempre é dada ao fenômeno natural da primavera e ao aparecimento da vida vegetal, mas ao *sinal* profético do mistério cósmico.[8]

Poderíamos dizer que o polo transcendente do sagrado é a fonte ou o fundamento de sua qualidade sacra e que o polo imanente é seu veículo, o meio pelo qual ele se torna acessível ao homem. Se ambos não existissem, o sagrado desapareceria da experiência humana. Obviamente, isso não acontece nas culturas primitivas. A dessacralização radical do universo é um desenvolvimento recente, tipicamente moderno e amplamente ocidental. Na maioria das tradições, as divindades criadoras, mesmo quando se tornaram remotas, permaneceram ativas por meio do simbolismo; a imagística da altitude – as montanhas, os céus, etc. – continuou a representar a transcendência e a imprimi-la, ainda que de modo obscuro, na visão que o homem tem do universo.[9]

O movimento-padrão não tem sido a fuga do sagrado, mas a alternância, em seu interior, de posições menos extremas, indo de uma proeminência um pouco maior do polo transcendental a uma

---

[7] Ibidem, p. 127.
[8] Ibidem, p. 150-51.
[9] Ibidem, p. 128-29.

proeminência um pouco maior do polo imanente. Em ambos os casos, a força dos dois é percebida e o universo continua sendo um cosmos divinamente fundado e animado.

A experiência do Ocidente moderno, porém, tem sido mais complicada. Ele possuiu, e de diversas formas ainda possui, sua noção de sagrado, mas viu esse sentimento aumentar, diminuir e se transformar ao longo de diversos períodos e na mente de diversos homens. Do mesmo modo, vivenciou seu desaparecimento – e não em pequena escala ou por um breve momento, mas de uma forma que, em alguma medida, toca a vida de cada habitante do mundo moderno. Aqueles que procuram se ater ao sentido tradicional do sagrado só podem fazê-lo lutando contra os demônios da dúvida, e até mesmo a fé mais triunfante tem como pano de fundo uma Terra Desolada, um "mar confuso e esquartejado",[10] tal como as "terras baldias" [*bad lands*] em que "todas as paisagens e atmosferas congelam de medo".[11] Aqueles que não procuram ou não suportam isso são abandonados num descampado dessacralizado. Pessoas diferentes respondem à situação de maneiras diferentes: algumas, a exemplo dos anjos caídos de Milton, exploram seu novo mundo e tentam erigir nele um lar; outras, como o Rei-Pescador de Eliot, continuam, tanto pela força do hábito quanto pela falta de esperança, a pescar às margens da "árida planície".[12]

Os capítulos que se seguem examinarão obras importantes de poetas, romancistas e dramaturgos modernos que exploraram as

---

[10] Dylan Thomas, "Poem on his Birthday", *The Collected Poems of Dylan Thomas*. Nova York, New Directions, 1953, p. 193. [Edição brasileira: "Poema em seu Aniversário", *Poemas Reunidos: 1934-1953*. Trad. Ivan Junqueira. Rio de Janeiro, José Olympio, 2003, p. 215. (N. T.)]

[11] W. H. Auden, "The Quest", *Collected Shorter Poems, 1927-1957*. Nova York, Random House, 1966, p. 179.

[12] T. S. Eliot, "The Waste Land", *The Complete Poems and Plays, 1909-1950*. Nova York, Harcourt, Brace and World, 1952, p. 50. [Edição brasileira: "A Terra Desolada", *Poesia*. Trad. Ivan Junqueira. Rio de Janeiro, Nova Fronteira, 2006, p. 117. (N. T.)]

possibilidades dessas circunstâncias. O capítulo que aborda as ambiguidades da secularização em Nietzsche, Ibsen, Beckett e Stevens discutirá a forma como esses quatro autores – os quais apresentam uma visão da vida radicalmente secular e, em termos convencionais, até mesmo ateística – criticam as noções tradicionais do sagrado e experimentam novos conceitos. Os três capítulos seguintes abordam a maneira pela qual William Butler Yeats, Rainer Maria Rilke, James Joyce e Thomas Mann recorrem a diversos tipos de imagens sagradas tradicionais para ressacralizar o secular nos termos daquela que pode ser chamada, com algumas ressalvas, de visão panteísta. Os capítulos sobre T. S. Eliot e W. H. Auden discutem a forma como esses dois autores cristãos reformularam e renovaram a tradição religiosa ortodoxa do Ocidente de modo a adaptá-la aos desafios impostos pela secularização.

Pelo bem da perspectiva histórica, o capítulo seguinte se debruçará de maneira breve e necessariamente generalizada sobre alguns aspectos da tradição que fundamenta esses desdobramentos modernos.

Capítulo 2

A TRADIÇÃO DO SAGRADO NO OCIDENTE

A tradição do que sentimos e pensamos em relação ao sagrado está enraizada na religião dos hebreus. A importância geral da civilização grega para nossa cultura é óbvia, e ninguém seria capaz de questioná-la, mas a influência que ela exerceu sobre nossa experiência sacra foi relativamente pequena. O pensamento clássico pode ter fornecido categorias que nos permitem interpretar o sagrado no plano intelectual, mas a sensibilidade sacra clássica, encarnada numa massa heterogênea de *jinni* locais, de deuses olímpicos e celestes, de deuses da fertilidade, de augúrios e de ritos de mistério, desapareceu em grande parte depois da queda de Roma ou, então, viu-se transformada pela integração de seus pormenores ao culto cristão.

É a versão poderosa e, por fim, altamente refinada da divindade criadora e transcendental que constitui a importante contribuição da religião hebraica. Isso resultou de um longo intercâmbio entre as tradições de diversas deidades semíticas e canaanitas, de modo mais notável El, Baal e Iahweh.[1] Aos poucos, Iahweh se tornou proeminente entre os israelitas e assumiu as funções – e no mais das vezes até os nomes – de seus rivais. A maioria desses rivais representa aquilo que a religião comparada denomina "deus supremo", embora alguns deles,

---

[1] Edmond Jacob, *Theology of the Old Testament*. Nova York, Harper and Row, 1958, p. 43-48.

como Baal, também fossem associados à fertilidade. Iahweh se tornou o "supremo deus" por excelência, o único entre os deuses antigos a permanecer, durante muito tempo e de modo razoavelmente consistente, tanto transcendental quanto ativo. Uma das explicações para isso pode estar no fato de a criação javeística ser única entre os tipos de mitos primitivos que envolviam algum tipo de Queda. Outros mitos desse gênero, que é muitíssimo numeroso, afirmavam a vida em vez de criticá-la, não apresentando qualquer sentimento de pecado ou de exílio.[2] Como indicou Rudolf Otto, a noção de iniquidade é um dos traços característicos da experiência do sagrado transcendental.

A proeminência de Iahweh, claro, só era *razoavelmente* constante; tal como acontecia com os outros povos, a noção de sagrado dos hebreus flutuava entre os polos transcendente e imanente, e ao se aproximar do polo imanente se tornava, em comparação com seus padrões posteriores, algo um tanto degradante. Os hebreus antigos parecem ter sofrido duas grandes tentações. Primeiro, a de trocar Iahweh por uma série de deuses da fertilidade, pelos Baals e pelas Astartes dos quais seus profetas muitas vezes precisavam recuperá-los. A outra foi reduzir a *majestas* transcendental de Iahweh a uma força mágica que estava sujeita a seu controle. Um exemplo dessa tendência pode ser encontrado no uso da Arca da Aliança como arma secreta de guerra, tal como se descreve o capítulo 4 do primeiro livro de Samuel. Por sorte e para o bem da contribuição que eles dariam à nossa civilização, essa batalha foi perdida. Felizmente, também, eles perderam outras batalhas e guerras, o suficiente para que voltassem vezes sem conta a uma visão mais crítica da transcendência divina.

A relevante contribuição dos hebreus às tradições religiosas que se consolidariam no Ocidente foi o poderoso sentimento da *majestas*, do *mysterium tremendum et fascinans* do sagrado transcendente

---

[2] Joseph Campbell, *The Masks of God: Occidental Mythology*. Nova York, Viking Press, 1964, p. 104-05.

e da absoluta dependência e deficiência do homem em relação a ele. Muito da história da tradição judaico-cristã tardia e da civilização moderna que ela gerou tem sido a história dos vários tipos de tentativas de equilibrar esse polo transcendental intensamente percebido com um polo imanente igualmente intenso. Afastar-se do polo transcendente e aproximar-se do polo imanente é algo um tanto comum, mas a tentativa de equilibrar um forte sentimento do sagrado transcendente com um forte sentimento do sagrado imanente é rara. Ademais, isso é extremamente difícil. A força de ambos arrasta o coração em duas direções, e quando sua união ou conjunção é conceituada, o intelecto lógico encontra apenas confusão. Dada a dificuldade de manter o equilíbrio entre os dois polos, o normal é que um seja mais forte que o outro.

Se examinarmos, em razão desse problema, o curso da tradição religiosa ocidental como um todo, veremos que, da época em que o javeísmo se tornou proeminente na religião hebraica até aproximadamente o século XVIII europeu, o polo dominante foi o da transcendência, com o polo imanente às vezes mais, às vezes menos desenvolvido. No período moderno, por sua vez, seja qual for o sentido de sagrado que ainda sobrevive, o polo da imanência parece relativamente mais forte – em especial fora do contexto da ortodoxia religiosa, mas num grau ainda maior em seu interior. Vejamos como isso se deu.

Em suas origens, no seio da tradição judaica, o movimento cristão pode ser encarado, entre outras coisas, como um importante realinhamento dos polos da transcendência e da imanência. A vinda do poder divino numa pessoa humana, a redenção do homem de sua degradação e de seu exílio no pecado, tal como o dom dado aos homens na forma do Espírito Santo transformaram numa presença forte aquela que muitas vezes parecia uma divindade bastante remota, a um só tempo transcendente e imanente – e tudo isso num grau de intensidade altíssimo. Comparar as escrituras cristãs e hebraicas dando grande atenção a esse desenvolvimento seria uma tarefa árdua e provavelmente supérflua, mas o cotejo de algumas imagens-chave pode tornar mais concreta e vívida a natureza da transformação.

Um exemplo particularmente adequado vem da comparação entre os Pentecostes hebraico e cristão, com suas imagens do vento e do fogo. Quando Deus convoca Moisés para sua missão como profeta e líder dos israelitas, Ele lhe apareceu na forma de um fogo sobrenatural, uma "sarça ardente" que, de modo significativo, não se consome. O fato de, na manifestação do transcendental em algo particular, esse algo conservar intata sua identidade é um aspecto importante do paradoxo do sagrado, o qual acabou por tornar-se um dos elementos essenciais da doutrina cristã da Encarnação. Posteriormente, quando da entrega da Lei no Monte Sinai – acontecimento celebrado na festa do Pentecostes judaico –, Ele novamente aparece como fogo: "Toda a montanha do Sinai fumegava, porque Iahweh descera sobre ela no fogo; a sua fumaça subiu como a fumaça de uma fornalha, e toda a montanha tremia violentamente" (Êxodo 19,18).[3] Trovões e relâmpagos também são mencionados. A imagem parece mesclar uma tempestade com uma erupção vulcânica, símbolos adequados à majestade do *mysterium tremendum*.

Aqui, a ênfase é dada à transcendência de Deus. O povo permanece aterrorizado ao sopé da montanha, enquanto Moisés age como mediador entre as pessoas e aquela presença que lhes seria insuportável – de fato, em seguida, seu rosto se mostra tão ofuscante que ele precisa usar um véu para protegê-las de sua visão. No decorrer da história, é claro, elas também trocaram o Deus transcendente pelo bezerro de ouro, precisando ser reconvocadas; no entanto, em face de seu retorno, as experiências do Sinai e da entrega da Lei, tal como os milagres do Êxodo, acabam por se tornar alguns dos símbolos mais importantes e duradouros da majestade de seu Deus.

---

[3] Exceto quando seu uso alterar a interpretação do autor, os excertos em português vêm da *Bíblia de Jerusalém*. São Paulo, Paulus, 2002. (N. T.)

Posteriormente, quando Deus parecia ter abandonado Israel e os profetas passam a esperar a volta de Seu poder, a imagística pentecostal se remodela de acordo com uma esperança nova, escatológica. Isaías, por exemplo, profetiza outra vinda, definitiva, na forma de vento e fogo:

> Com efeito, Iahweh virá no fogo,
> com seus carros de guerra, como um furacão,
> para acalmar com ardor sua ira
> e sua ameaça com chamas de fogo.
> Sim, por meio do fogo Iahweh executa o julgamento,
> com sua espada, sobre toda a carne;
> muitas serão as vítimas de Iahweh.
> Quanto aos que se santificam e purificam
> para o rito de consagração dos jardins,
> atrás daquele que está no meio (...). (Isaías 66,15-17)

Essa vinda, continua Isaías, não terá como objetivo apenas o julgamento, mas também a redenção, a transformação de Israel e do mundo num reino sagrado em que o próprio Deus viverá como presença residente:

> Eu virei, a fim de reunir todas as nações e línguas; elas virão e verão a minha glória. Porei um sinal no meio deles e enviarei sobreviventes dentre eles às nações: (...) às ilhas distantes que nunca ouviram falar a meu respeito, nem viram a minha glória. Estes proclamarão a minha glória entre as nações (...). Sim, da mesma maneira que os novos céus e a nova terra que eu estou para criar subsistirão na minha presença – oráculo de Iahweh – assim subsistirá a vossa descendência (...). (Isaías 66,18-22)

O desenvolvimento da religião cristã foi uma expressão dessa esperança. Mais uma vez, a imagística do Pentecostes mosaico foi alterada para tornar-se veículo dessa nova experiência e dessa nova visão. Segundo relatam os Atos dos Apóstolos, Deus, num Pentecostes correspondente àquele anterior, desceu novamente como vento e fogo.⁴ Assim como, no quinquagésimo dia após o Êxodo do Egito, Ele aparecera no Monte Sinai a Moisés, representante de Israel, Deus agora surgia aos apóstolos – doze deles, numa analogia com os patriarcas das doze tribos de Israel – no quinquagésimo dia após o novo e miraculoso Êxodo: a ressureição dos mortos de Jesus e, com ela, ao menos potencialmente, a ressurreição de Israel e da humanidade do pecado e das trevas. Dessa vez, Ele vem como uma presença residente, a qual, a exemplo do fogo sobrenatural na "sarça ardente", transfigura-se sem destruí-los:

> Tendo-se completado o dia de Pentecostes, estavam todos reunidos no mesmo lugar. De repente, veio do céu um ruído como o agitar-se de um vendaval impetuoso, que encheu toda a casa onde se encontravam. Apareceram-lhes, então, línguas como de fogo, que se repartiam e que pousaram sobre cada um deles. E todos ficaram repletos do Espírito Santo e começaram a falar em outras línguas, conforme o Espírito lhes concedia se exprimirem. (Atos 2,1-4)

Aqui, cada um dos representantes da nova Israel se torna um novo monte sagrado, uma epifania em vida do poder divino. Que eles acreditavam que isso se aplicaria não apenas a eles, mas também a todo o povo, é algo que se torna claro quando, alguns versículos depois, Pedro fala à multidão (fazendo referência a Joel 2,28-29): "O que está acontecendo é o que foi dito por intermédio do profeta: Sucederá nos últimos dias, diz Deus, que derramarei do meu Espírito sobre toda carne. Vossos filhos e vossas filhas profetizarão (...)" (Atos 2,16-17).

---

⁴ Ver Alan Richardson, *An Introduction to the Theology of the New Testament*. Nova York, Harper and Row, 1958, p. 116-19. É interessante que o relato da descida do Espírito Santo sobre os apóstolos produzido por São Paulo seja completamente diferente do relato fornecido por São Lucas, não envolvendo qualquer imagem pentecostal. Parece provável que Lucas estivesse construindo conscientemente sua versão da história, de modo a enfatizar os paralelos entre os dois acontecimentos.

Muito do Novo Testamento, em especial as epístolas de São Paulo, apresenta-se como o desenvolvimento das implicações dessa ideia – e as implicações eram enormes. Se todo cristão era agora um Sinai vivo, a lei dada por Moisés deixava de ser um guia necessário; cada um passava a ser uma lei viva, isto é, todos passavam a ser livres para seguir os movimentos do Espírito Santo que neles habitava – na verdade, não apenas livre, mas obrigado, pois fazer o oposto seria voltar à vida do velho Adão. Obviamente, essa é uma crença que traria dificuldades, o que de fato aconteceu e ainda acontece. Apesar dos esforços de São Paulo e de muitos de seus sucessores para reconciliar a liberdade e a lei, a tensão entre ambas sempre persistiu na tradição cristã.

Esse problema, o da vida cristã, foi uma das formas assumidas na nova religião pela tensão entre os polos transcendente e imanente. Ela também assumiu formas ontológicas e epistemológicas. O problema ontológico dizia respeito tanto à natureza de Deus como Trindade formada por Pai, Filho e Espírito Santo quanto à relação entre o homem Jesus Cristo e o Filho, segunda pessoa da Trindade. A controvérsia acerca da fórmula adequada para expressá-las estendeu-se por um período de aproximadamente quatrocentos anos, sendo solucionada, em fórmulas que se mostraram satisfatórias por pelo menos mais um milênio, com a ratificação do Credo Niceno e da Definição de Fé no Concílio da Calcedônia, realizado em 451 d.C. O primeiro desses documentos formulou a doutrina das três pessoas num só Deus, tendo o Filho a "mesma substância" (*homoousios*) do Pai; o segundo definiu que o Filho abrangia duas naturezas numa só pessoa: a divina e a humana. Isso significava que o ser divino transcendental (*ousia*) era completamente imanente tanto à Encarnação (*homoousios*) quanto, pelo dom do Espírito Santo, à nova Israel, a *ekklesia* daqueles que haviam sido "chamados" da secularidade profana à secularidade transfigurada e sagrada da encarnação da vida divina.

Em linguagem clara, essa era obviamente a mesma ideia que, nas famosas palavras de São Paulo, fora escândalo – isto é, pedra de tropeço – para os judeus e loucura para os gregos (1 Coríntios 1,23): um escândalo para os judeus porque parecia ameaçar, com um novo retorno aos bezerros de ouro e aos ritos jardineiros, a transcendência divina que sua tradição sacra muito se esforçara para preservar; loucura para os gregos porque, se aquilo fazia algum sentido, era um sentido que transcendia as categorias racionais.

O problema epistemológico estava intimamente relacionado aos problemas ontológico e lógico impostos por uma verdade que ultrapassava a razão. Duas foram as abordagens dadas a ele: a apofática e a catafática. Ambas são tipos diferentes de metodologia teológica. A primeira, que se tornou o método predominante no Oriente ortodoxo, enfatiza a inadequação de todos os conceitos aplicados à Deus.[5] O problema que se coloca diante dela é o fato de Deus ser infinito enquanto todos os conceitos são finitos. Podemos aplicar-Lhe conceitos por meio de analogias, mas devemos sempre lembrar que, de acordo com a máxima escolástica, *analogiae claudicant*, isto é, as analogias claudicam. Essa abordagem à teologia foi desenvolvida de modo mais radical no tratado *Dos Nomes Divinos*, do Pseudo-Dionísio, o Areopagita, obra que exerceu grande influência durante a Idade Média por ser atribuída ao Dionísio que São Paulo converteu ao cristianismo em Atenas. Para Dionísio, Deus está além até mesmo do nome "existente": "ou então Ele sequer existe, mas é a Essência da existência nas coisas que existem".[6] O método apofático é, em essência, uma forma de negação; ele aborda o transcendente através da afirmação e da negação, simultâneas, dos termos que lhe poderiam ser aplicados

---

[5] Um excelente estudo desse aspecto da teologia ortodoxa oriental é Vladimir Lossky, *The Mystical Theology of the Eastern Church*. Londres, James Clarke, 1957.

[6] *Dionysius the Areopagite on the Divine Names and the Mystical Theology*. Londres, SPCK, 1920, p. 135.

analogicamente, considerando as negações mais adequadas à verdade do que as afirmações.

O método catafático, que enfatiza a adequação parcial da analogia e, portanto, tende a dar um crédito relativamente maior à afirmação, tem sido predominante no Ocidente, embora o método apofático tivesse sua importância nos escritos místicos, especialmente após a tradução de Dionísio do grego para o latim feita por Erígena no século IX.

Todos esses problemas – o ético, o ontológico e o epistemológico – são versões do problema da relação entre os aspectos imanente e transcendente do sagrado. Todos derivam de seu paradoxo intrínseco, isto é, do fato de que ele só pode ser conhecido em, e por meio de, manifestações finitas, sejam estas bezerros de ouro, Tábuas da Lei ou credos e tratados teológicos. Para permanecer viável, toda tradição sacra deve desenvolver uma estratégia para lidar com essa tensão – não para solucioná-la, uma vez que isso provavelmente envolveria a redução do sagrado ao profano, mas sim para permitir que os participantes da tradição se adaptem a ela.

A estratégia que permitiu isso à cristandade ocidental foi aquela desenvolvida por Santo Agostinho em *A Cidade de Deus*. Ela divide a condição humana em dois elementos: a cidade de Deus (*o sagrado*) e a cidade terrena (*o profano*). A separação de ambas teve origem na queda dos anjos perversos e se prolongará até a Segunda Vinda de Cristo. Nesse ínterim, o poder transcendente de Deus é perfeito, mas Sua presença imanente nos cristãos encontra-se incompleta. Apenas no fim desse período é que os participantes da redenção se elevarão por completo, e a imanência do Deus transcendente será perfeita:

> Na paz final, entretanto, que deve ser a meta da justiça que tratamos de adquirir aqui na terra, como a natureza estará dotada de imortalidade, de incorrupção, carecerá de vícios e não sentiremos nenhuma resistência interior ou exterior, não será necessário a razão mandar nas paixões, pois não existirão. Deus imperará sobre o homem e a alma

sobre o corpo. E haverá tanto encanto e felicidade na obediência quanta bem-aventurança na vida e na glória. Tal estado será eterno (...) .[7]

A teoria de Agostinho implica que, até o final do período histórico, Deus deve continuar a ser sobretudo uma autoridade transcendente, e não uma fonte imanente de liberdade espiritual. Mais tarde, Lutero e Roma teriam ideias diferentes sobre quais seriam as implicações do pensamento agostiniano para a relação entre a hierarquia e a laicidade; no entanto, desde o período de Agostinho até o período de Lutero, a teoria das duas cidades teve como grande consequência o apoio à centralização da autoridade eclesiástica em Roma, e isso, por sua vez, serviu para tornar a autoridade da teoria agostiniana algo quase imune a contestações. Quando, no século XII, uma objeção importante enfim foi levantada, foi também fortemente suprimida.

Tal objeção surgiu por meio da teoria desenvolvida por Joaquim, abade do Mosteiro de São João em Fiore, para quem a história teria três estágios anteriores à Segunda Vinda, cada qual correspondente a uma pessoa da Trindade.[8] Segundo Joaquim, cada época tivera ou teria seu líder (*dux*) e seus preparadores. A primeira foi aquela da revelação hebraica, tendo como líder Moisés. Esse primeiro período tornou conhecida a glória transcendente do Pai. A segunda teve como *dux* São João Batista: período da Igreja cuja função era tornar

---

[7] *The City of God*, 19, 27. In: *Great Books of the Western World*. v. 18. Chicago, William Benton, 1952, p. 529. [Edição brasileira: *A Cidade de Deus*. v. 3. Trad. Oscar Paes Leme. São Paulo, Editora das Américas, 1961. (N. T.)]

[8] A principal exposição das ideias de Joaquim sobre o tema encontra-se em sua *Expositio in Apocalypsim*. Veneza, 1527. Um breve resumo de suas principais afirmações pode ser encontrado em Karl Löwith, *Meaning in History: The Theological Implications of the Philosophy of History*. Chicago, University of Chicago Press, 1949, p. 145-59. Em língua inglesa, o estudo mais extenso do movimento joaquimita como um todo é: Marjorie Reeves, *The Influence of Prophecy in the Later Middle Ages: A Study in Joachimism*. Oxford, Clarendon Press, 1969. Este último contém uma bibliografia completa, indicando tanto os escritos de Joaquim quanto as obras espúrias que lhe foram atribuídas.

conhecido o Filho. Essa era, pensava Joaquim, uma era de transição, na qual se preparou o terreno para a entrada integral de Deus na vida humana, ocorrida na era do Espírito, o terceiro período. Os principais preparadores do terceiro período foram São Paulo e os fundadores das ordens monásticas, como Santo Antônio, São Bento e São Bernardo de Claraval (o próprio Joaquim foi cisterciense, tendo participado do movimento reformista iniciado por São Bernardo). A era do Espírito seria inaugurada por um *dux* – o Elias profetizado nas últimas linhas da Bíblia hebraica (Malaquias 3,23-24) – que apareceria, segundo os cálculos de Joaquim, no ano de 1260, abolindo então tanto as hierarquias feudais quanto as hierarquias eclesiásticas, que não seriam mais necessárias porque todos os homens seriam diretamente inspirados pelo Espírito Santo.

Como era de esperar, alguns acolheram essa ideia com entusiasmo; além disso, também de maneira previsível, ela se tornou um anátema para os que estavam em posição de autoridade. O porta-voz mais proeminente do movimento joaquimita, Gerardo de Borgo San Donnino, cuja *Introduction to the Eternal Gospel* [Introdução ao Evangelho Eterno] (1254) desfrutou de grande popularidade, foi condenado à prisão perpétua, ao mesmo tempo que uma série de candidatos a *dux* foi criticada ou reduzida a nada. Apesar de o próprio Joaquim ter morrido nas graças da Igreja e de Dante tê-lo colocado no Paraíso como alguém cujo "espírito profético é-lhe inato" (*Paraíso*, XII, 140),[9] sua teoria da história e seus escritos foram condenados, passando a ser proibido segui-lo. A supressão do movimento foi bastante eficaz, embora sua esperança fosse renovada, sobretudo em formas secularizadas, de Cola di Rienzo, no século XIV, até Gotthold Ephraim Lessing, no século XVIII. No Renascimento, a Abadia de

---

[9] A tradução de Dante que usarei ao longo de toda a obra é a de Laurence Binyon, incluída em *The Portable Dante*. Nova York, Viking Press, 1947. [Edição brasileira: *A Divina Comédia*. Trad. Vasco Graça Moura. São Paulo, Landmark, 2005. (N. T.)]

Thelema de Rabelais, com seu lema *"fay ce que vouldras"* (faze o que tu queres), sucedeu diretamente o movimento joaquimita, embora talvez viesse a parecer irreconhecível ao austero abade Joaquim.[10] Depois que foi redescoberta e adaptada por Lessing, a teoria dos três estágios da história exerceu ampla e profunda influência, ao que voltaremos com mais cuidado nos capítulos 3 e 5.

Outro pensador seminal que transformou a teoria e a sensibilidade do sagrado no mundo moderno foi o teólogo germânico do século XV Nicolau de Cusa. O Cusano foi seminal no sentido de que muitas correntes do pensamento antigo e medieval – Dionísio, por exemplo, tal como Erígena, a filosofia hermética e o misticismo do Mestre Eckhart – confluíram em seu pensamento e textos, sendo mesclados de novas maneiras e disseminados para inspirar, de modo direto ou indireto, figuras e movimentos influentes, como o Renascimento, a ciência moderna, Giordano Bruno, Spinoza, Leibniz, os idealistas alemães e William Butler Yeats.

O principal elemento do pensamento do Cusano é a ideia de que Deus é uma *coincidentia oppositorum*, uma simplicidade absoluta que, de uma só vez, transcende e inclui as diferentes perfeições de todas as criaturas.[11] Disso segue-se que Deus é o envolvimento (*complicatio*) de cada ser finito e que o ser finito é o desenvolvimento (*explicatio*) de Deus. O mundo é, portanto, uma teofania, uma

---

[10] Para mais sobre outras versões renascentistas do joaquimismo, ver Werner Kaegi, "The Transformation of the Spirit in the Renaissance". In: *Spirit and Nature: Papers from Eranos Yearbook*. Nova York, Pantheon, 1954, p. 284-87.

[11] Um breve resumo do pensamento do Cusano pode ser encontrado na introdução de D. J. B. Hawkins a Nicolau de Cusa, *Of Learned Ignorance*. New Haven, Conn., Yale University Press, 1954, p. ix-xxviii. Ver também John Herman Randall Jr., *The Career of Philosophy*. v. 1. Nova York, Columbia University Press, 1962, p. 177-91; Frederick Copleston, *A History of Philosophy*. v. 3. Westminster, Md., Newman Press, 1953, p. 231-47; e Ernst Cassirer, *The Individual and the Cosmos in Renaissance Philosophy*. Nova York, Barnes and Noble, 1964, p. 7-72.

espécie de versão criada de Deus (*quasi Deus creatus*). Apenas um Ser existe, e não uma série de diferentes tipos de ser dispostos numa hierarquia graduada – a "grande cadeia do ser" do neoplatonismo predominante e do pensamento medieval em geral.¹² Este Ser único é Deus, *complicativo*, e a criação é *explicativa*. Como *coincidentia oppositorum*, Deus é, num tipo de analogia geométrica à qual o Cusano foi particularmente afeiçoado, tanto o centro quanto a circunferência do universo em que Ele se encontra onipresente, ainda que não esteja contido em lugar algum. Deus é a alma do mundo (*anima mundi*), o princípio informador que o modela e lhe dá vida a partir de seu interior. A Encarnação em Cristo é o ponto que une o relativo e o absoluto, e o destino do homem deve ser incorporado, por meio da união com Cristo, a essa suma manifestação da *coincidentia oppositorum*.

Obviamente, todas as formas de *coincidentia oppositorum*, em especial aquela da Encarnação, estão além da compreensão da razão discursiva (*ratio*) e de suas leis opositivas; no entanto, se não podem ser compreendidas, podem ao menos ser apreendidas por uma faculdade intuitiva superior (o *intellectus*, de acordo com a terminologia do Cusano), a qual ultrapassa as contradições e chega à sua fonte inefável, no coração do ser. Essa sabedoria intuitiva superior, ou "douta ignorância" (*docta ignorantia*), não pode, em virtude de sua própria natureza, ser expressa pela linguagem, que é criação e instrumento da *ratio*; em vez disso, ela deve ser comunicada indiretamente, por sugestões e analogias, tal qual aquela do círculo infinito que teria seu centro em toda parte e sua circunferência em parte alguma – e que, além disso, seria idêntico a uma linha reta e um triângulo infinitos.

Essa é uma mistura inebriante. Que ela contorna o panteísmo é algo óbvio, embora o Cusano, que como cardeal, bispo e legado papal era um baluarte da ortodoxia, fosse cuidadoso ao enfatizar que ela se

---

¹² Para um estudo dessa tradicional ideia, ver Arthur O. Lovejoy, *The Great Chain of Being: A Study of the History of an Idea*. Cambridge, Mass., Harvard University Press, 1936.

distinguia da crença panteísta. Ele parecia ter fundamentos razoáveis para afirmar essa diferença: apesar de seu Deus ser imanente à criação, Ele ainda pode ser visto como transcendente, como a *complicatio* dos seres divinos que são sua *explicatio*.

Giordano Bruno, sobre quem falaremos mais no capítulo sobre Joyce, valeu-se de muitos elementos do pensamento do Cusano para construir o que parece ser uma perspectiva genuinamente panteísta. Para Bruno, tal como seria futuramente para Spinoza, há apenas uma substância infinita, a qual, considerada de diferentes aspectos, é tanto o universo quanto Deus.[13] Deus é a alma do mundo que perpassa toda a natureza, e sua causalidade é a causalidade da natureza que dá forma a tudo. Se visto como *natura naturans*, o universo é Deus; se visto como *natura naturata*, é criação. Ambos, porém, são apenas aspectos diferentes de uma mesma realidade. Esse conceito da alma do mundo acabou por culminar na elaboração, por parte do movimento romântico, da ideia do cosmos como organismo vivo e quase divino – momento em que o polo imanente do sagrado finalmente passou a ocupar, em todo o pensamento europeu, uma posição dominante em relação ao transcendente.

O processo por meio do qual isso se desenvolveu foi auxiliado pelo paralelo retrocesso da figura da divindade transcendente. As transformações do sentimento do sagrado podem ocorrer de modo tão gradual que se faz impossível determinar, como no caso do deísmo que se difundiu na Europa Ocidental dos séculos XVII e XVIII, o momento em que um deus transcendente se torna um *deus otiosus*. De que maneira seria possível identificar, até mesmo no pensamento de

---

[13] Um breve resumo do pensamento de Bruno pode ser encontrado na introdução a Giordano Bruno, *The Expulsion of the Triumphant Beast*. New Brunswick, NJ, Rutgers University Press, 1964, p. 29-46. Ver também Dorothea Waley Singer, *Giordano Bruno: His Life and Thought with Annotated Translation of His Work on the Infinite Universe and Worlds*. Nova York, Henry Schuman, 1950. Para uma opinião divergente acerca do panteísmo de Bruno, ver Copleston, *History of Philosophy*, v. 3, p. 260-61.

um único indivíduo, o momento em que Deus, o Grande Artífice que manifesta a própria majestade por meio de sua obra, se torna aquele Grande Relojoeiro que deixou seu relógio tiquetaqueando sozinho? Talvez pareça que foi a "ruptura do círculo", o colapso da cosmologia ptolemaica e de outros aspectos associados à representação medieval do mundo,[14] o momento crucial dessa transição, mas as coisas não se deram assim. Para Copérnico e seus sucessores imediatos, como Galileu e Johannes Kepler, a nova astronomia, longe de dessacralizar o cosmos, acabou por elevar o homem e a Terra aos sagrados céus.[15] De maneira semelhante, a descoberta de montanhas na Lua, em vez de apenas reduzir o domínio do celeste ao do profano, parece ter revogado a maldição da profanidade das montanhas terrestres. Quando, em 1681, Thomas Burnet publicou seu *Telluris Theoria Sacra* [Teoria Sagrada da Terra], registrando, com suas teorias sobre a origem e a geologia da Terra, a sensação simultânea de deslumbre e horror que sentira ao cruzar os Alpes dez anos antes, uma mudança se operou não apenas na estética da natureza, mas também na morfologia do sagrado.[16] Ao longo da Idade Média, as montanhas eram encaradas como protuberâncias lançadas sobre a superfície da Terra pelas convulsões subsequentes à Queda do homem, simbolizando, portanto, o horror da condição profana do homem após o Éden. A repulsa sentida por Burnet era expressão do posicionamento medieval, mas seu sentimento do sublime expressava um complexo de posicionamentos distintos que começava a tomar forma e que, de uma maneira diferente, voltara a tornar sagrada a Terra. A noção de sagrado se alterou

---

[14] Marjorie Hope Nicolson, *The Breaking of the Circle: Studies in the Effect of the "New Science" upon the Seventeenth-Century Poetry*. Ed. rev. Nova York, Columbia University Press, 1960.

[15] Randall, *Career of Philosophy*, v. 1, p. 309.

[16] Marjorie Hope Nicolson, *Mountain Gloom and Mountain Glory: The Development of the Aesthetics of the Infinite*. Ithaca, NY, Cornell University Press, 1959, p. 184-224.

para adequar-se a essas mudanças de sensibilidade do mesmo modo como ele definhara diante do Relojoeiro Divino. Enquanto o Deus essencialmente transcendental se afastava, a presença divina imanente à criação, tanto na terra quanto nos infinitos espaços interestelares, passava a atrair o homem.

Para alguns, incluindo Wordsworth, essa atração era relativamente clara – embora, para ele, fosse, às vezes, mais clara do que para os outros – e relativamente positiva:

> *Ye Presences of Nature in the sky*
> *And on the earth! Ye Visions of the hills!*
> *And Souls of lonely places! can I think*
> *A vulgar hope was yours when ye employed*
> *Such ministry, when ye, through many a year*
> *Haunting me thus among my boyish sports,*
> *On caves and trees, upon the woods and hills,*
> *Impressed upon all forms the characters*
> *Of danger or desire; and thus did make*
> *The surface of the universal earth*
> *With triumph and delight, with hope and fear,*
> *Work like a sea?*[17]

[Vós, manifestações da Natureza, no céu
E na terra! Vós, visões das montanhas!
E Almas dos lugares ermos! Poderia supor que uma
Esperança vulgar fosse vossa quando empregastes
Tais ministros, assombrando assim
Por vários anos, meus folguedos de menino,
Nas cavernas e árvores, bosques e montes,
Imprimindo em todas as formas os caracteres

---

[17] William Wordsworth, "The Prelude", livro I, 11, 464-75, *Selected Poetry*. Org. Mark Van Doren. Nova York, Random House, 1950, p. 191. [Edição brasileira: "Do Prelúdio, Livro I, Versos 340-425", *O Olho Imóvel pela Força da Harmonia*. Trad. Alberto Marsicano e John Milton. Cotia, Ateliê Editorial, 2007, p. 41. (N. T.)]

Do perigo ou do desejo; fazendo, dessa forma,
A superfície da terra universal
Com triunfo e alegria, esperança e temor,
Mover-se como o mar?]

Também havia outros para quem essa atração e esse significado, viessem eles do céu ou do inferno, conduzissem à glória ou ao vazio, eram ambíguos. Um exemplo extraído de Goethe parece particularmente adequado, uma vez que, ao retratar um novo Pentecostes, ele nos conduz de volta aos Pentecostes hebraico e cristão com que iniciamos o capítulo. No início do *Fausto II*, o protagonista, após ter sucumbido por completo em virtude da traição e da perda de Gretchen no *Fausto I*, e após recuperar sua saúde e sanidade, esforça-se para conquistar um cargo de poder na corte do Imperador. Para que isso seja alcançado, ele e Mefistófeles elaboram uma máscara alegórica para a festa de Carnaval que está prestes a ser celebrada pela corte. O Carnaval, rito pagão da primavera que veio a ser integrado ao calendário cristão na forma da "Terça-feira Gorda", é um festival de anarquia, no qual as energias que antes estiveram reprimidas – pela natureza, por meio do inverno; pelo homem, por meio da convenção – são liberadas para regenerar a vida humana natural. Nesse caso, o festival é muito mais pagão do que cristão. O Imperador visitara a sede da civilização clássica e trouxera de volta não apenas a concessão de sua autoridade secular dada pelo papa, mas também um sinal das forças divinas imanentes que eram celebradas nas tradições pagãs. O Arauto que anuncia as festividades nos diz:

Denkt nicht, ihr seid in deutschen Grenzen
Von Teufels-, Narren- und Totentänzen;
Ein heitres Fest erwartet euch.
Der Herr auf seinen Römerzügen
Hat, sich zu Nutz, euch zum Vergnügen,
Die hohen Alpen überstiegen,
Gewonnen sich ein heitres Reich.

Der Kaiser, er, an heiligen Sohlen
Erbat sich erst das Recht zur Macht,
Und als er ging, die Krone sich zu holen,
Hat er uns auch die Kappe mitgebracht.
Nun sind wir alle neu geboren;
Ein jeder weltgewandte Mann
Zieht sie behaglich über Kopf und Ohren;
Sie ähnelt ihn verrückten Toren,
Er ist darunter weise, wie er kann. (L1. 5065-87)[18]

[Em terras alemãs, não julgueis que abro
De loucos, demos, um balé macabro:
Em festa leda a grei se integre!
No rumo a Roma, como ao trono é imposto,
O imperador os Alpes tem transposto,
E pra seu bem e vosso gosto,
Lá conquistou um reino alegre.
Aos pés sagrados, como sói,
De seu poder granjeou primeiro o jus,
E quando em busca da coroa foi,
Também nos trouxe ele o capuz.
E renascemos da era velha;
Cada um que tem do mundo a bossa,
O ajusta sobre crânio e orelha;
A um bufão louco se assemelha,
Debaixo é sábio o quanto possa.]

Com a máscara, Fausto assume o papel de Pluto, deus das riquezas e do submundo; ele usará o ouro artificial representado pelo dinheiro em papel como base do poder que, no longo prazo, trará resultados ambíguos tanto para si quanto para o império. Segundo convém a seu papel de representante do mundo secular como um todo, o Imperador

---

[18] As citações em alemão do *Fausto* vêm de *Goethes Faust: Der Tragödie Erster und Zweiter Teil, Urfaust*, com comentários de Erich Trunz. Hamburgo, Christian Wegner, 1963. [Edição brasileira: *Fausto*. Trad. Jenny Klabin Segall. Belo Horizonte, Editora Itatiaia, 1987. (N. T.)]

se apresenta como Pã. A mais importante das outras figuras da alegoria é o mancebo-guia, que diz estar representando a Poesia:

> *Bin die Verschwendung, bin die Poesie;*
> *Bin der Poet, der sich vollendet,*
> *Wenn er sein eigenst Gut verschwendet.*
> *Auch ich bin unermeßlich reich*
> *Und schätze mich dem Plutus gleich,*
> *Beleb' und schmück' ihm Tanz und Schmaus,*
> *Das, was ihm fehlt, das teil' ich aus.* (L1. 5573-79)

> [Eu sou o Pródigo, a Poesia,
> Meus bens esbanjo; sou o Poeta,
> Que em derramar dons, se completa.
> Tesouro infindo é, absoluto;
> Tenho-me por igual de Pluto.
> Às festas, danças, vida influo,
> O que lhe falta, eu distribuo.]

A relação entre a Poesia e Pluto é mais parecida com aquela entre o espírito e a carne, ou talvez com a relação, na alquimia, entre a quinta-essência e a natureza. A poesia nasce da abundância da natureza, mas também a transcende e, assim, a eleva a um nível de vida superior. Pluto aprecia a relação complementar entre ele mesmo e essa materialização da inspiração, exprimindo apreço também por sua própria posição como subordinado:

> *So sag' ich gern: Bist Geist von meinem Geiste.*
> *Du handelst stets nach meinem Sinn,*
> *Bist reicher, als ich selber bin.*
> *Ich schätze, deinen Dienst zu lohnen,*
> *Den grünen Zweig vor allen meinen Kronen.*
> *Ein wahres Wort verkünd' ich allen:*
> *Mein lieber Sohn, an dir hab' ich Gefallen.* (L1. 5622-29)

> [Testemunho eu por ti, resvés:
> Espírito de meu espírito és.

Em meu sentido age teu gênio;
Por rico mais do que eu te tenho.
Mais prezo, onde serviços doas,
O verde ramo que minhas coroas
E a verdade alta voz proclamo:
Em ti comprazo-me, e és filho que amo.]

"*Geist von meinem Geiste*": aqui, embora transcenda a natureza, o espírito quase divino da Poesia é sobretudo uma energia imanente que emerge das profundezas da própria natureza. Todos os homens são possíveis veículos de seu poder, ainda que sejam poucos aqueles nos quais ela floresce em sua totalidade. O mancebo-guia dispersa chamas – como aquelas do Pentecostes cristão – sobre a cabeça dos que se reúnem no saguão:

Die größten Gaben meiner Hand,
Seht! hab' ich rings umher gesandt.
Auf dem und jenem Kopfe glüht
Ein Flämmchen, das ich angesprüht;
Von einem zu dem andern hüpft's,
An diesem hält sich's, dem entschlüpft's,
Gar selten aber flammt's empor,
Und leuchtet rasch in kurzem Flor;
Doch vielen, eh' man's noch erkannt,
Verlischt es, traurig ausgebrannt. (L1. 5630-39)

[Supremos dons de minha mão
À roda enviei. Na multidão
Já numa e noutra fronte luz
Um vislumbre em que a chama pus.
Saltita de um a outro e deriva;
A esse se atém, de outros se esquiva;
Mas raro é um flamejante surto;
Floresce num chamejo curto;
E antes que em ser notado vingue,
Quanta vez, triste, já se extingue.]

O final da mascarada torna clara a ambiguidade do "supremo dom" desse fogo que advém das profundezas da natureza. Quando, desempenhando o papel de Pã, o Imperador se curva com grande proximidade sobre um poço de fogo e sua barba se afogueia, simbolizando claramente que sua vitalidade natural é acometida e inflamada pelo espírito da inspiração, a conflagração que se segue quase extermina o palácio, sendo extinta por Fausto:

Dann sinkt sie wieder hinab zum Grund (...).
Er bückt sich tief hineinzuschaun. –
Nun aber fällt sein Bart hinein! –
Wer mag das glatte Kinn wohl sein?
Die Hand verbirgt es unserm Blick. –
Nun folgt ein großes Ungeschick:
Der Bart entflammt und fliegt zurück,
Entzündet Kranz und Haupt und Brust,
Zu Leiden wandelt sich die Lust. –
Zu löschen läuft die Schar herbei,
Doch keiner bleibt von Flammen frei,
Und wie es patscht und wie es schlägt,
Wird neues Flammen aufgeregt;
Verflochten in das Element,
Ein ganzer Maskenklump verbrennt. (L1. 5923-43)

[Mais se debruça e o fundo espia. –
Mas cai sua barba adentro, lá! – (...)
A barba em fogo catapulta,
Seu peito e sua coroa inflama,
O entrudo transformou-se em drama.
Foliões aos gritos vêm correndo,
Mas não os poupa o fogo horrendo;
Jogar água, abafá-lo tentam,
E as labaredas mais fomentam.
Na atroz fogueira é o holocausto
De todo esse cordão infausto!]

Eis um *mysterium tremendum et fascinans*, mas de um gênero que, em vez de vir do alto, brota das profundezas. Ele substitui as Tábuas da Lei por uma força que tem a capacidade tanto de destruir quanto de libertar. O fogo é real, assim como a inspiração que ele simboliza. No entanto, é difícil dizer ao que ele conduz. O problema aponta para vários caminhos, alguns dos quais exploraremos nos próximos capítulos.

Capítulo 3

AS AMBIGUIDADES DA SECULARIZAÇÃO: TRANSFORMAÇÕES MODERNAS DO REINO EM NIETZSCHE, IBSEN, BECKETT E STEVENS

The palm at the end of the mind,
Beyond the last thought, rises
In the bronze distance.

A gold-feathered bird
Sings in the palm, without human meaning,
Without human feeling, a foreign song.

You know then that it is not the reason
That makes us happy or unhappy.
The bird sings. Its feathers shine.

The palm stands on the edge of space.
The wind moves slowly in the branches.
The bird's fire-fangled feathers dangle down.
                    WALLACE STEVENS, "Of Mere Being" [Meramente Ser][1]

O *heitres Reich* que o Imperador de Goethe deveria ter trazido de sua viagem a Roma poderia estar relacionado ao *drittes Reich* – o Terceiro Reino – que, no pensamento alemão, acabou por tornar-se

---

[1] "A palmeira no final da mente, / Além do pensamento último, se eleva / Na brônzea distância, // Um pássaro de penas de ouro / Canta na palmeira, sem sentido humano, / Nem sentimento humano, um canto estrangeiro. // Então compreende-se que não é a razão / Que traz tristeza ou alegria. / O pássaro canta. As penas brilham. // A palmeira paira no limiar do espaço. / O vento roça devagar seus galhos. / As penas de fogo do pássaro pendem frouxas." In: *Poemas*. Trad. Paulo Henriques Britto. São Paulo, Companhia das Letras, 1987, p. 199. (N. T.)

extremamente popular depois de Lessing ter redescoberto as ideias de Joaquim de Fiore e anunciado, em *Education of the Human Race* [A Educação da Raça Humana], de 1780, um "evangelho novo e eterno":

> (...) talvez alguns entusiastas dos séculos XIII e XIV (...) tenham se enganado apenas ao proclamar esse advento com demasiada antecedência. (...) Talvez essa doutrina das três eras do mundo esteja longe de ser uma extravagância vazia; e, sem dúvida, aqueles homens não tinham intenções perversas ao ensinar que a nova aliança se tornaria tão antiquada quanto já era aquela antiga. Não obstante, eles cultivaram a mesma economia do mesmo Deus ou, deixando-os falar minha própria língua, o mesmo plano para uma educação comum da raça humana. Eles apenas o precipitaram em demasia, acreditando que seus contemporâneos, que haviam acabado de deixar a infância, poderiam de súbito tornar-se adultos, dignos da terceira era, sem preparação ou esclarecimentos adequados.[2]

De Lessing, essa ideia passou para o pensamento de Fichte, Schelling, Hegel, Comte, Marx e inúmeros outros homens que se deixaram influenciar por eles.[3] Em todos esses casos, ela se apresentou como uma versão secularizada da era do Espírito Santo proposta por Joaquim; contudo, deve haver, e havia, diferentes tipos de secularidade.

A secularização de uma perspectiva religiosa pode ter basicamente duas consequências diversas: ou ela dessacraliza o que fora sagrado nessa perspectiva ou, pela aplicação da imagística e dos sentimentos tradicionais à nova visão de mundo, eleva o secular ao plano sacro. Tal como formulado por Lessing, o joaquimismo restaurado apontava para ambas as direções. A nova era seria uma era da razão e da autocompreensão humanas, a vida adulta da

---

[2] Citado em Löwith, *Meaning in History*, p. 208. O original pode ser encontrado em Gotthold Ephraim Lessing, *Werke*, v. 2. Org. Paul Stapf. Berlim e Darmstadt, Tempel Verlag, 1961, v. 2, p. 995-96.

[3] Ver Löwith, *Meaning in History*, p. 208-13.

humanidade, ao mesmo tempo que também estaria caracterizada pela benevolência espontânea: os homens não mais exigiriam as recompensas e punições externas prometidas pela crença de outrora na vida após a morte, mas fariam o bem por si só. Esse era um elemento carismático do novo evangelho, uma versão secularizada do *agape* ou da *caritas* cristã; e, secularizado como era, ele ainda envolvia um ideal transcendente que lhe conferia as qualidades do sagrado, uma vez que essa benevolência espontânea continuava sendo algo que transcendia a capacidade comum do homem.

Aqueles que vieram a adotar essa teoria da história elaboraram suas implicações de maneiras diferentes. Alguns, como o Schelling da *Filosofia da Revelação*, transformaram-na em um novo estágio do desenvolvimento da religião cristã.[4] Outros, como Auguste Comte em seus três estágios do desenvolvimento intelectual e social do homem – teológico, metafísico e positivista –, viam-na como uma era de humanismo científico, tendo a sociologia como rainha das ciências. É relevante, porém, que, no desenvolvimento tardio desse pensamento, Comte, embora profundamente antiteológico, tenha começado a ver a sociologia positivista como algo que culminaria na nova Religião da Humanidade, dotada de todos os veículos tradicionais do sentimento do sagrado: rituais, orações e festivais.[5]

Talvez a razão para que certas versões da noção de sagrado – ou então as tentativas de cultivá-lo – reapareçam em algumas perspectivas modernas e secularizadas seja o fato de ser muito difícil conservar uma perspectiva radicalmente dessacralizada da vida. Se é verdade que, de acordo com Eliade, "a dessacralização permeia toda a experiência do homem não religioso nas sociedades modernas",[6] é também verdade que, segundo ele mesmo afirma,

---

[4] Ibidem, p. 209-10.

[5] Randall, *The Career of Philosophy*, v. 2. Nova York, Columbia University Press, 1965, p. 481.

[6] *The Sacred and the Profane*, p. 13.

> (...) uma existência assim profana jamais é encontrada em seu estado puro. Independentemente do grau de secularização do mundo, o homem que optou pela vida profana jamais consegue afastar por completo seu comportamento religioso. (...) até mesmo a existência mais dessacralizada preserva traços de uma valorização religiosa do mundo.[7]

Existem várias razões, tanto intelectuais quanto emocionais, que explicam por que é difícil realizar consistentemente essa dessacralização do ponto de vista. Talvez muitos homens modernos julgassem fazer isso quando, na verdade, apenas se deixavam levar como os "ignavos" de Dante, evitando tanto as austeridades da visão sagrada quanto aquelas da visão profana.[8] Os poucos que se empenharam seriamente para viver, com completa e consciente clareza, num universo sem Deus foram pessoas heroicas, e, em geral, até mesmo elas padeceram de mentes divididas.

Nesse aspecto, o pensamento de Friedrich Nietzsche é especialmente interessante. As dificuldades teóricas que descobriu ao tentar desenvolver um ateísmo consistente, tal como as estratégias que elaborou para lidar com elas, exerceram grande influência até entre os muitos que não almejavam sua perspectiva e, assim, nos revelam bastante sobre a arduidade da empreitada.

No primeiro dos discursos que se seguem ao Prólogo de *Assim Falou Zaratustra*, Zaratustra fala das "três metamorfoses do espírito": "como o espírito se torna camelo; o camelo, leão; e o leão, enfim, criança".[9] Ele se faz camelo por exigir os fardos mais difíceis, a fim de provar sua força e nela se regozijar. Depois de experienciar diversos tipos de fardo, os quais em geral têm um caráter ascético – como "humilhar-se a fim de curar a própria soberba" –, ele se recolhe no mais isolado dos desertos, onde se transforma em leão. O leão deseja

---
[7] Ibidem, p. 23.
[8] Dante, *Inferno*, canto III.
[9] *The Portable Nietzsche*. Nova York, Viking Press, 1954, p. 137-39. Doravante, a indicação das páginas virá entre parênteses.

"conquistar sua liberdade e tornar-se senhor do próprio deserto" e, portanto, procura o "grande dragão", seu último senhor e deus, cujo nome é "Tu deves". As escamas do dragão são "valores milenares". "O valor todo de todas as coisas brilha em mim", diz ele. "Cada valor já foi há muito criado, e sou eu cada valor criado. Em verdade, não haverá mais qualquer 'Eu quero'." O leão "um dia amou 'tu deves' como o mais sagrado", mas agora, a fim de libertar-se da própria tendência a, como espírito forte e reverente, amar seus fardos, "precisa ver ilusão e capricho até no mais santo". Ainda, porém, que consiga obter seu "Eu quero" de "Tu deves", criar novos valores não é uma capacidade que está ao seu alcance. Para tanto, a terceira metamorfose se faz necessária:

> Mas dizei, meus irmãos, o que poderia fazer a criança que até mesmo o leão não seria capaz? Por que deve o leão predador fazer-se criança? A criança é inocência e esquecimento, um novo começo, um jogo, uma roda autopropulsora, um primeiro movimento, um sagrado "Sim". Para o jogo da criação, meus irmãos, deve haver um sagrado "Sim": o espírito agora deseja a própria vontade, e aquele que se perdera para o mundo conquista então seu próprio mundo.

A relação desse esquema com o esquema dos joaquimitas é claro. Com a imagem de uma evolução interior que ocorre a partir de um conflito entre tese e antítese e que culmina numa síntese eminente, ele recapitula, num formato psicológico tipicamente germânico, o conhecido modelo de desenvolvimento que vai da subordinação ao transcendente, passa por um período de transição caracterizado pela liberdade parcial e alcança a autonomia fundamentada num poder sagrado e imanente. Em *Além do Bem e do Mal*, Nietzsche chega até mesmo a chamar esse ápice de "espírito livre", falando de si próprio, à maneira joaquimita, como seu arauto e precursor.[10] A exemplo de

---

[10] *Beyond Good and Evil*. In: *The Philosophy of Nietzsche*. Nova York, Random House, 1927, p. 428.

Zaratustra, ele deseja ser o preparador profético do homem que virá nessa era futura, o *Übermensch*. Embora pouco recorra à ideia do bem feito por amor à bondade – ideia que, associada com a autorrenúncia, fora muito maculada pelo cristianismo –, Nietzsche concebeu seu homem ideal como ser caracterizado por uma versão secular da benevolência espontânea, pela generosidade gratuita do forte para com o menos afortunado, "um impulso gerado pela superabundância de potência".[11] Aquilo que Nietzsche coloca no lugar do Espírito Santo é a Vontade de Potência, a qual, no homem forte e nobre, brota de dentro como "um sentimento de plenitude ou poder que busca transbordar, a felicidade de alta tensão, a consciência de uma riqueza que de bom grado daria e esbanjaria".

Com relação a isso, é especialmente interessante o uso que Nietzsche dá à imagem do dragão na parábola das três metamorfoses. Enquanto, para ele, a Vontade de Potência é a vida em si,[12] o dragão da autoridade externa e transcendente é a encarnação definitiva das forças da morte. Como representante de um absoluto fixo e imutável, ele está fora do constante devir que caracteriza a vida genuína e tenta impor sobre ela sua fixidez. Esse não é, como poderia parecer a partir de sua relação com determinada tradição de valores, apenas um cosmos falso ou suplantado; trata-se de uma associação tradicional da imagem do dragão que ocorre em várias culturas: segundo descreve Eliade, "o dragão é a figura paradigmática do monstro marinho, da serpente primitiva, símbolo das águas cósmicas, das trevas, da noite e da morte. (...) O dragão deve ser vencido e despedaçado pelos deuses a fim de que o cosmos possa ter existência".[13] Nesse caso, o terceiro estágio da história – a metamorfose da criança, da "roda autopropulsora", em um

---

[11] Ibidem, p. 579-80.

[12] Ibidem, p. 395.

[13] *The Sacred and the Profane*, p. 48.

"novo começo" – é o nascimento do primeiro cosmos verdadeiro e genuinamente sagrado.

A derrota do dragão "Tu deves" será a consumação da morte de Deus anunciada por Zaratustra no Prólogo, isto é, a morte do sagrado concebido como autoridade externa e transcendente. Do ponto de vista de Nietzsche, essa vitória se faz necessária por dois motivos. O primeiro é o fato de ela ser a única forma que o homem tem de conquistar uma perspectiva autêntica; ele deve desmistificar ou demitologizar sua visão a fim de libertar-se da ilusão de que há valores e verdades absolutos e transcendentais. O segundo motivo deriva do primeiro: apenas ao se libertar das reivindicações – tanto intelectuais quanto morais – da autoridade externa é que o homem pode se tornar livre para reconhecer e afirmar sua própria vontade como Vontade de Potência.

Pode parecer radical Nietzsche negar não apenas os juízos externos de valor, mas também de verdade; no entanto, ele leva isso muito a sério: "*Reconhecer a inverdade como condição de vida*: isso com certeza é impugnar perigosamente as ideias de valor tradicionais, e uma filosofia que se arrisca a isso se coloca além do bem e do mal".[14] Isto, na verdade, é essencial à sua posição. A verdade ou a falsidade de determinado juízo sequer é uma questão importante, diz ele; "o relevante é o quanto uma opinião pode promover a vida". No fundo, o que importa é a Vontade de Potência, à qual estão subordinados os outros juízos de verdade e de valor. O conhecimento não é um bem em si, assim como o conhecimento verdadeiro não é superior ao conhecimento falso. Em vez disso, o valor de determinada opinião, seja ela verdadeira ou falsa, é um instrumento de promoção da Vontade de Potência.

A Vontade de Potência é a própria vida. Ela é o universo. Ela está em todos os lugares, em tudo. Tal como o Deus de Bruno, ela é uma espécie de *natura naturans*, o aspecto dinâmico do mundo. É algo completamente imanente; ela e o mundo são apenas duas formas

---

[14] *Beyond Good and Evil*, p. 384.

de olhar para a mesma realidade. Ela é sua própria fonte e objetivo, sendo ao mesmo tempo livre e necessária, causando e justificando a si mesma. Assim, no Terceiro Reino da criança cósmica de Nietzsche, o homem é chamado, como *Übermensch*, a tomar parte nessa liberdade e nessa vida.

Isso significa, claro, que Nietzsche substituiu a ideia tradicional do Deus transcendente pelo sagrado imanente, que é, ele mesmo, um novo valor absoluto. Isso é bastante manifesto, e o próprio Nietzsche o teria reconhecido; é por essa razão que ele recorre à imagística pagã do sagrado – como à figura de Dionísio, a quem elogia durante toda sua obra, do *Nascimento da Tragédia* à *Vontade de Potência* –, mas não apenas para se opor à piedade cristã, e sim para expressar, também, a sua própria.

Isso, contudo, o colocava em grande perigo, e Nietzsche tanto percebeu quanto lutou contra isso com a arma mais poderosa que poderia conceber. Sempre que houver o sentimento do sagrado, em algum grau ele será sentido como algo transcendente. O polo imanente pode ofuscar o polo transcendental, mas não pode eclipsá-lo sem que ele mesmo desapareça. O perigo que Nietzsche corria era o de ver a tração do polo transcendente, extremamente viva nele sob o invólucro da imagística pagã, trazendo de volta o velho Deus sob o nome do universo. O paralelo entre a Vontade de Potência de seu pensamento e a *anima mundi* do pensamento de Bruno deixa isso claro, mas para Nietzsche o perigo era ainda maior do que o indicado por essa correspondência. Filho de pastor luterano criado numa família de mulheres piedosas, ele estivera embebido nas condutas e nos modelos sensitivos cristãos, trazendo-os consigo para o seu neopaganismo; os gregos antigos que ele mesmo tentou imitar se assombravam diante do Fado, mas Nietzsche se esforçava para amá-lo.[15] E assim ele o fez, com uma devoção genuína que sacrificou

---

[15] Cf. Löwith, *Meaning in History*, p. 221.

o que mais havia em sua vida em prol desse amor. Com sua mente, ele fez tudo o que estava ao seu alcance para dessacralizar a Vontade de Potência; ao seu coração, porém, tal como fica claro em cada página de seus escritos rapsódicos, ela dizia: "Eu sou Iahweh teu Deus. (...) Não terás outros deuses diante de mim."

Do mesmo modo, a atração da divindade transcendente não representava apenas um perigo emocional, mas também conceitual. Isso fica claro com o *"zuletzt"* de sua parábola: "enfim, criança". Por ter um começo e um objetivo, a Vontade de Potência torna-se perigosamente semelhante a um Criador, e o fato de esse poder ser um objetivo final – não apenas o ponto culminante, mas o término de sua atividade criativa – praticamente faria dela o Deus de Agostinho, mas sob outro nome.

Nesse aspecto, Agostinho representa uma importante referência comparativa, uma vez que foi ele quem, defendendo a crença na visão cristã, aprimorou a concepção clássica do tempo. O posicionamento predominante entre os gregos antigos era da fé num tempo cíclico e interminável, o qual se repetia incessantemente sem ter começo ou fim. A ideia hebraica do Deus que seleciona e prepara as pessoas para determinado destino – seja ele uma terra prometida no mundo, seja um Reino escatológico – opunha-se à crença no tempo cíclico, e após ter sido transmitida ao cristianismo ela se tornou uma importante força contrária à perspectiva helênica. Ao unir as tradições clássicas de ensino e eloquência com a escatologia cristã, a *Cidade de Deus* de Agostinho conseguiu converter o mundo ocidental à crença no tempo linear. A seu modo, essa vitória se mostrou mais duradoura do que qualquer outro aspecto da perspectiva cristã. Até mesmo entre os *philosophes* e os teóricos românticos da história, todos completamente secularizados, ela perdurou como crença na evolução e no progresso.[16]

---

[16] Ver Carl L. Becker, *The Heavenly City of the Eighteenth-Century Philosophers*. New Haven, Conn., Yale University Press, 1932.

Nietzsche percebeu que isso era meio caminho andado rumo ao teísmo e, portanto, se opôs. A arma que ele usou foi a doutrina do eterno retorno.

Embora o tema do eterno retorno não se torne manifesto até a terceira parte do *Zaratustra*, está implícito na imagem da criança cósmica como "roda autopropulsora"; além disso, sua importância também é insinuada na definição do "sagrado 'Sim'" como espírito que deseja a própria vontade. Tudo o que se segue na obra pode ser considerado uma explicação da parábola inicial. Se não há Deus para iniciar o tempo e orientá-lo a um fim, o tempo é infinito e circular. Sem que isso seja reconhecido, torna-se impossível qualquer ateísmo consistente; e, sem que isso seja afirmado, não pode haver qualquer sagrado Sim.

Essa ideia ocorre pela primeira vez a Zaratustra numa visão. Sozinho durante o anoitecer, caminhando montanha acima por uma "vereda que subia audaciosamente por meio de rochas, maliciosa, solitária, fechada a ervas ou arbustos" (p. 268), ele encontra um anão que representa o espírito de gravidade que o puxa para baixo. Para derrotar esse obstáculo, ele tenta confrontá-lo diretamente, reconhecendo de maneira consciente a dificuldade mais difícil a ser encarada pelo homem:[17] o fato de o tempo ser uma infinidade em que todas as possibilidades são atualizadas infinitas vezes:

---

[17] É significativo que Nietzsche veja a perspectiva do tempo cíclico como algo difícil de ser encarado. Não fora assim entre os gregos. Ver Löwith, *Meaning in History*, p. 221: "Para os gregos, os movimentos cíclicos das esferas celestes manifestavam uma ordem racional universal e uma perfeição divina; para Nietzsche, o eterno retorno é uma concepção 'extremamente aterradora' e o 'mais pesado fardo', dado que diz respeito e se choca com seu anseio por uma redenção futura". Ver também Eliade, *The Sacred and the Profane*, p. 203-04: "o homem não religioso descende do *homo religiosus* e, queira ele ou não, é também obra do homem religioso; sua formação tem início com as situações assumidas por seus ancestrais. Em suma, ele é fruto de um processo de dessacralização. (...) Isso, porém, significa que o homem não religioso tem sido formado em oposição a seu antecessor. (...) Em outras palavras, é

3. As ambiguidades da secularização | 57

> Contempla esta portada, anão! (...) Possui ela duas faces. Dois caminhos aqui se encontram; ninguém jamais trilhou ambos até o fim. Esta longa rota se estende para trás por uma eternidade inteira; aquela é ainda outra eternidade, para a frente. (...) Tudo aquilo que *pode* caminhar já não deve ter caminhado por esta rota? Tudo aquilo que *pode* ocorrer já não deve ter ocorrido, sucedido, acontecido antes? E se tudo já existiu anteriormente – o que pensas, anão, deste momento? Esta portada também já não deveria existir aqui antes? E todas as coisas não estão tão firmemente enlaçadas a ponto de este momento arrastar consigo *tudo* o que há de vir? Portanto... também a si mesmo? Pois tudo aquilo que *pode* andar... *para a frente*, naquela longa rota, *deve* andar uma vez mais. (p. 269-70)

Em seguida, o anão desaparece, e Zaratustra avista um jovem pastor contorcendo-se no chão, tendo presa na garganta uma serpente cuja cabeça pende de sua boca. O rosto do homem está repleto de nojo e temor. Zaratustra grita para que ele arranque com os dentes a cabeça do réptil, e quando assim o faz, o jovem pastor, ressurecto, dá um salto:

> Deu ele forte mordida. À distância, cuspiu a cabeça da serpente e levantou-se num salto. Não mais pastor, não mais humano – alguém transmutado, radiante, *rindo*! Ser humano algum, jamais, riu na terra como ele! Ó, irmãos, ouvi um riso que não era riso humano; agora, então, uma sede me consome, um anseio que nunca se abranda. Meu anseio por essa risada me consome. (p. 272)

Embora o próprio Zaratustra pudesse dizer que decepara a cabeça da serpente ao encarar e formular essa visão, muito tempo transcorre antes que ele se liberte da náusea e do tremor causados por aquilo que chama de "pensamento abismal" (p. 274). Como posteriormente lhe dizem seus animais, que julgam mais fácil encarar esse ciclo eterno do que ele, pregar a doutrina do retorno é ao mesmo tempo seu sumo destino e

---

impossível ao homem profano não preservar alguns vestígios do comportamento do homem religioso, embora eles estejam vazios de sentido religioso".

seu maior desafio (p. 332), a provação definitiva de sua força, da clareza de sua mente e da afirmação da Vontade de Potência. Se a vida da Vontade de Potência é uma necessidade interminável de repetição, Zaratustra deve aprender o *amor fati* não apenas para aceitar, mas também para amar a necessidade de lutar incessantemente, na mesma batalha, contra a pequeneza humana, tanto em si mesmo quanto nos outros:

> Um dia vi ambos nus, o maior e o menor homem: demasiadamente parecidos um com o outro; até mesmo o maior, demasiadamente humano! Demasiadamente pequeno, o maior! – eis minha aversão ao homem. E o eterno retorno, até mesmo do menor – eis minha aversão a toda a existência. Ah! Náusea! Náusea! Náusea! (p. 331)

Encarar isso seria perceber e desejar que o "*zuletzt*" do fazer-se criança não significasse um "enfim" que traria uma satisfação duradoura, mas apenas o ponto mais alto de um ciclo, sendo intermináveis tanto seu zênite quanto seu nadir. Zaratustra desejar isso equivaleria à Vontade de Potência, conscientemente manifesta nele como seu próprio espírito, desejando o próprio desejo.

Por fim, Zaratustra vence a amargura e a náusea e alcança o triunfo, o sagrado Sim que ele canta na "Canção do Sim e Amém": "Ah, como não deveria eu cobiçar a eternidade e, após o anel dos anéis nupciais, o anel do retorno? (...) *Pois eu te amo, ó eternidade!*" (p. 340 ss). Nas últimas páginas do livro, recapitulando todo o ciclo de visão, luta e triunfo – imitação, por meio de figuras diversas, do fardo do camelo, do desacato do leão e da inocência e afirmação da criança –, ele o canta novamente na "Canção da Embriaguez", a qual chama de "cantiga de roda" (*Rundgesang*). A canção "tem por nome 'Outra vez' e, como significado, 'por toda a eternidade'":

> *O Mensch! Gib Acht!*
> *Was spricht die tiefe Mitternacht?*
> *"Ich schlief, ich schlief –,*
> *aus tiefem Traum bin ich erwacht: –*
> *Die Welt ist tief,*

und tiefer als der Tag gedacht.
Tief ist ihr Weh –,
Lust–tiefer noch als Herzeleid.
Weh spricht: Vergeh!
Doch all' Lust will Ewigkeit –,
– will tiefe, tiefe Ewigkeit!"[18]

[Ó homem! Presta atenção!
Que diz a meia-noite em seu bordão?
"Eu dormia, dormia –
Fui acordada de um sonho profundo: –
Profundo é o mundo!
E mais profundo do que pensa o dia.
Profundo é o seu sofrimento –
E o prazer – mais profundo que a ansiedade.
A dor diz: "passa, momento!"
Mas quer todo o prazer eternidade –
– quer profunda, profunda eternidade!"]

O tempo cíclico é um tema recorrente em várias culturas. Ele pode ser encontrado tanto na Ásia, em particular na Índia, quanto no Ocidente clássico.[19] Em geral, é visto de uma perspectiva religiosa, e nesse contexto tem uma qualidade afirmativa. A possível morte do ano sagrado no solstício de inverno é encarada como uma ameaça capaz de ser combatida com orações e sacrifícios, e seu renascimento é motivo de júbilo. Se, porém, a exemplo do que ocorreu com muitos povos da Índia antiga, o ciclo perde seu caráter sagrado,

---

[18] *Also Sprach Zarathustra*. Wiesbaden & Berlim, Emil Vollmer, s/d, p. 289. [Trecho em português traduzido por Mário da Silva em *Assim Falou Zaratustra*. Rio de Janeiro, Civilização Brasileira, 2011. (N. T.)]

[19] Ver Mircea Eliade, "Time and Eternity in Indian Thought"; Henry Corbin, "Cyclical Time in Mazdaism and Ismailism"; Helmut Wilhelm, "The Concept of Time in the Book of Changes"; e Henri-Charles Puech, "Gnosis and Time", todos em *Man and Time: Papers from the Eranos Yearbooks*. Trad. Ralph Manheim. Nova York, Pantheon, 1957.

as doutrinas da salvação pela extinção ou pela recuperação do tempo começam a se desenvolver.[20] Eliade diz que, "esvaziada de seu conteúdo religioso, a repetição necessariamente conduz a uma visão pessimista da existência; (...) quando dessacralizado, o tempo cíclico se torna assustador".[21]

Foi exatamente isso o que ele quase se tornou para Nietzsche. A fim de libertar, da autoridade externa de um Deus morto e transcendente, a si próprio e a força vital que ele valorizava tão religiosamente, Nietzsche teria de se esforçar para tornar-se ateu – e esse empenho aproximou-o perigosamente do sucesso. No fim, porém, se pudermos encarar como seu o triunfo de Zaratustra, ele conseguiu chegar a uma nova visão do sagrado imanente. Felizmente para seu sagrado Sim, essa noção de sagrado conservou, apesar dos esforços do filósofo, um caráter transcendental que bastou para mantê-lo sagrado. Isso pode ser percebido na natureza de sua dedicação pessoal; em sua incessante tendência a olhar para o futuro em busca da satisfação das próprias esperanças; em sua reverência e seu espanto diante da Vontade de Potência; tal como em seu desejo de apagar a si próprio diante do *Übermensch* que virá. É significativo que ele afirme isto de seu ciclo eterno: "O centro encontra-se por toda parte" (p. 330) – exatamente como o Deus imanente e transcendente que Nicolau de Cusa representou como um círculo infinito.

O Zaratustra de Nietzsche buscou "leões risonhos" (p. 395) que pudessem sucedê-lo e perpetuar o sagrado Sim e Amém. Ele teve sucessores, dos quais alguns foram, à sua maneira, leões; porém nem todos vieram rindo, e quando assim o fizeram, em geral não apresentaram a mesma risada.

Henrik Ibsen formulou sua própria versão do Reino, mas na maioria das vezes não se mostrou tão otimista quanto Nietzsche a

---

[20] Mircea Eliade, *The Sacred and the Profane*, p. 107-09.
[21] Ibidem, p. 107.

respeito das possibilidades de sua realização. Como consequência, a qualidade de sua risada foi mais amarga que jubilosa. Sua ideia foi formulada pela primeira vez de maneira completamente desenvolvida no longo drama épico *Imperador e Galileu*. O modelo que ele segue é o da tese, antítese e síntese: a energia e liberdade pagãs, o autocontrole cristão e a superior síntese da energia livremente orientada. Essa ideia é curiosamente semelhante à ideia – apresentada pelo Nietzsche de *O Nascimento da Tragédia* em 1872, mesmo ano em que, na cidade de Dresden, Ibsen escrevia *Imperador e Galileu* – do equilíbrio necessário entre a energia dionisíaca e o controle apolíneo. Visto que Ibsen concebeu a possibilidade de uma peça sobre Juliano, o Apóstata, durante uma visita a Roma feita em 1864,[22] não é provável que ele tenha chegado a essa síntese específica sob a influência de Nietzsche; contudo, quando ele de fato leu o filósofo, notou que seu pensamento era análogo e chegou a defendê-lo contra a acusação de satanismo.[23] Essa correspondência foi provavelmente motivada pela influência comum e modeladora do pensamento alemão; Ibsen afirmou que *Imperador e Galileu* foi a primeira obra que escrevera sob a influência intelectual germânica.[24]

A peça trata da tentativa, por parte de Juliano, de inaugurar uma nova era, a qual estaria fundamentada numa síntese entre o paganismo e o cristianismo. No início do texto, ele se apresenta cristão, mas está desconfortável com sua fé. Em seguida, parte para Atenas a fim de estudar a religião pagã, mas acaba por se decepcionar também com ela. Ambas não passam de respostas parciais à vida. Por fim, ele

---

[22] Michael Meyer, *Ibsen: A Biography*. Garden City, NY, Doubleday, 1971, p. 223.

[23] Ibidem, p. 796.

[24] Em carta citada por M. C. Bradbrook, *Ibsen the Norwegian: A Revaluation*. Hamden, Conn., Archon Books, 1966, p. 66. Bradbrook acredita que essas influências vieram sobretudo de Schopenhauer e Hegel. Schopenhauer também foi a principal influência do pensamento inicial de Nietzsche.

encontra a verdadeira visão da totalidade, da harmonia entre carne e espírito, liberdade e controle, na doutrina de um místico chamado Máximo. Após se tornar imperador, Juliano tenta viabilizar essa síntese através da proclamação de um regime de tolerância que permitia que tanto o paganismo quanto o cristianismo florescessem e estreitassem seus laços. Os cristãos, porém, resistem ao retorno da fé pagã e destroem seus templos. Juliano, por conseguinte, vê-se obrigado a iniciar uma sangrenta perseguição. No fim, ele é morto por um cristão que outrora fora seu amigo. O que resulta disso tudo é irônico: sua tirania desperta os cristãos de sua relativa letargia e, portanto, força o desenvolvimento não da terceira era, mas da segunda, e em sua totalidade. Isso se faz necessário para a chegada derradeira da terceira. Juliano estava certo quanto ao resultado da dialética histórica, mas equivocara-se acerca da hora de sua realização. Ao morrer, ele reconhece que o galileu triunfou; mas, no fim, Máximo profetiza a vitória futura de seu sonho e de Juliano:

> Ah, meu amado... os sinais todos me iludiram, os augúrios todos se expressaram com língua dupla, e por isso vi em ti o mediador entre os dois impérios.
>
> O terceiro império há de chegar! O espírito do homem há de retomar sua herança.[25]

Quinze anos depois, num banquete realizado em Estocolmo, Ibsen falou de maneira semelhante sobre a expectativa que ele mesmo nutria acerca do eventual surgimento dessa síntese:

> Creio que está para despontar uma era em que nossos conflitos políticos e sociais deixarão de existir da maneira como hoje se apresentam. Então, ambos se unirão para formar uma única totalidade, a qual incorporará por ora as condições que contribuem para a felicidade da humanidade. (...) De modo particular e especial, creio que,

---

[25] Henrik Ibsen, *Emperor and Galilean: A World-Historic Drama*. Trad. William Archer. Nova York, Scribner's, 1911, p. 536.

extinguindo-se, os ideais de nossa época tendem àquilo que, na peça *Imperador e Galileu*, provisoriamente chamei de Terceiro Império.[26]

A esperança de que isso aconteça, ou então o problema de sua possibilidade, tornou-se um tema constante em suas peças. Essa é tanto a "maior das maravilhas" pela qual anseia Nora na última frase da *Casa de Bonecas* quanto a participação responsável na "alegria de viver" procurada por Osvald Alving e sua mãe em *Espectros*, por Johannes Rosmer e Rebecca West em *Rosmersholm* e pelos personagens principais da maioria das outras peças de Ibsen. No mais das vezes, porém, essa busca culmina na derrota – como no caso de Osvald e da sra. Alving – ou no tipo de vitória ambígua que Rosmer e Rebecca alcançaram com o suicídio.

Olhando para suas obras como um todo, e não para as palavras da profissão de fé reproduzida acima, tem-se a impressão de que o Terceiro Reino de Ibsen era mais um motivo de mágoas do que de esperança. Ao menos em uma peça ele cogitou a possibilidade de ser esse um sonho irrealizável: *Hedda Gabler*.[27]

Hedda Gabler nos traz a contundente imagem que o universo deve ter para alguém que esteve à espera do Terceiro Reino – ainda que, nesse caso, tenhamos apenas uma versão vagamente expressa dele – e que em seguida perdeu a esperança de sua realização. De maneira um tanto significativa, a peça nos brinda com outra abordagem

---

[26] Discurso de 24 de dezembro de 1887, citado em Maurice Valency, *The Flower and the Castle: An Introduction to Modern Drama*. Nova York, Macmillan, 1963, p. 188.

[27] *Hedda Gabler* foi escrita em 1890 e encenada pela primeira vez em 1891. Uma versão anterior da minha interpretação da peça veio a público, sob o título "The Radical Irony of *Hedda Glaber*", em *Modern Language Quarterly*, 31, n. 1, março de 1970, p. 53-63. O artigo original tem mais referências secundárias e reproduz o texto norueguês nas notas de rodapé. A tradução que utilizo é de Otto Reinert, incluída em *Drama: An Introductory Anthology*. Boston, Little Brown, 1961. As páginas serão indicadas no texto, entre parênteses.

do tema do tempo cíclico, mas sem trazer consigo o júbilo final de Zaratustra. A principal imagem utilizada para representar tanto a síntese ideal entre liberdade e controle quanto a visão do tempo cíclico é aquela do deus Dionísio. Contudo, enquanto Nietzsche se valia dela de modo positivo, a fim de expressar sua reverência pela vida, Ibsen a emprega criticamente, no intuito de expressar uma visão completamente dessacralizada. Ele faz isso pelo método mais destrutivo possível – não ao eliminar a imagística tradicional do sagrado, mas reduzindo-a à trivialidade. Quando a peça tem fim, as forças divinas ainda são divinas e até mesmo triunfantes, mas deixaram de ser espantosas. Sua magnificência transcendental se esvai e, consigo, carrega o espanto que seria capaz de produzir. Por fim, nada mais resta além de enfado.

Esse aspecto da peça não foi valorizado, ou sequer compreendido com clareza, por seus primeiros espectadores. As resenhas da estreia inglesa, em 1891, tratam a peça como "despropositada" e a própria Hedda como "um espécime monstruoso".[28] Tentando ler Ibsen como um reformista social interessado na emancipação das mulheres, G. B. Shaw, em seu *Quintessence of Ibsenism* (1891), interpretou Thea Elvsted como a mulher verdadeiramente emancipada e Hedda como uma mera decadente desprovida da coragem e da inteligência que poderiam torná-la verdadeiramente livre.[29]

Durante o século XX, uma visão diferente de Ibsen começou a emergir. O desejo de lê-lo como um reformista social razoavelmente franco aos poucos deu lugar à ideia de que Ibsen tendia, em particular nos últimos anos de sua vida, a um pessimismo elementar acerca do homem e de seu lugar no universo. Escrevendo em 1957, Robert M. Adams elogiou o autor em termos que pareceriam condenatórios aos primeiros ibsenianos: Ibsen, afirmou Adams, foi na verdade um

---

[28] Ver Miriam Alice Franc, *Ibsen in England*. Boston, Four Seas, 1919, p. 89, 40.

[29] Nova York, Brentano's, 1905, p. 118-27, 135, 139.

escritor "perfeitamente destrutivo", expressando "descontentamento com a própria condição humana".[30]

A dificuldade que os primeiros críticos enfrentavam diante de *Hedda Gabler* provinha do fato de eles desejarem impor a Ibsen um ponto de vista humanista e fundamentalmente otimista. Eles queriam interpretar Hedda como uma vilã endemoniada que, no fim, é justamente destruída pelas forças triunfantes da bondade e da luz. Na realidade, porém, a peça não condena Hedda nem enaltece seus oponentes. Há de fato uma oposição na obra, mas essa oposição não é simples como a do bem contra o mal. A peça é radicalmente irônica. Como no tradicional modelo de comédia estabelecido por Aristófanes, as forças da vida triunfam sobre as forças da destruição, mas nesse caso a vida que triunfa é representada como algo de valor questionável; do mesmo modo, o niilismo que motiva Hedda, embora a conduza a atos cruéis e destrutivos, é retratado como fruto de um tipo de idealismo frustrado com o qual o público é forçado a nutrir certa simpatia.

A chave para compreender a personagem de Hedda Gabler e o mundo em que ela vive encontra-se no simbolismo em torno do qual Ibsen, de maneira tão cuidadosa, construiu a peça. Numerosos temas simbólicos se unem numa estrutura abrangente, a qual incorpora o significado da obra. O princípio que unifica essa estrutura é o mito do Dionísio Zagreu.

No mundo antigo, o culto a Dionísio expressava a devoção à vitalidade, especialmente na forma da fertilidade cíclica. O próprio Dionísio era a personificação simbólica das forças da vida, e as lendas a respeito de seu nascimento, sua morte e sua ressurreição representavam miticamente a luta entre a vida e a morte na natureza, entre o inverno e a primavera. Como o culto a Dionísio se espalhou por várias regiões do mundo helênico e do Oriente Próximo, o mito

---

[30] "Henrik Ibsen: The Fifty-first Anniversary". *Hudson Review*, 10, 1957, p. 422.

assumiu diferentes formas. Na figura ("despedaçada") de Zagreu, Dionísio – filho de Zeus com Deméter ou Perséfone – é destroçado logo ao nascer pelos Titãs, que então assam ou cozinham as partes de seu corpo. Há várias versões para o que ocorre em seguida, embora todas tenham em comum a ressurreição do deus.[31] De acordo com algumas delas, os pedaços de seu corpo são reunidos e trazidos de volta à vida por Reia, deusa da fertilidade. Em outras, seus fragmentos são levados ao templo de Apolo em Delfos, onde, em parte por causa das orações das Ménades lá reunidas, voltam à vida pelas mãos de Apolo. Na maioria das narrativas que chegam até nós pelos autores antigos, o mito do Dionísio Zagreu é claramente tratado como alegoria da renovação anual da vegetação, havendo geralmente alguma referência particular ao vinho. O foco geral do mito é a resiliência da vida, a capacidade que as forças da vitalidade têm de resistir às forças do declínio e da morte e de renovar-se até mesmo quando parecem inteiramente derrotadas.

O culto clássico a Dionísio expressava reverência por um ciclo de vida que incluía tanto a decadência quanto a renovação. Se desejasse suportar a obrigatoriedade da decadência e da morte como fatores concomitantes ao nascimento e ao crescimento, o devoto conseguia ver e reverenciar, nesse ciclo, uma espécie de vida eterna. De maneira semelhante, ele podia perceber um tipo de imortalidade pessoal, mas apenas quando aceitava o fato de que seria substituído pelas crianças que estavam por vir.

Em *Hedda Gabler*, Hedda vê a si mesma como devota do ideal dionisíaco, ideal ao qual, durante a peça, tantas vezes alude por meio da imagem das folhas da videira em seu cabelo – símbolo tradicional do dionisíaco. Seu ideal, porém, é bastante diferente daquele modelo cíclico de fertilidade e vitalidade que tradicionalmente tem ocupado

---

[31] Ver Ivan M. Linforth, *The Arts of Orpheus*. Berkeley e Los Angeles, University of California Press, 1941, p. 311 ss.

o centro do culto a Dionísio. Ela fica enojada tanto diante da decadência quanto diante do ciclo de renovação vital, ansiando por uma magnificência transcendente capaz de transfigurar o circuito trivial da vida comum em algo belo e incorruptível. À medida que a peça se desenvolve, Hedda acaba percebendo que seu ideal é tão somente um sonho, que ele jamais terá qualquer força no mundo real. Ao compreender isso plenamente, lança sua fúria contra a própria vida. O padrão elementar é irônico: embora Hedda deseje cultuar Dionísio, deus que incorpora simbolicamente as forças da vida, ela acaba se tornando, por meio do idealismo radical de suas exigências, o inimigo do mesmo deus que afirma reverenciar.

No início da peça, a noção do ideal de Hedda não passa na verdade de um sentimento vago pelo garbo material, o qual em grande parte deriva da influência exercida pelo ambiente de sua infância. Na primeira cena, a srta. Tesman deixa claro que Hedda vivia num mundo mais requintado que o de sua família: "Pense apenas no tipo de vida a que ela estava acostumada quando o General estava vivo. Você se recorda de quando montava com o pai? Daquele longo traje de cavalgada que usava? E da pluma em seu chapéu?" (p. 390).

Porém, apesar da elegância dessa vida, o General parece ter-lhe deixado pouco mais do que lembranças e pistolas. Hedda se casara com Tesman por razões econômicas, claramente esperando que ele fosse capaz de conservar o tipo de vida com o qual ela se acostumara. Já no início da peça, descobrimos que Hedda havia iniciado a vida de casada com uma série de compras extravagantes – caixas de roupas trazidas da viagem de lua de mel – e com um complexo projeto de aquisições futuras, destinadas a recuperar seu antigo modo de vida: ela deseja um piano novo, um cavalo, um lacaio e a possibilidade de entreter os outros com estilo. Hedda pouco pensou em como esse projeto seria financiado e, na verdade, despreza Tesman por ele ser o tipo de gente que precisa se preocupar com "a maneira pela qual as pessoas se sustentarão" (p. 409). Quando, com a volta de Eilert Løvborg, homem que poderia conquistar a cátedra que Tesman já considerava sua, a trama se complica, a realidade econômica se impõe. O casamento que Hedda aceitara apenas para nutrir um estilo de vida específico se torna uma decepção: "O acordo previa que conservaríamos certa posição – entreteríamos" (p. 411). Então, à medida que a frustra, o casamento passa também a parecer uma prisão ou uma armadilha, a condenação permanente a uma vida burguesa trivial: "Sim! Cá estamos nós! Essas desprezíveis circunstâncias com que me casei! É isso o que torna a vida tão vil, tão ridícula!" (p. 418-19).

Tal é a forma como Hedda analisa a própria situação. No entanto, como ela só conhece parte da verdadeira natureza de seus problemas, essa análise é apenas parcialmente exata. Seu verdadeiro inimigo é a realidade em si, da qual ela há muito vem tentando escapar – Hedda diz a Løvborg que o ameaçara com a pistola anos antes porque "a realidade havia tentado ingressar em nosso relacionamento" (p. 426). O mundo real de Hedda, o mundo com o qual ela se vê obrigada a conviver ainda que não deseje, é o mundo do tempo cíclico em que toda beleza, e não somente aquela de sua antiga vida aristocrática, floresce apenas para se deteriorar, e no qual ela acabará envelhecendo e sendo substituída por seus filhos. Seu desejo de transfigurar o mundo – primeiro, revestindo-o com uma camada de elegância; depois, transformando Løvborg num super-homem dionisíaco – nasce do desejo elementar de fugir dos inevitáveis ciclos de decadência e renovação da vida. Como Hedda diz no Ato III, quando se recusa a visitar a agonizante tia Rina: "Não desejo olhar para a morte e para a doença. Quero livrar-me de tudo o que é feio" (p. 437).

A oposição de Hedda ao mundo natural e seus ciclos de crescimento e decrepitude é indicada no início da peça por sua aversão às flores. Quando desce as escadas, encontra a srta. Tesman num cômodo repleto de luz solar, ar fresco e flores, entre as quais está um buquê enviado, de maneira significativa, por Thea Elvsted. Tanto Thea quanto a srta. Tesman gostam de flores, de crianças e do mundo de que fazem parte, mas para Hedda tudo aquilo parece abominável. Assim, logo no começo já é traçada a diferença entre os verdadeiros cultuadores de Dionísio – a srta. Tesman e Thea, que se regozijam com a fertilidade e estão dispostas a aceitar a decadência como elemento necessário do ciclo da vida (a srta. Tesman chega até a fazer uso positivo disso, encontrando um objetivo de vida na assistência aos inválidos) – e Hedda, que rejeita o ciclo por completo.

Também importante é o fato de, no momento da ação, o ciclo da vida não ser para Hedda apenas um objeto abstrato de desprezo e aversão, mas também uma ameaça pessoal imediata. Quando, no Ato II, o juiz Brack lhe pergunta por que se casara com Tesman, ela responde: "Eu havia dançado até cansar, caro juiz. Minha estação estava acabada" (p. 414). Entretanto, tão logo menciona essa ideia, Hedda tenta reprimi-la: "Não, não... Não digo isso de fato. Também não o pensarei." Esses são pensamentos que Hedda afastará conscientemente; contudo, ao longo da peça eles se encontram logo abaixo da superfície de sua consciência, e de quando em quando começam a incomodar sua consciência. No Ato I, depois de Tesman acompanhar sua tia até a porta, ele volta e encontra Hedda observando, pela janela, as folhas de outono. "São tão amarelas e secas", diz ela (p. 398). A estação já começa a ficar fria no momento em que a ação se desenrola – o juiz Brack, prudente e maleável, carrega consigo um casaco leve –, e Hedda sem dúvida vê nas folhas amareladas um lembrete de que sua própria vida se aproxima do outono. A velhice e a morte são elementos inevitáveis neste mundo. Até mesmo a nova casa de Hedda – a qual a srta. Tesman, na expectativa dos filhos que a protagonista parirá, chama de "lar da vida" (p. 446) – passa a ser a casa da morte. O cheiro de lavanda e de sachês de rosas da "esposa muito pranteada do Secretário" espalha-se por todos os cômodos. "Recende a mortalidade", diz Hedda, "(...) como um ramo de flores no dia seguinte" (p. 418).

A ideia da renovação por meio de sua prole não lhe serve de consolo. Quando revela a Tesman que está grávida, Hedda sente-se flagelada por seu entusiasmo e por seu desejo de contar a boa-nova a Berte, doméstica do casal: "Morrerei em meio a tudo isso. (...) A todo esse absurdo" (p. 449). Para Hedda, a reprodução, assim como a sexualidade em geral, carece de elegância. Durante toda a peça, sempre que alguém menciona a possibilidade de ela ter filhos, Hedda evita o assunto. Quando, no Ato I, antes mesmo de saber que Hedda está grávida, Tesman diz que ela está em flor, para sua esposa isso não significa nada mais do que a desfiguração e o fardo das responsabilidades indesejadas.

Para aqueles que o reverenciam, o ciclo da vida é um tipo de imortalidade, uma fonte de alegria eternamente renovável. Segundo Hedda, porém, esse ciclo é uma monotonia perpétua, fonte apenas de enfado e repulsa. "Para sempre" é uma expressão que ela emprega com frequência, mas sempre em sentido pejorativo. Ela diz ao juiz Brack que o que há de mais insuportável no matrimônio é o fato de ele exigir que "se esteja para sempre na companhia da mesma pessoa" (p. 414). Quando Brack assente – "Cedo ou tarde... sim. Posso imaginar; todas as horas possíveis" –, Hedda insiste: "Eu disse para sempre." Várias vezes ao longo da peça, ela fala do quão entendiante considera essa vida. Em determinado momento, Hedda chega a afirmar, com uma ironia involuntária, que só tem talento para uma coisa: "Morrer de tédio" (p. 419).

Quando Løvborg chega à casa de Tesman no meio do Ato II, Hedda já sofrera a decepção de perceber que ela e o marido não seriam capazes de financiar o estilo de vida desejado, e assim já começa a sentir-se presa a um mundo trivial de "tias perpétuas" (p. 417). A tentativa de encontrar um Dionísio em Løvborg é seu último e desesperado esforço para tornar seu mundo habitável para si mesma.

O que ela espera encontrar nele é uma vitalidade capaz de servir como antídoto para seu enfado. "Vívido" é outra palavra que Hedda emprega com frequência, o que é explicitamente assinalado pelo juiz Brack. Ela pode usá-la ironicamente, a fim de descrever "aquela vívida multidão de hóspedes de veraneio" (p. 425) que, durante sua lua de mel com Tesman, os dois encontram na parte de baixo do Passo do Brennero. Em outras situações, Hedda a emprega de modo positivo, no intuito de retratar um tipo de *glamour* e de vitalidade que, segundo espera, livrará seu mundo daquela rotina monótona e o transformará por meio de uma beleza vital que se encontra além até mesmo da elegância. É nisso que ela está pensando quando fala da "vivacidade pura" (p. 431) que, em sua opinião, predominará na despedida de solteiro do juiz, festa à qual ela envia Eilert Løvborg para que ele possa voltar "com folhas de videira nos cabelos". No Ato II, Løvborg ainda parece a Hedda alguém capaz de satisfazer os sonhos que ela não consegue alcançar por si só. Ela sente que a influência reformativa de Thea Elvsted pode tê-lo subjugado de algum modo, mas crê que será capaz de liberar novamente a energia de Løvborg se conseguir interromper o domínio que Thea exerce sobre ele e estabelecer o seu próprio. O que ela deseja ver em seu Dionísio é uma combinação de energia, coragem, imunidade às convenções e autocontrole – em suma, o Terceiro Reino de Ibsen. É a isso que Hedda se refere ao dizer a Thea que, quando voltar da festa "com folhas de videira nos cabelos", Løvborg "terá dominado a si mesmo. Assim, ele será um homem livre pelo resto de sua vida" (p. 431).

A visão que Hedda nutre de seu Dionísio, porém, é apenas "uma bela ilusão" (p. 453), e isso lhe informa o juiz Brack. No mundo da peça, não pode haver um tal Dionísio, assim como não pode haver um *glamour* tão exótico e uma liberdade tão divina. O mundo de *Hedda Gabler* é um mundo trivial, povoado por pessoas extremamente ordinárias. Ele não tem heróis. Hedda é inapta para o heroísmo, o que também se aplica a Løvborg. Ironicamente, o elemento dionisíaco desse mundo é a própria fertilidade que a personagem despreza: a fertilidade sexual de Hedda, que geraria filhos reais, e a fertilidade espiritual da influência de Thea sobre Løvborg, a qual acabou gerando seu filho metafórico, o livro que contém o futuro. O elemento dionisíaco é a vitalidade do habitual.

No fim das contas, Løvborg mostra grande energia na festa e nenhum autocontrole. Seu frenesi passa longe da ideia que Hedda faz do divino. Assim, ele fica fora de si e acaba sob custódia policial. Esse último detalhe o aniquila aos olhos dela: ser detido pela polícia é algo ridículo e vulgar. Dessa maneira, Hedda abandona qualquer esperança de encontrar o Dionísio de seus sonhos. Quando entrega a pistola a Løvborg e pede-lhe que se mate belamente, tudo o que ela quer dizer é que ele o faça de modo aristocrático, com uma bala atravessando a têmpora. Ele acha que Hedda quis dizer algo mais: "Belamente? Com folhas de videira nos cabelos, como você costumava dizer?" (p. 444). "Oh, não", responde ela, "eu não acredito mais nas folhas de videira. Mas belamente, ainda assim! Ao menos dessa vez" (p. 445). Hedda não anseia mais pela magnificência heroica. Desesperando-se do divino, ela está disposta a se acomodar novamente por pura elegância.

Nesse momento, perdidas as esperanças de transformar seu mundo, Hedda volta-se contra o que vagamente sente ser, desde o começo, seu verdadeiro inimigo: a vida em si. O niilismo em que termina é mais do que o desejo de escapar da existência; ele é um compromisso ativo com o não ser. Ao queimar o livro, o que ela de fato deseja é destruir a vida: "Queimo agora seu filho, Thea. Sua... cabeça anelada! Queimo seu filho com Eilert Løvborg" (p. 445). De certo modo, o livro é uma criança, fruto da união espiritual de Thea e Løvborg. Eles mesmos muitas vezes se referem a ele como se a um filho. No entanto, o livro não é apenas a criação conjunta dos dois, e ao queimá-lo Hedda tenta fazer mais do que apenas destruir o símbolo de seu relacionamento. Como o pequeno Dionísio, o livro encarna a vitalidade do universo. Ele contém o futuro. É mais do que apenas uma obra de erudição, o tipo de livro que Tesman produziria. Ele parece conter uma potência criativa própria: é a semente pela qual o futuro nascerá. Ao tentar destruí-lo, Hedda tenta exterminar também, como Macbeth, "os germes da natureza",[32] a fonte mesma do ser, a energia por trás dos ciclos temporais.

Quando rasga o livro e lança pedaços dele no fogo, Hedda explicitamente o associa ao cabelo de Thea, outro símbolo dela: "Sua... cabeça anelada!" De acordo com as instruções de palco, o cabelo de Hedda não é "especialmente abundante" (p. 395), ao passo que o de Thea é "extraordinariamente rico e ondulado" (p. 399). Hedda sempre sentira inveja disso; até mesmo quando frequentavam juntas a escola, ela ameaçava incendiar o cabelo da outra. Agora, então, Hedda o associa ao poder que Thea tem sobre Løvborg. No Ato II ela afirma, invejando o relacionamento de ambos: "Ah, se soubesse como sou pobre! E você calhou de ser rica! No fim das contas, acho que terei mesmo de incendiar seu cabelo!" (p. 432). Assim, ao colocar fogo no livro, ela simbolicamente despedaça também o cabelo de Thea, símbolo da fecundidade que dá origem à vida.

A correspondência com o mito do Dionísio Zagreu é clara. Queimando o livro, Hedda se assemelha aos titãs que destroçam o pequeno deus da vitalidade. Decepcionada com seu próprio sonho dionisíaco, ela se voltou contra o verdadeiro Dionísio e contra aqueles que, como Thea e o Løvborg dos momentos de tranquilidade, são seus verdadeiros servos e devotos. O dionisíaco existe no mundo de Hedda; ele só não é aquilo que ela esperava ou desejava.

Como sugere o mito da ressurreição do Dionísio Zagreu, a vida não será vencida. A atitude destrutiva de Hedda é apenas um ataque ao poder da vida, e não uma vitória real sobre ela. Por um lado, Hedda está grávida, e a gravidez não é para ela somente a sucumbência de um ideal de elegância, mas também a presença zombadora e irônica do poder que ela tentou destruir. Hedda não pode escapar da percepção de ser prisioneira da própria fertilidade física.

---

[32] *Macbeth*, 4.1.58.

Ademais, a única batalha que ela julga ter vencido acaba se revelando perdida. Como as bacantes que reúnem os fragmentos do deus abatido, Thea e Tesman se dedicam à reconstrução do livro de Løvborg, partindo das notas que Thea preservara. Tesman diz até mesmo que Thea o inspirará do mesmo modo como inspirara Løvborg. Pode ser mais do que mera coincidência o fato de o nome de Thea (que por si só significa "deusa") se assemelhar tanto ao nome de Reia, deusa da fertilidade que, numa das versões do mito, trouxe Dionísio de volta à vida.

Os golpes finais chegam a Hedda quando o juiz Brack lhe conta a verdadeira história da morte de Løvborg, tentando usar seu conhecimento para chantageá-la. Até esse momento, Hedda vinha apreciando a "bela ilusão" de que Løvborg morrera, se não de modo heroico, ao menos com dignidade. Ela até procura pensar naquilo como "um ato de livre bravura, (...) belo por si só" (p. 453). O juiz a desilude, dizendo-lhe que Løvborg atirou em si próprio não na têmpora ou no peito, mas "na barriga" (p. 454). Além disso, nem mesmo aquilo parece ter sido voluntário: sua morte pode muito bem ter sido o resultado acidental de uma briga ocorrida numa casa de prostituição. "Que maldição é esta", exclama Hedda em desespero, "que transforma em algo ridículo e baixo tudo aquilo em que toco!" (p. 454). Se o juiz revelasse que Løvborg havia usado a arma de Hedda, ela se veria envolvida no tipo de escândalo que sempre temera. Quando o juiz tenta chantageá-la com isso, desejando tê-la praticamente como prisioneira num sórdido relacionamento, Hedda sabe que o mundo a derrotara. Nada mais lhe resta senão se submeter a esse mundo ou se retirar dele.

Hedda escolhe o suicídio. Sua morte é um último protesto contra seu mundo. Ela morre em conformidade com seu ideal de conduta, lançando uma bala contra sua têmpora e destruindo, consigo, a criança que estava por nascer.

Nem mesmo isso, porém, é uma vitória. No mundo da peça, o ciclo da vida é resiliente o bastante para ter continuidade apesar dos reveses aparentes. O livro será ressuscitado e, um dia, a srta. Tesman provavelmente terá não apenas filhos, mas também novos inválidos com que se ocupar. Thea e Tesman haviam flertado anos antes: diz-se até que ela é "uma velha chama" dele (p. 399). Agora que ambos estão unidos na reconstrução do manuscrito, parece provável que aquele entusiasmo mútuo culminará no amor e no casamento. Embora o casamento de Thea com o xerife Elvsted não tenha gerado filhos, não há nada que indique que ela não os possa ter. Se um dia Thea carregasse um filho de Tesman, a derrota de Hedda ganharia um simbólico requinte de crueldade.[33]

Significaria isso, porém, que Ibsen escreveu uma peça na qual as forças espantosas da vida, *tremendum et fascinans*, triunfam sobre a vilania niilista? Não exatamente. Hedda é derrotada, mas a vida que a vence não é *tremendum et fascinans*. Essa é a ironia radical que está no coração da peça. Thea é, na melhor das hipóteses, uma pessoa sem cor; e a seu modo, ela é tão tímida quanto Hedda. Tesman é um homem pedante e enfadonho. Se um dia casassem, os dois seriam os cônjuges perfeitos um para o outro. O fim da peça indica que a vida que cultuam, ainda que dotada de todo seu inexorável poder, merece exatamente devotos como aqueles.

Do mesmo modo, Hedda não é exatamente uma simples vilã. É impossível admirá-la, claro: ela é uma pessoa mesquinha, má. Esse lado de seu caráter fica claro desde o início da peça, quando ela atormenta a srta. Tesman por causa do chapéu. Porém, se permitimos que a peça nos arraste para dentro de sua perspectiva, nós inevitavelmente nos afeiçoamos a ela. As exigências que Hedda cobra da vida têm

---

[33] É verdade que Thea não carrega qualquer filho do xerife Elvsted, mas isso não significa necessariamente que devemos vê-la como estéril. Ibsen pode não ter dado filhos ao casal apenas para evitar as complicações distrativas que surgiriam da necessidade de explicar o que foi feito das crianças quando ela deixa o marido para acompanhar outro homem: fazê-la partir ao lado dos filhos seria algo inábil, se não ridículo; fazê-la abandoná-los também a tornaria uma figura menos simpática do que deve ser para contrastar com Hedda.

certa grandeza, e o mundo contra o qual ela se rebela de fato é duro. Os deuses estão lá, mas são pequenos; os ciclos temporais não passam de um circuito infindável de trivialidades.

Isso não quer dizer, claro, que *Hedda Gabler* represente a última palavra de Ibsen sobre a vida – ou sequer que esta seja de fato a palavra de Ibsen em qualquer sentido estrito. É provável que até mesmo nas formas mais autoexpressivas da literatura sempre haja um elemento hipotético, e o teatro é uma de suas formas menos autoexpressivas. *Hedda Gabler* é apenas a representação de uma forma de ver a vida, provavelmente a forma teatral mais eficaz dessa visão particular e radicalmente dessacralizada até o aparecimento, em nosso próprio século, do teatro do absurdo, na década de 1950.

O exemplo máximo dessa escola é Samuel Beckett. É provável que nenhum outro autor, em qualquer outro período, tenha desenvolvido de maneira tão completa as implicações da perspectiva dessacralizada. Algumas de suas obras se dedicam basicamente a analisar os elementos dessa visão, em especial o tempo cíclico ou informe, o isolamento humano e a moribundez da ideia de Deus; no entanto, há também outras que exploram suas possíveis rotas de fuga – e, quando assim o fazem, a nova visão que elas tenteiam, embora nunca diretamente retratada, começa a assumir algumas das qualidades que geralmente são associadas ao sagrado.

Esperando Godot, uma das peças que se debruçam sobre a análise, tem o enredo mais simples, o qual é também circular.[34] Dois vagabundos, Vladimir e Estragon – entre si chamados de Didi e Gogo –, estão à espera de um acontecimento específico: a chegada de um proprietário de terras chamado Godot, o qual, segundo anseiam, lhes arrumará um emprego. A ação da peça abrange dois dias, mas ambos

---

[34] *Waiting for Godot*. Nova York, Grove Press, 1954. As páginas serão indicadas entre parênteses. Como apenas as folhas da esquerda são numeradas, colocarei a letra "a" após o número, a fim de indicar que determinada citação se encontra na folha da direita.

são basicamente iguais e parecem ser uma amostra satisfatória de como decorrem também os outros. De manhã, os personagens começam o dia esperando; durante o resto do tempo, permanecem, como Gogo chega a afirmar, "tagarelando sobre isto e aquilo" (p. 42a), distraindo-se apenas com as ocasionais visitas de Pozzo e Lucky, outro proprietário de terras e seu servo. À tarde, um menino chega com a mensagem de que Godot "não virá esta noite, mas amanhã, sem dúvida" (p. 33a; ver também p. 58a).

O drama da peça está na percepção, por parte de alguns dos personagens – em particular Pozzo e Vladimir –, de que o tempo não tem objetivo algum, resumindo-se apenas a um ciclo interminável de esperança e frustração. Como consequência, ele não tem qualquer forma significativa, mas é somente um instante único e infernal que se repete sem cessar. "Vocês não cansam de me atormentar com esse maldito tempo?", diz Pozzo ao perceber seu tormento por meio das perguntas de Vladimir, que ironicamente só deseja assegurar-se de que o tempo de fato tem uma forma e de que se move em linha reta.[35]

> Quando! Quando! Um dia, isso não basta, um dia ele [Lucky] ficou mudo, um dia eu fiquei cego, um dia ficaremos surdos, um dia nascemos, um dia morreremos, no mesmo dia, no mesmo segundo, isso não basta? (...) Eles dão à luz direto para o túmulo, a luz cintila por um instante, então é noite novamente. (p. 57a)

Quando naquela noite, a segunda da peça, chega o mensageiro de Godot, Vladimir se mostra capaz de antecipar cada detalhe da mensagem, percebendo que ela é, e sempre será, a mesma. Ele também nota que, a exemplo do Deus tradicional, de cujo nome Godot

---

[35] Para uma discussão mais completa dessa ideia, ver Eugene Webb, *The Plays of Samuel Beckett*. Seattle, University of Washington Press, 1972; Londres, Peter Owen, 1972, p. 34-40. [Edição brasileira: *As Peças de Samuel Beckett*. Trad. Pedro Sette-Câmara. São Paulo, Editora É, 2012. (N. T.)]

é diminutivo,³⁶ o Godot que eles esperam seria uma esperança vazia mesmo se viesse.

Lucky, o pensador mais complexo do grupo, dedica sua única fala longa na peça ao problema da relação entre Deus e o mundo. Tal como descrito por Lucky, Ele parece um clássico exemplo do *deus otiosus*: é definido como impérvio a qualquer tipo de sentimento e insensível às impressões advindas de Sua criação, a qual definha sem Ele. Sua única relação com a raça humana parece ser uma relação imaginária que nasce da necessidade que o homem tem de acreditar nEle, e mesmo a crença é difícil de ser mantida diante dos efeitos causados pela distância do divino em relação à vida humana:

> Dada a existência conforme as obras públicas de Puncher e Wattmann de um Deus pessoal (...) com barbas brancas (...) fora do tempo sem extensão que do alto da apatia divina atambia divina afasia divina nos ama afetuosamente com algumas exceções por razões desconhecidas mas que serão reveladas com o tempo. (p. 28a)

Já vimos o que, ao fim da peça, o tempo revela a Pozzo e Vladimir. A Lucky, ele parece revelar algo semelhante:

> (...) fica estabelecido para além de toda dúvida que em vista dos trabalhos de Fartov e Belcher inconclusos por razões desconhecidas (...) que o homem em suma apesar dos avanços na alimentação e na evacuação desperdiça e definha desperdiça e definha. (p. 29)

Além disso, diz ele, "concomitantemente simultaneamente (...) por razões desconhecidas", um "grande frio" se consolidará sobre o ar, o mar e "a terra lar de pedras" (p. 29-29a).

---

³⁶ Embora a terminação "-ot" seja a de um diminutivo francês e "God" [Deus] esteja em língua inglesa, nada impede que "Godot" seja diminutivo de Deus. Não surpreende que Beckett faça uma brincadeira bilíngue com as palavras, uma vez que ele mesmo falava dois idiomas e também tivera experiência com jogos verbais multilíngues ao trabalhar como um dos tradutores do *Finnegans Wake*, de Joyce.

Ainda que Puncher e Wattman estejam corretos em suas ponderações e Ele de fato exista, o Deus pessoal e de barba branca não tem qualquer utilidade real para o mundo.

Em sua última descoberta, Vladimir nota o paralelo entre o Deus de Lucky e seu próprio Godot. Quando pergunta ao menino "O que faz o sr. Godot?" (p. 59), o garoto responde: "Ele não faz nada, senhor". Em seguida, Vladimir pergunta: "O sr. Godot usa barba?". Quando o menino diz que sim e que acha que é uma barba branca, Vladimir grita: "Cristo, tende piedade de nós!". Ele obviamente percebe que, embora Godot não passe de um proprietário de terras local, ele e Gogo o tinham usado do mesmo modo como a tradição usava Deus: para dar ao tempo uma forma linear que ruma para um objetivo.

Contentar-se com essa descoberta, porém, seria impossível; seria mais do que sua mente ou seu coração poderiam suportar. Em vez disso, ele passa a reavivar da melhor maneira possível, tanto para si quanto para Estragon, a esperança de que Godot enfim apareceria e de que, quando isso acontecesse, "Nós estaremos salvos" (p. 60a).

Esperando Godot apenas analisa essa situação, a necessidade de sempre reacender uma esperança falsa num Deus vazio ou substituto e, também, de usar isso para impor um padrão artificial a uma vida que, se não é absolutamente informe, é ao menos destituída das formas que os homens geralmente procuram. *Fim de Partida* é a primeira obra de Beckett a considerar seriamente a possibilidade de haver, para além do limitado horizonte dos conceitos tradicionais, mais do que o homem supõe, tal como a possibilidade de ser a sua adesão a esses conceitos aquilo que o afasta do que poderia ser a fonte da verdadeira vitalidade.

Os dois protagonistas são Hamm, chefe da família, e Clov, que parece ser tanto seu serviçal quanto seu filho adotivo. No início de cada dia – como se dia ainda fosse a palavra adequada para aquilo que, na peça, parece ter tão pouca forma –, Clov descobre o rosto de

Hamm, voltando a cobri-lo no fim. O ínterim é ocupado por aquele tipo comum de tagarelices. Também aqui o tempo parece ser um círculo em que o mesmo momento vazio se repete sem cessar. Quando Hamm pergunta que horas são, por exemplo, Clov responde: "A mesma de sempre".[37] Que poderia ser mais tarde, porém, é insinuado no diálogo que se segue:

> Hamm: Você não está farto?
> Clov: Sim! (...) De quê?
> Hamm: Dessa... dessa... disso.
> Clov: Sempre estive. (...) Você não?
> Hamm (com tristeza): Então isso não tem por que mudar.
> Clov: Pode acabar. (p. 5)

Parece haver duas razões que explicam por que o tempo não transcorre para os personagens, e ambas são interiores e morais. A primeira é o fato de a vida de Clov ainda não ter se desenvolvido até o ponto em que o desgosto poderia afastá-lo da esfera de poder de Hamm. O outro é o fato de ambos se agarrarem aos conceitos que os aprisionam. "Você já me fez essas perguntas milhões de vezes", diz Clov mais adiante (p. 38). "Eu adoro perguntas velhas", responde Hamm com fervor. "Ah, as perguntas velhas, as respostas velhas, não há nada como elas!"

Um dos conceitos velhos que Hamm aprecia é o de Deus. Embora Deus não envie qualquer sinal de sua presença ou poder, e embora o próprio Hamm diga "Canalha! Ele não existe!" (p. 55), o personagem insiste para que toda a família – Clov, Hamm, os pais de Hamm, Nagg e Nell – se junte silenciosamente a ele na oração do Pai-nosso, procedimento que, segundo indica a exclamação de Clov – "De novo!" –, é repetido com frequência. No universo que Beckett constrói em suas peças, diríamos que, para avançar rumo a um nova visão vivificante,

---

[37] *Endgame*. Nova York, Grove Press, 1958, p. 4. Doravante, as páginas serão indicadas no texto, entre parênteses.

o homem teria de compreender a verdadeira natureza do velho conceito e deixá-lo para trás. Nenhum de seus personagens é capaz de concretizar essa ruptura, mas alguns chegam bem perto.

Clov parece prestes a consegui-lo na última parte de *Fim de Partida*. Em vez de solicitar palavras novas para substituir os vocábulos velhos e desgastantes – a exemplo do que fizera com a palavra "ontem" (p. 43-44) –, ele vê uma nova independência se desdobrar tanto das palavras quanto dos professores de palavras. Uma vez "eles" lhe apresentaram vocábulos como "amizade", "beleza" e "ordem", mas agora ele parece quase pronto a deixá-los todos para trás: "Um dia, então, isso repentinamente termina, muda, não entendo, morre, ou então morro eu. Não compreendo isso também. Peço as palavras que faltam: sono, acordar, manhã, noite. Eles não têm nada a dizer. (...) Abro a porta da cela e me vou" (p. 81). Ele não sabe na direção do que está indo ou se isso lhe terá valor. "É fácil", diz, mas acrescenta: "Quando cair, chorarei de alegria." Do mesmo modo, não fica sequer claro se ele de fato vai; o fim da peça é ambíguo quanto a isso, deixando-o em suas roupas de viagem e com o olhar fixo em Hamm. O importante, porém, é a ideia da partida como possibilidade, o fato de, como Hamm anteriormente sugere, a esterilidade da vida talvez se encontrar apenas na vida que eles então vivem: "Você já pensou nisso? (...) Que estamos metidos num buraco. (...) Mas e além dos montes? Hã? Talvez ainda esteja verde. (...) Flora! Pomona! Ceres!" (p. 39). Por ele parecer pessimista, essa sugestão de Hamm provavelmente não é séria, apesar de seu tom extasiado; no entanto, ela serve para lembrar o público de que aquilo sobre o que ele fala é ao menos possível.

Outro fator que sugere essa possibilidade é o único acontecimento verdadeiro da peça: a visão de um menino do lado de fora, a distância. Isso sem dúvida não faz parte da rotina de Hamm e Clov uma vez que ambos parecem verdadeiramente surpresos – e talvez seja importante que a mudança de Clov, tal como sua decisão de partir, ocorra logo em seguida.

Pouco é dito sobre a criança na versão inglesa da peça, mas o original francês lhe dá bastante espaço. Nele, quando Clov avista o garoto pelo telescópio, Hamm diz: *La pierre levée* ("a pedra erguida"), em referência à pedra retirada da entrada do túmulo de Cristo. Em seguida, quando Hamm pergunta se ele está olhando para a casa da família *avec les yeux de Moïse mourant* ("com os olhos do Moisés agonizante"), recordando assim o olhar que Moisés lançara do alto do monte Fasga à Terra Prometida, Clov responde que a criança está contemplando o próprio umbigo.[38]

O emprego da imagem da criança se mostra especialmente interessante se a colocarmos em relação ao uso, um tanto semelhante, que Nietzsche lhe dá na parábola da criança cósmica. Em ambos os casos, a criança parece revelar a possibilidade de um novo início – não apenas um começo do zero, mas uma regeneração capaz de levar a vida a um nível superior. Em outras palavras, ela parece aludir a uma nova versão, em Beckett, do tema do Terceiro Reino. Ao mesmo tempo, entretanto, a criança parece ter sido introduzida de maneira um tanto hesitante pelo autor, sendo considerada parcialmente inadequada – afinal, Beckett retirou tudo da tradução inglesa, com exceção do menino. Se tivéssemos de especular o que Beckett tentou expressar simbolicamente com a imagem original, provavelmente imaginaríamos uma espécie de síntese das qualidades associadas às tradições religiosas judaico-cristã e budista – não a liberdade pagã e o domínio cristão da versão do Terceiro Reino elaborada por Ibsen, mas algo como um destacamento e um envolvimento. Contudo, o simbolismo parece bastante canhestro e obscuro, e Beckett também pode ter achado que as associações entre as tradições cristã e budista fossem específicas e limitadas demais, tal como inadequadas ao que ele desejava expressar. Beckett provavelmente agiu com sabedoria quando, ao preparar a versão inglesa, deixou de lado esses elementos da imagem.

---

[38] *Fin de Partie*. Paris, Editions de Minuit, 1957, p. 103-05.

No entanto, ainda que sigamos os passos do autor e deixemos de lado a ideia da conjunção dos valores budistas e cristãos, permanece interessante o problema do significado da criança no pensamento de Beckett. O garoto ainda está lá no *Fim de Partida* inglês, indicando a possibilidade de uma vida nova. Talvez o motivo por que Beckett julgou inadequadas as alusões cristãs e budistas esteja no fato de essa nova vida para a qual alguns de seus personagens são orientados não nascer de uma combinação de quaisquer tipos de ideias, mas de uma transformação interior. Suas peças tardias parecem indicar algo desse gênero, uma perspectiva renovada que consistiria na mudança não da forma de conceituar o que é visto, mas da forma de ver.

É significativo que alguns personagens dessas peças sejam perseguidos por olhos que parecem representar seu nível mais profundo de consciência ou a possibilidade de uma visão clara da própria realidade moral ou existencial, não deturpadas pela estrutura artificial das velhas perguntas e das velhas respostas. Em *Dias Felizes*, por exemplo, Winnie afirma que às vezes tem a "estranha sensação" de que alguém está a observá-la: "Estou nítida, depois turva, depois desapareço, depois turva de novo, depois nítida de novo, e assim por diante, indo e voltando, entrando e saindo dos olhos de alguém."[39] Nesse momento da peça – o primeiro ato –, tais olhos poderiam ser de qualquer um. Poderiam ser os olhos do Deus a que ela se dirige ao rezar de manhã, por exemplo. Para perceber que apenas os próprios olhos importam, é preciso desiludir-se com todos os modelos artificiais de significado que o homem impõe à sua experiência. Os personagens de Beckett raramente parecem buscar esse tipo de desilusão; ao contrário, eles em geral o evitam ao máximo. Eles não procuram a visão dessacralizada; em vez disso, essa visão os persegue e os deixa indefesos à medida que evapora cada um dos conceitos que eles usam para esconder o verdadeiro absurdo do universo. A crença num Deus

---

[39] *Happy Days*. Nova York, Grove Press, 1961, p. 40.

transcendente é uma de suas defesas mais comuns, mas é também altamente vulnerável. A maior parte dos personagens de Beckett descobre que ela se esvai com grande facilidade ao longo da vida, embora possa permanecer como hábito muito após deixar de ser crível. No início do Ato II de *Dias Felizes*, Winnie parece depender um pouco menos do sistema de defesa teísta, dado que, agora, ela não mais começa seu dia com uma oração, embora ainda goste de pensar que está sendo observada e assistida por "alguém" (p. 49). Momentos depois, ela reflete sobre o fato de que não reza mais e de que isso representa uma mudança enorme e bastante misteriosa. Em seguida, a imagem dos olhos lhe ocorre novamente, dessa vez de uma forma que faz que eles pareçam oferecer-lhe a possibilidade de uma nova visão: "Olhos flutuam até que aparentam se fechar em paz... enxergar... em paz" (p. 51). Se é isso o que lhe oferecem, ela ainda assim o rejeita: "Não me pertencem. (...) Agora não. (...) Não, não." Obviamente, ela prefere conservar suas ilusões ao máximo – se não a ilusão de Deus, ao menos a ilusão de um "dia feliz".

O personagem principal de *Film* tem menos sorte. Ele é um personagem bipartido, dividido em objeto (O) e olho (E). O é o protagonista como objeto de conhecimento para si mesmo; E é sua verdadeira visão interior e está à procura dele. O enredo segue a história da fuga de O e de sua eventual captura por parte de E. Só vemos E no fim, quando ele se encontra face a face com O – e, quando isso finalmente acontece, aquele "é o rosto de O, (...) mas com uma expressão bastante diferente, impossível de ser descrita, sem severidade ou bondade, e sim uma *intencionalidade* aguçada".[40] Aqui, parece nos ser dado um vislumbre – ainda que externo – da própria visão verdadeira, e à medida que parecem surgir as alusões associadas à imagem da criança do *Fim de Partida* francês, ela parece incorporar uma combinação

---

[40] *Film*, in: *Cascando and Other Short Dramatic Pieces*. Nova York, Grove Press, 1968, p. 83.

paradoxal de serenidade desprendida e preocupação. Nesse caso, O reage com horror; ele estivera fugindo da visão por tempo demais para aceitar sua união com ela como algo bom.

Há um personagem de Beckett, porém, que de fato persegue essa visão clara – ao menos ao narrar a história dessa busca – e que, no fim da peça, parece prestes a alcançá-la. Ele se encontra em *Cascando*.[41] O protagonista é a voz que conta a história, uma das "mil e uma" que já contou (p. 9). Dessa vez, porém, ele julga ter a história "certa", aquela que dará termo à sua busca pelo silêncio: "(...) esta... é diferente... eu a terminarei... então descansarei... é a certa... dessa vez eu consegui... consegui... Woburn (...)." A história relata a partida, numa pequena embarcação, de Woburn, que deixa a terra e as luzes da terra, passa pelas ilhas e segue rumo às "vastas profundezas" (p. 17). À medida que a voz conta a história, o acompanhamento musical, que até então tocara de maneira independente, junta-se a ela, que interpreta isso como sinal de que uma unidade existencial está se desenvolvendo: "De um mundo ao outro, é como se eles se unissem. Não podemos ir muito além. Ótimo" (p. 15). Antes, "eles" lhe haviam dito que suas histórias não passavam de ficções criadas em sua cabeça, mas a voz diz que essa história é sua própria vida e que agora não mais protesta contra as acusações, e sim apenas segue em frente. Da última vez em que ouvimos falar sobre Woburn, ele está no mar com as luzes da terra às suas costas, bem longe, ao mesmo tempo, porém, em que se encontra agarrado às amuradas de sua embarcação, com o rosto no cavername. A voz diz que, virando-se, ele seria capaz de ver outras luzes, as luzes do céu, brilhando sobre sua cabeça, mas no final ele ainda não havia mudado o bastante para fazer isso – "quase" (p. 19), mas ainda não. A não ser que o silêncio em que a peça termina indique que a transformação de fato ocorrera.

---

[41] Incluído em *Cascando and Other Dramatic Pieces*. As páginas serão indicadas entre parênteses, no texto.

À medida que os personagens de Beckett se aproximam da visão verdadeira – de maneira voluntária ou não –, eles precisam deixar para trás todo conceito tradicional de ordem ou autoridade. Naturalmente, isso significa que cada imagem tradicional do sagrado, ao lado de todas as outras análogas a ela – como a do sr. Godot –, deve ser esvaziada e que a visão dos personagens deve ser dessacralizada à exaustão. Antes de, no final de *Fim de Partida,* Clov desenvolver uma nova independência, Hamm não passava de uma figura semelhante a Godot; ele e as palavras que ensinava haviam sido sagrados para Clov, e apenas quando este começa a não mais necessitar delas e da compulsão de obedecer a Hamm é que ele se aproxima da possibilidade de partir para uma nova vida.

Contudo, ainda quando os personagens deixam para trás tanto a noção tradicional do sagrado quanto os conceitos e imagens que serviam como seu veículo, um novo sentimento do sagrado começa a se formar em torno da nova visão. Uma vez que Clov e Winnie não o desejam de modo particular, e uma vez que O, em *Film,* se encontra tão desesperado para fugir dele, dificilmente poderíamos dizer que esse lhes é um *mysterium fascinans*; como em geral todos eles – e em especial O – tendem a temê-lo à medida que se aproxima, ele poderia ser chamado *mysterium tremendum.* De todo modo, para ao menos um personagem – o narrador de *Cascando* –, ele parece definitivamente *fascinans.*

E por que motivo? O que existe, num universo tão reduzido à secularidade, que pode dar origem a esses sentimentos de terror e fascínio? A resposta seria a realidade ou a visão direta e clara da verdade, sem o véu protetor dos conceitos artificiais. Ao menos é isso o que parece aterrorizar, e às vezes atrair, os personagens de Beckett. A realidade é o que brilharia com as estrelas sobre eles caso fossem capazes de erguer os olhos para vê-las; é ela também o que se colocaria à sua frente se fossem capazes de encarar a si próprios. Do mesmo modo, é da visão desvelada da realidade que eles se protegem quando, a exemplo de O e até de outros personagens de *Film*, fogem de quaisquer olhos capazes de vê-los claramente e, vencendo sua defesa, espantá-los com a "agonia da perceptibilidade".[42]

Contudo, é mais fácil compreender por que a realidade seria aterrorizante para os personagens de Beckett do que compreender por que ela seria fascinante. Afinal, ela poderia destruir o único eu com o qual eles parecem capazes de se identificar, o eu formado por um tecido de ilusões. Só que, ao mesmo tempo, a realidade também fascina muitos personagens do autor – não apenas o narrador de *Cascando*, mas igualmente Watt, Molloy, Malone, o Inominável e, em alguma medida, talvez a maioria dos outros.[43] Possivelmente, talvez, até o próprio Beckett, cuja relação com cada um de seus personagens parece se assemelhar muito àquela que tem o narrador de *Cascando* com Woburn; é ele quem conduz a todos por formas diversas de luz e sombra, de clareza e ilusão.

Mas por que a realidade, o ser, seria fascinante? Talvez não haja qualquer resposta clara e conceitual a esta pergunta. Talvez este fato deva apenas ser reconhecido como um dado da experiência de muita gente, o qual sem dúvida parece ser algo recorrente – e não apenas para os personagens dos romances e das peças de Samuel Beckett, mas também na vida real como um todo. Eliade descreve essa experiência como um dos traços fundamentais do sagrado: "(...) onde o sagrado se manifesta, (...) *o real se desvela*, (...) o homem religioso só pode viver num mundo sagrado, pois apenas num mundo assim ele toma

---

[42] *Cascando and Other Short Dramatic Pieces*, p. 78.
[43] Ver *Watt*. Nova York, Grove Press, 1959; Londres, Calder, 1963; *Molloy*. Trad. Patrick Bowles, com colaboração de Samuel Beckett. Nova York, Grove Press, 1955; Londres, Calder, 1959; *Malone Dies* [Malone Morre]. Trad. Samuel Beckett. Nova York, Grove Press, 1956; Londres, Calder, 1958; *The Unnamable* [O Inominável]. Trad. Samuel Beckett. Nova York, Grove Press, 1958; Londres, Calder, 1959. Ver também Eugene Webb, *Samuel Beckett: A Study of His Novels*. Seattle, University of Washington Press, 1970; Londres, Peter Owen, 1970.

parte no ser, ele tem uma *existência real*. Essa necessidade religiosa expressa uma sede ontológica insaciável. O homem religioso tem sede do *ser*."[44] Embora dificilmente possamos dizer que os personagens de Beckett são religiosos no sentido tradicional do termo, eles parecem apreender o ser como algo que pode ser chamado de sagrado, carregando o fascínio do apelo sacro e o terror de seu desafio.

Esse desafio está tanto na exigência de uma espécie de morte – a morte dessa identidade composta de defesas – quanto na exigência do renascimento, nesse novo modo de visão, de olhos capazes de "fechar em paz... enxergar... em paz" – a união de O e E numa nova unidade do ser. Se esse renascimento ocorresse, os ciclos temporais talvez deixassem de parecer, como parecem para o Inominável de Beckett, um "árduo redemoinho" no qual "os segundos" são "todos iguais e cada um é infernal".[45] Antes, eles provavelmente receberiam um novo valor sagrado, sendo algo como a "roda autopropulsora" da criança cósmica de Nietzsche. Beckett, porém, não nos leva tão longe, e por isso não passa de especulação falar sobre como as coisas se dariam com seus personagens. O que ele de fato faz é apresentar o desafio, fazendo-nos sentir seu imperativo de maneira um tanto vigorosa.

Há também muitos outros autores modernos que fazem isso e que, como Beckett, o fazem a partir do âmago da visão secularizada. No século XX, um dos exploradores mais persistentes e fervorosos dessa visão foi Wallace Stevens. A exemplo de Beckett, Stevens tentou atravessar a tela mítica das condutas e crenças tradicionais e chegar à pedra bruta da realidade; além disso, ele também percebeu que a realidade transforma a secularidade profana em secularidade sagrada.

Nos primeiros poemas de Stevens, a visão dessacralizada tende a predominar – talvez em parte por causa do desaparecimento de Deus no pensamento do século XIX, mas também porque, para ele,

---

[44] *The Sacred and the Profane*, p. 63-64.
[45] *The Unnamable*, p. 161, 152.

a imaginação mitopoética do homem é demasiadamente poderosa, devendo ser combatida à exaustão caso a mente humana deseje alcançar a verdadeira clareza. Como ele diz em "The Sense of the Sleight-of-Hand Man" [O Tino do Prestidigitador]: "Pode ser que apenas o homem ignorante", aquele que não procura entender e, portanto, não se sente tentado a fraudar, "tenha alguma chance de acasalar sua vida com a vida", isto é, de unir sua consciência com o verdadeiro ser.[46] Ou então, tal como afirma, num tom mais sombrio, em "The Snow Man" [O Boneco de Neve], talvez apenas aquele que nada é seja capaz de olhar para a terra desolada e não ver o "nada que não há lá e o nada que é" (*CP*, p. 10). A exemplo de sua "velha cristã de tom altivo", a maioria das pessoas tende a tomar "a lei moral", a fazer dela "uma nave" e a construir, da nave, um "céu assombrado" (*CP*, p. 59). Ou então, elas tendem a tomar "a lei oposta", a fazer "um peristilo" e, do peristilo, projetar uma máscara de vulgaridade para além dos planetas. Ambos, diz o poema à mulher, são igualmente válidos como ficção e igualmente inválidos como verdade, uma vez que não passam de interpretações imaginativas projetadas no universo. A poesia, porém, é a "ficção suprema", pois só ela sabe que é ficção; ao tomarem suas perspectivas como verdade, as religiões, sejam cristãs ou pagãs, não alcançam a clareza poética.

Ainda assim, tal como indica "The Sense of the Sleight-of-Hand Man", até mesmo para a poesia é difícil conservar essa visão sutil, uma vez que a mente se encontra repleta de ficções e, em sua aridez essencial, o universo parece demasiadamente frio, desolado e caótico – numa palavra: profano. Visto em sua inóspita realidade,

---

[46] *The Collected Poems of Wallace Stevens*. Nova York, Alfred A. Knopf, 1961, p. 222. Embora esse seja um dos poemas relativamente tardios de Stevens (1942), a postura nele contida é aquela que permeia a maioria dos poemas mais antigos. Exceto quando assinalado, as páginas de Stevens aqui mencionadas referem-se aos *Collected Poems*, que doravante serão indicados como *CP*.

ele não é nem lar para o homem, nem um cosmos capaz de servir como base para um lar. Em "Domination of Black" [Predomínio do Negro], por exemplo, o poeta observa, à noite, as labaredas que se revolvem no fogo, quando então pensa nas cores dos arbustos e das folhas, tal como na cauda dos pavões. Sentado, recordando-se dessas imagens e do grito dos pavões – um guincho que soa como o grito por socorro de um homem ou uma mulher –, parece que todos esses elementos de sua experiência são como folhas que giram sob o vento, um caos que descende até a morte. Na última estrofe, o poeta olha pela janela e vê também o céu absorvido por essa visão do fluxo e da mortalidade:

> *Out of the window,*
> *I saw how the planets gathered*
> *Like the leaves themselves*
> *Turning in the wind.*
> *I saw how the night came,*
> *Came striding like the color of the heavy hemlocks.*
> *I felt afraid.*
> *And I remembered the cry of the peacocks.*[47]

[Pela janela,
Vi os planetas se juntarem
Como as próprias folhas
Girando ao vento.
Vi a noite chegar,
Invadindo o quarto, como a cor intensa dos açafrões.
E tive medo.
E então lembrei o grito dos pavões.]

---

[47] O poema aparece em *CP*, p. 9, mas o ponto final após *hemlocks* foi acrescido de acordo com a correção incluída em Wallace Stevens, *The Palm at the End of the Mind: Selected Poems and a Play*. Org. Holly Stevens. Nova York, Alfred A. Knopf, 1971, p. 15. [A tradução em português é de Paulo Henriques Brito, em *Poemas*. São Paulo, Companhia das Letras, 1987, p. 19, 21. (N. T.)]

Em "Sunday Morning" [Manhã de Domingo] (*CP*, p. 66-70), ele esboça uma possível forma de transformar esse universo num lar. Aqui, todos os seus temas mais importantes se reúnem, concentrando suas tensões antagônicas num dos poemas mais poderosos do primeiro Stevens. O desafio da clareza, a dificuldade de preservá-la, a tentação de buscar um retorno à visão cristã e a possibilidade de uma ficção suprema, capaz de restaurar o valor da vida humana no tempo cíclico – tudo isso converge na mente dividida de uma mulher que, coberta por um penhoar, senta-se sob o sol para saborear seu café tardio e suas laranjas, pensando se afinal valeria a pena ir à igreja. Enquanto pondera, as laranjas e as asas verdes da cacatua em seu tapete lhe parecem coisas advindas "da procissão dos mortos" – sendo elas mesmas mortais e lembretes da mortalidade –, de modo que conduzem seus pensamentos à silenciosa palestina, domínio do "sangue e sepulcro".

Ao mesmo tempo, outra linha de raciocínio, dela mesma ou do poeta que com ela dialoga, surge para argumentar contra essa espécie de retorno à noção tradicional de sagrado transcendente: "Por que não encontrar prazer no sol, / No odor das frutas, brilho de asas verdes, / (...) Tão caro quanto o próprio paraíso?". Mesmo se apenas mortal, a experiência real é preferível ao sonho da imortalidade; e se deve haver um "divino" verdadeiro, é "nela que (...) há de viver". Se é incapaz de escapar da ânsia que a mente sente pela visão mítica, diz este raciocínio, numa veia que lembra Nietzsche, seria melhor que ela encontrasse um mito pagão, uma vez que, ao contrário do mito cristão, que expressa a satisfação imaginativa de desejos humanos relativamente insignificantes, ele exprime um entendimento primordial da grandeza da natureza:

> *Jove in the clouds had his inhuman birth.*
> *No mother suckled him, no sweet land gave*
> *Large-mannered motions to his mythy mind.*
> *He moved among us, as a muttering king,*

Magnificent, would move among his hinds,
Until our blood, commingling, virginal,
With heaven, brought such requital to desire
The very hinds discerned it, in a star.[48]

[Nas nuvens nasceu Jove, o não humano,
Que mãe não aleitou, e em relva fresca
Com passos divinais jamais pisou.
Caminhou entre nós, rei absorto,
Magnífico, portento entre os humildes,
Até que sangue humano e virginal
Mesclou-se ao céu, anseio tão intenso
Que o viram os mais humildes, numa estrela.]

À objeção, levantada por ela, de que isso não satisfaz seu desejo pela permanência, o contra-argumento evoca a perpetuidade dos ciclos temporais da decadência e da renovação na natureza:

There is not any haunt of prophecy,
Nor any old chimera of the grave,
Neither the golden underground, nor isle
Melodious, where spirits gat them home,
Nor visionary south, nor cloudy palm
Remote on heaven's hill, that has endured
As April's green endures; or will endure
Like her remembrance of awakened birds,
Or her desire for June and evenings, tipped
By the consummation of the swallow's wings.

[Não há nenhuma negra profecia,
Não há quimera sepulcral tampouco,
Nem ilha melodiosa, habitada
Por espíritos, nem doce eldorado

---

[48] A tradução deste trecho, tal como a de todos os outros deste poema, é também de Paulo Henriques Britto, em *Poemas*. São Paulo, Companhia das Letras, 1987, p. 27-35. (N. T.)

> No sul, nem palmeira em longínqua névoa
> De outeiro no céu, que perdure mais
> Do que o verdor da primavera, mais
> Que a lembrança de uma manhã com pássaros,
> Ou um desejo de tarde de verão
> Consumada em asas de andorinhas.]

Se a primavera não desse lugar ao verão, ou se a manhã não desse lugar à noite, o tempo deixaria de ser vital e belo. "A morte é a mãe do belo", não sua inimiga. Ela o gera até mesmo quando o destrói; embora a morte "espalhe as folhas secas / Do aniquilamento a nossa frente", ela também "faz o salgueiro estremecer ao sol".

A genuína possibilidade do homem estaria não na fuga imaginária rumo a um paraíso de "violões insípidos", no qual a fruta madura jamais cairia; ela estaria na transformação daquilo que é claramente reconhecido como esse "velho caos de sol, / Ou velha servidão de noite e dia", numa nova visão da sacralidade imanente, suscitada por meio de uma ficção suprema que celebraria o sol "Não como deus, mas como um deus seria". Isso tornaria possível que o homem aceitasse a natureza selvagem como natureza selvagem e, ao mesmo tempo, se regozijasse com as "amoras silvestres" que nela amadurecem e com os assobios espontâneos produzidos pela codorna quando o cervo caminha pelos nossos montes; do mesmo modo, tornaria possível que valorizássemos as duas consequências – a transitoriedade e a perpetuidade – das ondulações ambíguas geradas pelas pombas que "revoam a esmo, / (...) Em direção à sombra, com suas asas".

Essa ideia é bela e belamente apresentada, mas não é a resposta final de Stevens ao problema. A eficácia de sua expressão poética lhe dá maior poder de convicção do que realmente tem. Em um exame mais atento, ela parece logicamente paradoxal, quiçá até contraditória – uma tentativa de transformar o caos em lar projetando, sobre ele, uma qualidade sagrada que é simultaneamente confirmada e desacreditada.

Seus poemas tardios conduzem esse esforço por outra direção. Eles continuam a desnudar a mitologia tradicional do sagrado, mas não com o intuito de substituí-la por uma mitologia semioficial e melhorada. Em vez disso, Stevens tenta purificar a visão que tem de todos esses adornos e, assim, chegar ao real essencial. Segundo ele mesmo afirmou, em carta de maio de 1949, acerca do objetivo de seu "An Ordinary Evening in New Haven" [Uma Noite Comum em New Haven]: "meu interesse, aqui, é chegar o mais próximo que um poeta pode chegar do comum, do trivial e do feio. Não se trata de uma realidade amarga, mas da realidade pura e simples. O objetivo, claro, é purgar-se de tudo o que é falso."[49] Ou então, de acordo com o que diz poeticamente em "Credences of Summer" [Crenças de Verão]:

> *Let's see the very thing and nothing else.*
> *Let's see it with the hottest fire of sight.*
> *Burn everything not part of it to ash.*
> *Trace the gold sun about the whitened sky*
> *Without evasion by a single metaphor.*
> *Look at it in its essential barrenness*
> *And say this, this is the centre that I seek.* (CP, p. 373)

[Vamos olhar a coisa em si e só
Com o mais quente fogo da visão.
Reduzir tudo e não só parte a cinzas.
O dourado sol caçar no alvo céu
Sem baixa de metáfora qualquer.
Fitá-la em sua aridez essencial
E dizer: este é o centro que eu busco.]

Várias são as razões pelas quais a imagística tradicional do sagrado precisa ser desnudada. Em "Sunday Morning", porém, a principal

---

[49] *Letters of Wallace Stevens.* Org. Holly Stevens. Nova York, Alfred A. Knopf, 1966, p. 636-37, citado em A. Walton Litz, *Introspective Voyager: The Poetic Development of Wallace Stevens.* Nova York, Oxford University Press, 1972, p. 282.

objeção feita ao cristianismo talvez seja uma das menos importantes: o poema afirma que ele conduz seus seguidores à falsa esperança num paraíso em que a fruta madura jamais cairá. A religião cristã não busca primeiramente a perpetuação da vida no mesmo plano da existência, mas anseia por uma qualidade de vida nova. A Beatriz de Dante, por exemplo, durante a ascensão dos dois pelas esferas celestes, recorda-lhe de que (...) *non pur ne' miei occhi è paradiso* (*Paraíso*, XVIII, 21: "(...) não é só nos meus olhos paraíso"),[50] e essa é uma lição que ele assimila muito bem ao subir até aquele ponto de luz fixo e resplandecente que é também fonte do brilho dos olhos dela. Uma objeção mais séria diz que, seja qual for a esperança da religião cristã, a falsidade de seu mito é um fato, uma parte da "realidade pura e simples" que deve ser acatada: "O Santo Sepulcro / Não é alpendre onde repousem espíritos, / É o túmulo onde jazeu Jesus". Outra objeção igualmente importante alega que, para penetrar todo o acúmulo imaginativo do passado, é preciso libertar-se de cada voz de autoridade tradicional. As vozes da autoridade religiosa estão entre as mais poderosas delas, simbolizando, portanto, a ameaça que existe em todas. Como afirma Stevens em "The Old Lutheran Bells at Home" [Os Velhos Sinos Luteranos em Casa]: "Estas são as vozes dos pastores que chamam / E chamam, como longos ecos em sono longevo, / De gerações de pastores a gerações de carneiros" (*CP*, p. 461). Quando essas vozes, tal como todas as vozes do passado, são deixadas para trás, aquele que explora a realidade pode despertar do sono longevo e se encontrar sob a luz do sol:

> *The figures of the past go cloaked.*
> *They walk in mist and rain and snow*
> *And go, go slowly, but they go.*

---

[50] Esta e todas as alusões subsequentes ao texto italiano de Dante se referem a *La Divina Commedia*. Org. Natalino Sapegno. Milão e Nápoles, Riccardo Ricciardi, 1957. Sua tradução é a de Laurence Binyon, que mencionamos antes (capítulo 2, nota 9). [O texto em português é também aquele de Vasco Graça Moura, indicado na mesma nota. (N. T.)]

The greenhouse on the village green
Is brighter than the sun itself.
Cinerarias have a speaking sheen. ("Poesie Abrutie", CP, p. 302)

[Seguem as figuras de ontem.
Vão entre a névoa, chuva e neve
E caminham lentas, se escondem.

A estufa do gramado chão
Mais que o próprio sol resplandece.
As urnas têm grande clarão.]

Paradoxalmente, porém, o objetivo de Stevens com seus poemas tardios não é apenas alcançar uma visão clara e desadornada dos objetos naturais; ele deseja chegar a uma visão, ou ao menos a um vislumbre, de seu fundamento, do ser como tal.[51] Isso é paradoxal de duas formas. Em primeiro lugar, à medida que ele se aproxima da descoberta desse ser cru, a existência começa a assumir, por si só, uma qualidade sagrada; aquela que provavelmente é sua objeção mais profunda à religião tradicional diz que a ênfase que ela dá ao polo transcendental do sagrado é uma distração do sagrado imanente que Stevens descobre no ser que se revela no mundo secular. Em segundo lugar, seu método de exploração é muito semelhante ao da teologia mística tradicional. Se o primeiro Stevens evoca tanto o anúncio da morte de Deus feito por Nietzsche quanto seu esforço para reavivar, numa estrutura ateísta, um sentimento pagão do sagrado, o Stevens tardio evoca mais a tensão dialética entre a teologia catafática e apofática. O ser e o nada são dois dos temas mais importantes de seus poemas tardios, constituindo, segundo o uso que Stevens lhes dá, dois aspectos de uma só realidade. O ser está em todas as coisas, mas nunca é contido por elas; e, embora essa presença seja evanescente, é apenas nelas que ele pode ser apreendido. Desse modo, torna-se

---

[51] Ver J. Hills Miller, *Poets of Reality: Six Twentieth-Century Writers*. Cambridge, Mass., Harvard University Press, 1966, p. 277-84.

necessário empregar analogias positivas e suas negações para abordá-lo por meio da poesia. É por isso que, em "A Primitive Like an Orb" [Um Primitivo como um Orbe], Stevens usa a imagem de um "gigante de nada (...) em constante transformação, vivendo em mudanças" ["giant of nothingness (...) ever changing, living in change"] (*CP*, p. 443); e, em "Chocorua to Its Neighbor" [Chocorua para seu Vizinho], de um gigante cujo corpo

> (...) *seemed*
> *Both substance and non-substance (...).*
>
> *Without existence, existing everywhere. (...)*
>
> *Cloud-casual, metaphysical metaphor,*
> *But resting on me, thinking in my snow,*
> *Physical if the eye is quick enough,*
> *So that, where he was, there is an enkindling, where*
> *He is, the air changes and grows fresh to breathe.*
>
> *The air changes (...)*
> *And to breathe is a fulfilling of desire,*
> *A clearing, a detecting, a completing,*
> *A largeness lived and not conceived, a space*
> *That is an instant nature, brilliantly.* (*CP*, p. 297-98, 301)

> [(...) Substância parecia
> Também não substância (...).
>
> Sem existência, mas em toda parte. (...)
>
> Fortuito véu, metáfora não física;
> De mim depende e em minha neve pensa;
> Físico quando apressado é o olhar,
> De modo que, onde estava, eis o fogo, onde
> Está, muda o ar e se afresca ao nariz.
>
> O ar muda (...)
> E respirar é bastar ao desejo,

É limpar, detectar, completar,
Grandeza vivida, não concebida,
Natureza brusca, lugar brilhante.]

É também por essa razão que, em "Less and Less Human, O Savage Spirit" [Cada Vez Menos Humano, Ó Espírito Selvagem], ele afirma que, se o homem precisa pensar partindo de imagens teístas, torna-se necessário livrar a imagem que ele faz de Deus de todos os seus atributos finitos, reduzindo-a a um nada correspondente à pureza do ser:

If there must be a god in the house, let him be one
Saying things in the room and on the stair,

Let him move as the sunlight moves on the floor,
Or moonlight, silently, as Plato's ghost

Or Aristotle's skeleton. (...)

He must be incapable of speaking, closed,
As those are: as light, for all its motion, is; (...)

If there must be a god in the house, let him be one
That will not hear us when we speak: a coolness,

A vermillioned nothingness (...).(CP, p. 327-28)

[Se deve haver um deus na casa, que esteja
A falar nos cômodos e na escada,

Que se mova como a luz do sol sobre o assoalho,
Ou o luar, em silêncio, como o fantasma de Platão

Ou o esqueleto de Aristóteles. (...)

Deve ser incapaz de falar, fechado
Como aqueles: como é a luz em sua moção; (...)

Se deve haver um deus na casa, que seja
Um que não nos escute as palavras: uma frieza,

Um rubro nada (...).]

Na nova versão do paradoxo da imanência e da transcendência, o ser é, simultaneamente, "a rocha visível, o audível", de "Credences of Summer" (*CP*, p. 375), e o vazio subjacente de "An Ordinary Evening in New Haven": "Um vazio sustenta as tentativas do recurso, / O vazio dominante, o inacessível" (*CP*, p. 477). Uma ontofania por meio da rocha e uma ontofania por meio do vácuo.

Aquilo que não pode estar contido em nenhuma metáfora deve ser buscado por meio da negação simultânea da metáfora como tal e do uso de inúmeras metáforas sucessivas, capazes de complementar umas às outras. Isso é curiosamente parecido com o método de Dante, que ao descrever Deus no *Paraíso* lança mão de uma sucessão de imagens que finalmente ultrapassam as capacidades da fala e do entendimento humanos – um ponto luminoso à distância; uma rosa branca e radiante, representando o Corpo Místico de Cristo; um volume encadernado cujas folhas são todos os seres finitos; uma chama única e simples, simbolizando a unidade do ser divino como fundamento de todos os seres; e, por fim, os três círculos da Divina Trindade: dois como arco-íris e o terceiro de fogo, sendo a Encarnação o mistério definitivo a derrotar o poeta:

> (...) *ma non eran da ciò le proprie penne:*
> *se non che la mia mente fu percossa*
> *da un fulgore in che sua voglia venne.* (*Paraíso*, XXXIII, 139-41)
>
> [(...) mas minhas penas eram curto meio:
> que então a mente me era percutida
> por um fulgor em que seu querer veio.]

Também Stevens usa uma série de imagens para descrever algo que está além da compreensão, "A palmeira no final da mente, / Além do pensamento último";[52] e, ainda que seu objetivo fosse diferente do de Dante, pode não ser inadequado dizer que também a sua mente, à medida que ele se aproximava da pureza e inocência inefáveis do

---

[52] Stevens, "Of Mere Being", *Palm at the End of the Mind*, p. 404.

ser, foi assaltada por uma glória repentina. Em "A Primitive Like an Orb", ele compara o ser a um poema, "O poema essencial no centro das coisas" (*CP*, p. 440). Em "Study of Images I" [Estudo de Imagens I], a comparação é com uma paisagem, sendo nossa situação no cenário a imagem de nossa participação no ser:

> *If the study of his images*
> *Is the study of man, this image of Saturday,*
>
> *This Italian symbol, this Southern landscape, is like*
> *A waking, as in images we awake,*
> *Within the very object that we seek,*
>
> *Participants of its being. It is, we are.*
> *He is, we are.* (CP, p. 463)

[Se o estudo de suas imagens
É o estudo do homem, essa imagem do sábado,

Esse símbolo italiano, essa paisagem do sul, é como
Um despertar, como em imagens despertamos,
No seio do próprio objeto que buscamos,

Partícipes de seu ser. O objeto é, nós somos.
Ele é, nós somos.]

Em "The River of Rivers in Connecticut" [O Rio dos Rios em Connecticut], o ser é "O rio que flui para lugar algum, como um mar" (*CP*, p. 533); em "Metaphor as Degeneration" [Metáfora como Degeneração], poema no qual temos outro emprego da imagem fluvial, ele passa a ser um rio que não é um rio, um ser que é ao mesmo tempo o ser e o não ser, sem terra e sem água, e em cujas margens florescem os seres:

> *It is certain that the river*
>
> *Is not Swatara. The swarthy water*
> *That flows round the earth and through the skies,*
> *Twisting among the universal spaces,*

Is not Swatara. It is being.
That is the flock-flecked river, the water,
The blown sheen – or is it air?

How, then, is metaphor degeneration,
When Swatara becomes this undulant river
And the river becomes landless, waterless ocean?

Here the black violets grow down to its banks
And the memorial mosses hang their green
Upon it, as it flows ahead. (CP, p. 444-45)

[Certo é que esse rio

Não é o Swatara. A água escura
Que flui ao redor da terra e pelos céus,
Serpenteando pelos espaços universais,

Não é o Swatara. É o ser.
É esse o flocoso rio, a água,
O estourado brilho – ou seria ar?

Como pode, então, ser a metáfora degeneração
Quando o Swatara se torna esse ondulante rio
E o rio sem terra fica, um oceano sem água?

Aqui, as violetas negras florescem em suas margens
E os musgos memoriais colgam seu verde
Sobre ele, que segue seu curso.]

Ele é também uma "santidade". Embora possamos abordá-lo apenas indiretamente e ter dele apenas vislumbres fugazes, ele ainda está lá, é real, habitando em si mesmo ainda que em perpétua mudança; então, nos momentos raros e breves em que somos capazes de habitá-lo conscientemente, unindo nossa vida com a vida, passamos por uma transfiguração:

There may be always a time of innocence.
There is never a place. Or if there is not time,
If it is not a thing of time, nor of place,

Existing in the idea of it, alone,
In the sense against calamity, it is not
Less real. (...)

It is like a thing of ether that exists
Almost as predicate. But it exists,
It exists, it is visible, it is, it is.

So, then, these lights are not a spell of light,
A saying out of a cloud, but innocence.
An innocence of the earth and no false sign

Or symbol of malice. That we partake thereof,
Lie down like children in this holiness (...). ("The Auroras of Autumn"
   CP, p. 418)[53]

[Sempre pode haver tempo de inocência,
Nunca lugar. Ou, se tempo não houver,
Nem por não ser coisa de tempo nem lugar,

Existente como ideia apenas, consciência
Que repele o desastre, é menos real. (...)

É como coisa etérea que existe
Quase como predicado. Porém
Existe, é visível, é e é.

Assim, estas luzes não são magia da luz,
Fala de nuvem, porém inocência.
Uma inocência da terra, não signo falso

Nem símbolo de mal. Dela provamos,
Crianças, nos deitamos nessa santidade (...).]

Uma inocência da terra, uma santidade em que o sagrado imanente substitui o transcendente que seria um signo falso ou um "símbolo de mal", mas no qual o imanente e o transcendente ainda

---

[53] Edição brasileira: "As Auroras Boreais do Outono". In: *Poemas*. Trad. Paulo Henriques Britto. São Paulo, Companhia das Letras, 1987, p. 187. (N. T.)

assim conservam sua tensão característica como união paradoxal entre os seres e o ser.

Mais uma vez, encontramos numa nova figura a criança cósmica e o Terceiro Reino da imanência divina. Para Stevens, claro, este não é o terceiro, mas o único reino existente, e ele obviamente diria, unindo-se ao narrador do *Cascando* de Beckett, que também o "reino" é "uma imagem como qualquer outra";[54] no entanto, ela ainda é uma versão do reino, e uma versão que, como a de seus antecessores, coroa seus participantes com línguas de fogo:

> *He was as tall as a tree in the middle of*
> *The night. The substance of his body seemed*
> *Both substance and non-substance, luminous flesh*
> *Or shapely fire: fire from an underworld,*
> *Of less degree than flame and lesser shine.*
>
> *Upon my top he breathed the pointed dark.*[55]

[Alto como uma árvore no meio
Do breu. Sua substância parecia
Também não substância, carne fúlgida
Ou formoso fogo – de um submundo,
De grau menor que a chama e menor lustre.

Em mim exalava a ogival sombra.]

---

[54] Beckett, *Cascando*, p. 18.
[55] Stevens, "Chocorua to Its Neighbor", *CP*, p. 297-98.

Capítulo 4

O UNO E O MÚLTIPLO: O DESAFIO AMBÍGUO DO SER NA POESIA DE YEATS E RILKE

> *Todo o sistema se funda na crença de que a realidade definitiva, simbolizada pela Esfera, incorre na consciência humana como uma série de antinomias, segundo primeiro demonstrou Nicolau de Cusa.*
> W. B. YEATS, *A Vision*

> *Você é a floresta das contradições.*
> R. M. RILKE, *Das Buch vom Mönchischen Leben*

"Você é a floresta das contradições":[1] as palavras de Rilke descrevem o universo em que muitos dos descendentes dos românticos se encontravam no fim do século XIX e no início do século XX. Tais palavras são dirigidas tanto a Deus quanto ao mundo porque, do ponto de vista do autor, no fundo ambos são uma só coisa, embora o contraste entre aquilo que é concebido como a simplicidade e a unidade perfeita do Ser e a complexa multiplicidade dos seres não pudesse ser mais enfático.[2] Yeats estava certo ao atribuir a fonte dessa visão a Nicolau de Cusa. Elaborada pelo Cusano, a teoria da *coincidentia oppositorum*, tal como da *complicatio* e da *explicatio*, tornou-se a base das teorias de Fichte e de outros filósofos idealistas acerca da evolução do Uno ou do Absoluto, que deixa a condição de unidade

---

[1] Rainer Maria Rilke, *Werke in Drei Bänden, 1: Gedicht-Zyklen*. Frankfurt, Insel Verlag, 1966, p. 39.

[2] Cumpre explicar que, neste capítulo, empregarei a palavra "ser" grafada com letras maiúsculas e minúsculas: a primeira forma, quando me referir à ideia específica do Ser como Absoluto, presente no idealismo filosófico; a segunda, quando me referir a entes particulares ou à existência em sentido lato.

inconsciente e, por meio da divisão interior entre sujeito e objeto, se torna consciente, mas fragmentado. Essa linha de pensamento exerceu ampla influência no século XIX. Ela chegou ao romantismo inglês através dos escritos de Coleridge, que viajara pela Alemanha, lera os idealistas e agregara grande parte do pensamento deles a seus próprios textos filosóficos e críticos. Da Inglaterra, ela passou ao pensamento norte-americano pelas mãos de Emerson. E na Alemanha, é claro, essa linha tornou-se a escola filosófica dominante até pelo menos o período que se seguiu à Primeira Guerra Mundial.

Tal como formulada pelos filósofos alemães, a teoria idealista partia do pressuposto de que a evolução que tivera início na unidade do Ser simples e que se dividira na dualidade consciente, na autoalienação e na antinomia se encaminhava para o arremate na luz de uma nova unidade do eu e de um novo autocontrole: a autorrealização do Absoluto. Em alguns expoentes dessa tradição – penso especialmente em Schelling e Hegel –, essa possibilidade suscitou um sereno otimismo: o homem é a cabeça do processo de autorrealização do Absoluto, cuja concretização se dá de acordo com leis do ser que são ao mesmo tempo inevitáveis e inteligíveis. Com o passar do século XIX, porém, muito desse otimismo se dissipou, solapado pelas ambiguidades latentes da teoria idealista. Essas ambiguidades tinham origem na identificação idealista da consciência – em especial o modo de consciência humano – com a ruptura do Uno em sujeito e objeto e, por fim, em uma multiplicidade de sujeitos e objetos.

Essa identificação da consciência com a dualidade teve implicações diversas. Por um lado, significava que, embora o Ser considerado de maneira absoluta pudesse ser uno e simples, a partir da consciência humana ele só poderia ser conhecido em fragmentos – logicamente, como contradições insolúveis; psicologicamente, como a luta do sujeito para conhecer ou se apossar do objeto e, quando necessário, combater as reivindicações dos sujeitos rivais. Ela também indicava que, embora a realidade última do universo pudesse se encaminhar, como Absoluto autorrealizado, à fruição perfeita, o homem mesmo, estando indissoluvelmente atado à dualidade, não participaria como homem dessa fruição. Em vez disso, tudo o que o homem encara como conhecimento nada mais seria do que uma ilusão de perspectiva, uma distorção na experiência de si mesmo do Ser, e até mesmo a própria existência do homem é uma ilusão que o Ser Absoluto eventualmente superaria. De acordo com esse ponto de vista, o universo alcançará sua satisfação, mas essa não será uma satisfação do homem; o homem é apenas um sonho falso que será deixado para trás. Para alguém que deseja abrir mão de sua identidade como eu finito e distinto relacionado ao mundo, essa possibilidade pode ao menos não parecer desestimulante, mas dificilmente ofereceria uma oportunidade de regozijo, já que, quando do auge do processo, não restaria homem algum que pudesse se regozijar.

Alguns autores foram capazes de falar positivamente sobre essa possibilidade, mas fazê-lo sempre envolveu a autoconquista heroica do meramente humano. É por isso que, em seu poema sobre a aproximação da realidade definitiva, Wallace Stevens mostra como, na palmeira localizada no fim da mente, o pássaro canta "sem sentido humano, / Nem sentimento humano, um canto estrangeiro".[3] No poema, o contexto – a posição da árvore "Além do pensamento último", o efeito da melodia sobre o ouvinte, o brilho que as "penas de fogo" do pássaro ostentam quando o vento toca os galhos – deixa claro que a canção é um apelo à transcendência do humano e à participação, nos limites do que é possível a um ser finito, na vida do mero ser. Colocando isso nos termos de nossa própria discussão, ela é um chamado do sagrado, o lançamento do desafio de não mais nos agarrarmos à nossa humanidade e de nos abrirmos para o *mysterium tremendum et fascinans* que o vento, a canção e o fogo nos apresentam.

---

[3] "Mere Being", *The Palm at the End of Mind: Selected Poems and a Play*. Org. Holly Stevens. Nova York, Alfred A. Knopf, 1971, p. 404.

Esse desafio, porém, tem sua própria ambiguidade. No início, pode parecer que essa tradição identificava o sagrado com o Uno de modo a fazer que toda multiplicidade e toda particularidade simplesmente se opusessem a ele como formas de profanidade. Em certa medida, é isso mesmo o que acontece; tanto para Yeats quanto para Rilke, por exemplo, dois autores que seguem diretamente a linha da tradição idealista,[4] o maior objetivo a que o homem é chamado é a unidade do ser, e esse é um chamado sagrado. Como afirma Yeats em seu ensaio "The Symbolism of Poetry" [O Simbolismo da Poesia], "a beleza é uma acusação"; o belo, disse ele, é tanto o apelo do valor sagrado que se encontra no centro do ser quanto o anúncio da visão vindoura – no "novo livro sacro com o qual todas as artes (...) estão começando a sonhar" – da unidade e da completude do ser verdadeiro. Para satisfazer esse objetivo, continua Yeats, a poesia deve transmitir ao homem esse imperativo e, assim, despertá-lo para suas possibilidades mais elevadas. Para realizar isso com eficácia, ela deve anunciar o caráter sagrado de sua exigência: "Como as artes podem superar essa lenta agonia do coração humano que chamamos progresso do mundo, apossando-se mais uma vez das emoções do homem, sem se tornar, como nos tempos de outrora, as vestes da religião?"[5] Para esses dois poetas, a fragmentação e a mente dividida que acompanha a visão da fragmentação eram os principais obstáculos para a resposta adequada do homem a esse chamado. Rilke descreveu o problema no terceiro de seus *Sonetos a Orfeu*:

---

[4] É difícil precisar a extensão da influência exercida pelos filósofos germânicos sobre o Yeats da juventude – é mais provável que ele tenha assimilado aquele modo de pensamento por meio de fontes inglesas, como Coleridge, do que através de leituras diretas –, mas em 1931 ele já era capaz de dizer, na introdução de um livro sobre o bispo Berkeley: "Dentro de duas ou três gerações (...), não haverá homem instruído a duvidar de que o movimento filosófico que se estende de Spinoza a Hegel é a maior de todas as obras do intelecto." *Essays and Introductions*. Nova York, Macmillan, 1961, p. 396.

[5] "The Symbolism of Poetry", ibidem, p. 153, 162-63.

> *Ein Gott vermags. Wie aber, sag mir, soll*
> *ein Mann ihm folgen durch die schmale Leier?*
> *Sein Sinn ist Zwiespalt. An der Kreuzung zweier*
> *Herzwege steht kein Tempel für Apoll.*[6]
>
> [Um Deus o pode. Como, porém, poderá
> um homem segui-lo na lira delgada?
> Seu acorde é discorde. Na encruzilhada
> dos corações, templo para Apolo não há.]

O verdadeiro ser, como afirma Rilke mais adiante, não será encontrado nessa condição profana de dualidade, na qual o sujeito está sempre oposto a um objeto e a ele se encaminha como um fragmento de ser se encaminha a outro. Até mesmo o desejo de superar a oposição nada mais faz do que perpetuá-la. A solução deve ser encontrada tão somente na transcendência dessa visão fragmentada, na abdicação do eu e de suas aspirações. A verdadeira canção, diz ele, o verdadeiro poema do ser, não é desejo:

> *In Wahrheit singen, ist ein andrer Hauch.*
> *Ein Hauch um nichts. Ein Wehn im Gott. Ein Wind.*
>
> [Cantar em verdade é outro canto agora.
> Um canto por nada. Um sopro em Deus. Um vento.]

Segundo afirmara Rilke nos *Cadernos de Malte Laurids Brigge*, até mesmo Deus – palavra com a qual ele sempre se refere ao Uno, ao Absoluto – "é apenas um norte dado ao amor, não seu objeto".[7]

---

[6] *Sonnets to Orpheus*. Nova York, Norton, 1962, p. 20-21. As próximas referências a esse volume identificarão os sonetos pelo número, e não pela página em que se encontram. Este, por exemplo, é o soneto I, 3, isto é, o terceiro soneto da Parte I. [Tanto a tradução dos *Sonetos a Orfeu* quanto a tradução das *Elegies de Duíno* são de Karlos Rischbieter e Paulo Garfunkel. *Os Sonetos a Orfeu / Elegies de Duíno*. Rio de Janeiro, Record, 2002. (N. T.)]

[7] Trad. John Linton. Londres, Hogarth Press, 1950, p. 234.

De acordo com esse ponto de vista, a união perfeita com Deus não seria a conquista de um objetivo do eu, mas uma evaporação no Uno.

No entanto, essa concepção do desafio do sagrado não é senão um dos lados daquilo que, para a tradição nascida com os idealistas, constitui um paradoxo: o verdadeiro ser só deve ser encontrado no Absoluto, e entregar-se a ele é de fato um dever sagrado; ao mesmo tempo, porém, há um clamor igualmente poderoso – e que à sua maneira também é sacro – para que o mundo seja conduzido a essa união definitiva, ou então para que ele seja levado, até mesmo em sua secularidade, da fragmentação à totalidade orgânica – à união entre o Uno e o múltiplo, entre o sagrado e o mundo.

Tanto Yeats quanto Rilke compreenderam perfeitamente o caráter paradoxal desse desafio. Cada um a seu modo, ambos procuraram satisfazer suas exigências por meio da afirmação simultânea dos dois lados do dilema apresentado. Ao mesmo tempo que pedia para que a rosa da beleza eterna adentrasse o mundo e o libertasse da sujeição total à temporalidade, Yeats também afirmava sua lealdade a ele, admoestando a rosa a não subjugá-lo por completo:

Come near, come near, come near – Ah, leave me still
A little space for the rose-breath to fill.
Lest I no more hear common things that crave (...).[8]

[Vem, vem, vem – Ah! deixa, porém, recesso
A que o alento da rosa tenha acesso.
Não seja eu a ignorar o trivial que anseiam (...).]

Do mesmo modo, ao invocar o anjo que, nas *Elegies de Duíno*, é símbolo do ser supratemporal e suprapessoal, Rilke o rechaça até quando acena para ele:

---

[8] "To the Rose upon the Rood of Time", *The Collected Poems of W. B. Yeats: Definitive Edition, with the Author's Final Revisions*. Nova York, Macmillan, 1957, p. 31.

Glaub nicht, daß ich werbe.
Engel, und würb ich dich auch! Du kommst nicht. Denn mein
Anruf ist immer voll Hinweg; wider so starke
Strömung kannst du nicht schreiten. Wie ein gestreckter
Arm ist mein Rufen. Und seine zum Greifen
oben offene Hand bleibt vor dir
offen, wie Abwehr und Warnung,
Unfaßlicher, weitauf.[9]

[*Não* penses que te cortejo.
E, mesmo que o fizesse, não, não virias. Pois meu
apelo é pleno de rejeição: contra corrente tão
forte não consegues avançar. Como um braço
estendido é meu chamado. E sua mão aberta para o alto,
pronta para agarrar, permanece diante de ti, amplamente
aberta, como advertência e defesa,
inapreensível que és.]

Os dois também tinham a mesma opinião quanto à responsabilidade do poeta como mediador entre o mundo e o Uno. Tal como coloca Yeats, aludindo novamente a Nicolau de Cusa, "[s]e é verdade que Deus é um círculo cujo centro se encontra por toda parte, o santo vai para o centro enquanto o poeta e o artista vão para o aro em que tudo se torna redondo novamente".[10] Em outras palavras, o santo pode buscar o eterno diretamente, ao passo que o poeta deve "encontrar seu prazer em tudo aquilo que está sempre se extinguindo e que pode voltar novamente, na beleza da mulher, nas flores frágeis da primavera, na paixão momentânea, em tudo o que é extremamente efêmero (...)". Fazer isso, porém, é buscar o mesmo fim do santo, pois no círculo infinito do Cusano o centro e a circunferência são

---

[9] *Duino Elegies*, texto alemão com introdução, comentários e tradução para o inglês de J. B. Leishman e Stephen Spender. Nova York, Norton, 1963, p. 62-65. [Sempre que o autor indicar as páginas do original, colocaremos entre colchetes as páginas da edição brasileira utilizada. Cf. nota 6. (N. T.)]

[10] "Discoveries" (1906), *Essays*, p. 287.

uma coisa só: ao mergulhar e celebrar os ciclos temporais, o poeta faz de sua arte um instrumento pelo qual o tempo e o eterno se unem. Rilke tinha uma vocação semelhante em mente quando afirmou, na primeira elegia:

> Ja, die Frühlinge brauchten dich wohl. Es muteten manche
> Sterne dir zu, daß du sie spürtest. Es hob
> sich eine Woge heran im Vergangenen, oder
> da du vorüberkamst am geöffneten Fenster.
> gab eine Geige sich hin. Das alles war Auftrag.
> Aber bewältigtest du's? (*Elegies*, p. 22-23 [127-29])

> [Sim, as primaveras precisavam de ti. Algumas estrelas
> queriam que as percebesses. Avolumou-se
> uma onda, vinda do passado; ou então,
> ao passares por uma janela aberta,
> um violino se entregava. Tudo isto era missão.
> Mas será que a cumpriste?]

De acordo com Rilke, para cumprir essa missão o homem deveria completar algumas tarefas, superar alguns obstáculos e fazer algumas afirmações importantes, mas bastante difíceis. A fonte dos obstáculos é a condição de dualidade intrínseca à forma humana de ser: "Isto é destino: estar em face, / e somente isto: face ao mundo" (*Elegies*, p. 63-69 [175]). Essa clivagem do ser consciente em sujeito e objeto nos impede de perceber a verdadeira unidade do ser que se encontra subjacente ao mundo dos fenômenos; podemos conceber essa unidade e, em alguma medida, até mesmo imaginá-la, mas jamais conseguimos adentrá-la na prática: "espectadores, sempre, em toda parte, / voltados ao mundo, e nunca para fora!" (*Elegies*, p. 70-71 [177]). Além disso, a dualidade não apenas nos desliga da experiência consciente com a unidade do ser; ela também dá origem a propensões, no sujeito, que acentuam a rispidez dessa clivagem – em especial o medo, o instinto de preservar a diferenciação da própria identidade. Tal como descreve Rilke, o medo está presente no nascimento mesmo da consciência e contribui para a energia com que ela divide a unidade do ser em fragmentos:

> *Und wie bestürzt ist eins, das fliegen muß*
> *und stammt aus einem Schooß. Wie vor sich selbst*
> *erschreckt, durchzuckts die Luft, wie wenn ein Sprung*
> *durch eine Tasse geht. So reißt die Spur*
> *der Fledermaus durchs Porzellan des Abends.* (Elegies, p. 70-71 [177])

[E qual não é o susto da criatura, que deve voar
e que tem sua origem num colo. Assustada e fugindo
de si mesma, atravessa o ar, como uma fissura
numa xícara. Assim o rastro do morcego
rasga a porcelana do entardecer.]

O medo nos afasta de nossa própria condição de mortalidade e nos incita a acolher os objetos que, conforme esperamos, podem servir como defesa. O resultado nunca é uma defesa bem-sucedida, mas apenas a distração da mente, a incapacidade de se ocupar da verdadeira tarefa que nos espera. Na décima elegia, Rilke fala de como os superficiais luxuriosos são seduzidos pela falsa promessa de imortalidade:

> (...) *"Todlos"*,
> *jenes bitteren Biers, das den Trinkenden süß scheint,*
> *wenn sie immer dazu frische Zerstreuungen kaun...* (Elegies, p. 80-81 [187])

[(...) "Sem Morte",
cerveja amarga que parece doce aos que a bebem,
contanto que possam mastigar sempre novas distrações...]

Do mesmo modo, depois de, na primeira elegia, falar da "missão" que é a nossa responsabilidade para com o mundo e de perguntar se desta éramos capazes, Rilke fala da distração como o principal perigo a ser evitado:

Warst du nicht immer
noch von Erwartung zerstreut, als kündigte alles
eine Geliebte dir an? (Elegies, p. 22-23 [129])

[Não estavas sempre
distraído pela espera, como se tudo
anunciasse uma amada?]

Reagir a isso é transcender à conduta de oposição e defesa por meio da assimilação daquele amor que não busca objeto algum, mas que é uma simples doação de si mesmo ao ser:

Ist es nicht Zeit, daß wir liebend
uns vom Geliebten befrein und es bebend bestehn:
wie der Pfeil die Sehne besteht, um gesammelt im Absprung
mehr zu sein als er selbst. Denn Bleiben ist nirgends.

[Não é tempo, que, amando,
nos livremos do amante e, tremendo, o superemos?
Como a flecha supera a corda, para, concentrada no
disparo, ser *mais* do que ela. Pois permanecer não há.]

Fazendo isso, o homem conquista a liberdade que o possibilita passar à tarefa a que é chamado: fazer que o mundo deixe de ser um evanescente fluxo de imagens externas e se torne uma visão espiritual interior:

Erde, ist es nicht dies, was du willst: unsichtbar
in uns erstehn? – Ist es dein Traum nicht,
einmal unsichtbar zu sein? – Erde! unsichtbar!
Was, wenn Verwandlung nicht, ist dein drängender Auftrag?
    (Elegies, p. 76-77 [183])

{Terra, não é isto que queres: *invisível*,
renascer em nós? – Não é este o teu sonho:
ser invisível por uma vez? – Terra! Invisível!
O que, a não ser metamorfose, é tua missão mais urgente?}

A poesia é o principal instrumento dessa transformação. Estamos aqui para dizer palavras – Casa, Ponte, Fonte, Portão, Jarro, Oliveira, Janela – e, ao dizê-las, louvar o mundo para o Anjo, de modo que, em seu olhar, ele possa estar "seguro e ereto, enfim" ("gerettet zuletzt, nun endlich aufrecht"; *Elegies*, p. 62-63 [169]). Para que tudo isso seja realizado, nós nos tornamos necessários: "veem em nós / os salvadores, nós, os mais efêmeros" (*Elegies*, p. 76-77 [183]). Então, se estivermos à altura dessa missão, poderemos dizer:

So haben wir dennoch
nicht die Räume versäumt, diese gewährenden, diese
unseren Räume. (*Elegies*, p. 62-63 [169])

[Assim não perderemos, afinal,
os espaços concedidos, estes pródigos, estes
nossos espaços.]

As *Elegies* não começam muito confiantes na realização dessa tarefa ou mesmo no fato de que, caso realizada, pudesse ter algum valor. No início, o abismo que separa o mundo do tempo e da dualidade do modo de existência simbolizado pelo anjo parecia ser grande demais para ser percorrido de qualquer outra forma senão pela destruição do temporal. A primeira elegia tem início com o que é praticamente um grito de desespero:

Wer, wenn ich schriee, hörte mich denn aus der Engel
Ordnungen? und gesetzt selbst, es nähme
einer mich plötzlich ans Herz: ich verginge von seinem
stärkeren Dasein. Denn das Schöne ist nichts
als des Schrecklichen Anfang, den wir noch grade ertragen,
und wir bewundern es so, weil es gelassen verschmäht,
uns zu zerstören. (*Elegies*, p. 20-21 [127])

[Quem, se eu gritasse, ouvir-me-ia na hierarquia
dos anjos? E mesmo que um deles me apertasse,
de repente, ao seu coração: eu padeceria perante sua

existência mais forte. Pois o Belo nada mais é
do que o começo do Terrível que ainda suportamos;
e o admiramos porque, sereno, desdenha
destruir-nos.]

E, para a segunda elegia, era questionável se nossa existência participa de alguma forma no ser verdadeiro e se os anjos poderiam ter qualquer ciência de nós ou de nosso mundo:

> *Schmeckt denn der Weltraum,*
> *in den wir uns lösen, nach uns? Fangen die Engel*
> *wirklich nur Ihriges auf, ihnen Entströmtes,*
> *oder ist manchmal, wie aus Versehen, ein wenig*
> *unseres Wesens dabei? (Elegies, p. 30-31 [137])*

> [O espaço cósmico,
> no qual nos dissolvemos, guarda dele o nosso gosto?
> Absorvem os anjos apenas o que deles emanou?
> Ou há neles, às vezes, como por engano, um pouco
> do nosso ser?]

A quinta elegia começa com a imagem de um mundo humano extremamente degradado, como um surrado tapete:

> (...) *diesem verlorenen*
> *Teppich im Weltall.*
> *Aufgelegt wie ein Pflaster* (...). (*Elegies*, p. 46-47 [153])

> [(...) neste tapete
> perdido no Universo.
> Pousado como um emplastro (...).]

Contudo, o problema está exatamente no fato de este ser o mundo dos *homens*, o produto de uma visão superficial celebrada numa arte superficial, o

> *zur Scheinfrucht*
> *wieder der Unlust befruchteten, ihrer*

niemals bewußten, – glänzend mit dünnster
Oberfläche leicht scheinlächelnden Unlust.

[fruto ilusório do desgosto, inconsciente,
[que], sob o esplendor da mais tênue
das superfícies, parece sorrir levemente.]

Mais uma vez, a energia que se encontra por trás dessa falsa arte é o medo da morte:

(...) *die Modistin, Madame Lamort,*
die ruhlosen Wege der Erde, endlose Bänder,
schlingt und windet und neue aus ihnen
Schleifen erfindet, Rüschen, Blumen, Kokarden, künstliche Früchte –, alle
unwahr gefärbt, – für die billigen
Winterhüte des Schicksals. (Elegies, p. 52-53 [159])

[(...) onde a modista, *Madame Lamort*,
compõe e entrelaça os caminhos irrequietos
do mundo, fitas sem fim nas quais ela inventa
rufos e flores, cocares, frutos artificiais –, tudo
em coloridos falsos, – para os módicos
chapéus hibernais do destino.]

O poema termina manifestando a esperança – ao menos hesitante – de que, da multidão de pessoas que se amontoam nas praças da cidade para ver e participar dos espetáculos das supostas artes, algumas possam transcender a dualidade comum da mente e, assim, abrir um "sorriso enfim verdadeiro" diante da verdadeira "rosa da contemplação", dos "espectadores em volta, os incontáveis e silentes mortos".[11]

Essa última imagem recorda a rosa dos benditos do *Paraíso* de Dante, mas com a importante diferença de que, aqui, simboliza a visão acessível a todos aqueles que podem ir além da oposição entre

---

[11] A expressão "rosa da contemplação" ("Rose des Zuschauns") encontra-se no início da elegia (p. 46 [152]); o final retoma a imagem e a apresenta em seu verdadeiro esplendor.

vida e morte e se entregar com todo o coração ao que a primeira elegia classifica de "torrente eterna" que "arrasta todas as idades pelos dois domínios, / para sempre" (*Elegies*, p. 24-25 [131]) – ou então, como afirma a décima elegia, a todos aqueles que podem seguir os Lamentos até as "montanhas da dor original", lá encontrando "a fonte da alegria" que, entre os homens, se torna "um rio poderoso" (*Elegies*, p. 84-85 [191]).

Como um todo, as *Elegies de Duíno* registram a transição do semidesespero inicial à afirmação, simultânea, da vida e da morte, da alegria e da tristeza. À medida que o poeta vivencia a mudança de atitude exigida por essa transformação, sua visão de mundo também se altera, de modo que ele pode dizer, na sexta elegia,[12] que "Estar aqui é maravilhoso" e, na nona, dedicar-se à redenção do mundo por meio da canção:

> Hier *ist des* Säglichen *Zeit,* hier *seine Heimat.*
> *Sprich und bekenn. Mehr als je*
> *fallen die Dinge dahin, die erlebbaren, denn,*
> *was sie verdrängend ersetzt, ist ein Tun ohne Bild.* (...)
> *Zwischen den Hämmern besteht*
> *unser Herz, wie die Zunge*
> *zwischen den Zähnen, die doch,*
> *dennoch, die preisende bleibt.* (*Elegies*, p. 74-75 [181])

> [*Aqui* é o tempo do *dizível, aqui* é a sua pátria.
> Fala e proclama. Mais que nunca as coisas que
> conhecemos se desfazem, pois as que tentam
> substituí-las são como um fazer sem imagem. (...)
> Entre martelos sobrevive
> nosso coração, como a língua,
> que, entre os dentes, apesar de tudo,
> continua a louvação.]

---

[12] Webb parece equivocado quanto ao número do poema. O trecho citado é apresentado na elegia de número sete. (N. T.)

Os *Sonetos a Orfeu* – todos compostos em fevereiro de 1922, mesmo mês em que Rilke completou as *Elegies a Duíno* – refinaram a visão afirmativa que o autor se esforçara para conquistar. Neles, a imagem do anjo é substituída pela de Orfeu, o que é uma diferença significativa. Enquanto o anjo era uma figura aterrorizante – "Todo anjo é terrível" (*Elegies*, p. 28-29 [127]) –, sendo menos um vínculo que ligava o mundo humano ao Uno do que um símbolo da distância que os separava, Orfeu representa não apenas a possibilidade, mas a continuidade e a comunhão reais entre os níveis do ser. À pergunta "Ist er ein Hiesiger?", do soneto I, 6 – seria ele alguém que tem origem em nosso mundo e que se encontra limitado à nossa forma de existência? –, a resposta é: "Não, de ambas as regiões, / dos dois reinos é sua natureza". Orfeu incorpora o conhecimento da vida e da morte, sendo capaz, portanto, de expressar louvores ao reino duplo ("Doppelbereich") que na verdade está debaixo de sua dualidade (*Sonnets*, I, 9). Além disso, o próprio Orfeu é o Uno e o múltiplo; Rilke usa o mito de seu desmembramento pelas Ménades a fim de descrever o nascimento dos seres a partir do Ser:

O du verlorener Gott! Du unendliche Spur!
Nur weil dich reißend zuletzt die Feindschaft
verteilte, sind wir die Hörenden jetzt und ein Mund der Natur.
    (*Sonnets*, I, 26)

[Oh, Deus perdido! Tu, trilha de infinda beleza!
Só porque, enfim, te despedaçou a fúria,
somos hoje ouvidos e bocas da natureza.]

A visão demasiadamente limitada que aderiria a qualquer uma das formas assumidas pelo Ser é incapaz de notar que há apenas uma vida sob todas as formas; este é Orfeu, continuamente transformado nisto e naquilo:

Errichtet keinen Denkstein. Laßt die Rose
nur jedes Jahr zu seinen Gunsten blühn.

Denn Orpheus ists. Seine Metamorphose
in dem und dem. Wir sollen uns nicht mühn

um andre Namen. Ein für alle Male
ists Orpheus, wenn es singt. (*Sonnets*, I, 5)

[Memorial não! Deixai só a rosa em botão
ano a ano florescer por ele.
Pois é Orfeu. Metamorfose, transformação
lá e cá. Esqueçamos aqueles

outros nomes. Pois é definitivo:
o canto é Orfeu.]

Orfeu está em toda parte, em tudo, mas passa da fragmentação à totalidade por meio da canção, numa reintegração que é também a reintegração do mundo. O primeiro soneto subsequente descreve como, para ouvir Orfeu cantando enquanto constrói "um templo da audição", os animais saem de seus refúgios e se reúnem; os sonetos posteriores mostram como ele ordena todas as criaturas – animais e humanas – por meio da canção, fazendo da torrente de seres uma dança única e consciente:

Ordne die Schreier,
singender Gott! daß sie rauschend erwachen,
tragend als Strömung das Haupt und die Leier. (*Sonnets*, II, 26)

[Conduz os que clamam por teu talento,
Deus do canto! Que despertem qual florada,
farfalhante fonte, ou som de instrumento.]

O resultado é a transformação do "gesto efêmero" em passos ("alles Vergehens in Gang"; *Sonnets*, II, 18), a união entre o tempo e o "centro inaudito" em danças nas quais ultrapassamos a idolente ordem da natureza e pelas quais aspiramos à última e perfeita celebração (*Sonnets*, II, 28).

Yeats tinha um ideal poético semelhante. Ele via a poesia como meio de recuperar o tempo do mero fluxo e da fragmentação e de conceder-lhe, ao menos momentaneamente, uma forma e uma totalidade. Assim como Rilke imagina a possível redenção da terra na forma de palavras ditas ao anjo, Yeats especula:

> *The wandering earth herself may be*
> *Only a sudden flaming word,*
> *In clanging space a moment heard,*
> *Troubling the endless reverie.*[13]

[Talvez mesmo a terra, errante,
Seja termo que vem e arde,
E no espaço ruidoso parte
Vexando a quimera incessante.]

Também como Rilke, ele julga que o efeito da poesia consiste numa transformação do eu, numa união entre vida e arte. Em "Byzantium" [Bizâncio], por exemplo, Yeats descreve a mudança por que passam as almas mundanas quando elas próprias se tornam a dança que é una com o fogo da eternidade:

> *At midnight on the Emperor's pavement flit*
> *Flames that no faggot feeds, nor steel has lit,*
> *Nor storm disturbs, flames begotten of flame,*
> *Where blood-begotten spirits come*
> *And all complexities of fury leave,*
> *Dying into a dance,*
> *An agony of trance,*
> *An agony of flame that cannot singe a sleeve.*[14]

[À meia-noite, risca o chão do Imperial Paço
Flama a fulgir que não inflamam lenho ou aço,

---

[13] "The Song of the Happy Shepherd", *Collected Poems*, p. 7.
[14] Ibidem, p. 244. [Edição brasileira: "Bizâncio". In: *Poemas*. Trad. Paulo Vizioli. São Paulo, Companhia das Letras, 1992, p. 129. (N. T.)]

>Nem tormenta perturba; é flama de outra flama,
>Que espíritos do sangue a si conclama;
>E estes, sem mais complexidades de ódio ou zanga,
>Morrem aos poucos numa dança,
>Em uma agonia de transe,
>De um flamejar que nem sequer chamusca a manga.]

Às vezes, como nesse caso, pode parecer que a transformação de que fala Yeats deve envolver a destruição total do que é meramente humano e finito, mas na verdade ele jamais abandona sua lealdade ao ideal de uma união transfiguradora em que o mundano conserva sua identidade e valor. "Devemos encontrar, na Árvore da Vida, algum lugar para o ninho da fênix", disse ele em 1906,[15] e é possível afirmar que toda a sua obra foi uma tentativa de encontrar e definir tal lugar. O homem vive entre extremidades, e seu modo de visão limitado inevitavelmente divide a única árvore em opostos: "metade ardor vivo e metade, verde / E farta folhagem"; no entanto, essa árvore é sempre uma vida só: "E meio é meio, mas também o todo".[16] Nós sempre perambulamos entre antinomias – o corpo envelhecido cujo coração ainda é capaz de tornar-se "fremente" com a memória de um corpo ledeano, as irreconciliáveis perspectivas metafísicas de Platão, Aristóteles e Pitágoras –, mas por trás desses conflitos "O labor brota e dança onde o prazer / Da alma não fere o corpo". A árvore não é dividida em flor, folha e raiz, tal como o dançarino não pode ser diferenciado da dança.[17]

Para a consciência humana, porém, uma compreensão clara de tudo isso nunca é possível. Tratando, em A Vision, da sabedoria superior que ele atribuía a vozes espirituais, Yeats afirmou: "Meus

---

[15] "Discoveries", *Essays*, p. 272.

[16] "Vacillation", *Collected Poems*, p. 245.

[17] "Among School Children", op. cit., p. 212-14. [Edição brasileira: "Entre Crianças de Escola", *Poemas*. Trad. Paulo Vizioli. São Paulo, Companhia das Letras, 1992, p. 113-17. (N. T.)]

instrutores identificam a consciência com o conflito, e não com o conhecimento." Em seguida, o poeta diz que eles substituíram "o sujeito e o objeto, tal como sua lógica concomitante, por uma luta rumo à harmonia, à Unidade do Ser".[18] O verdadeiro ser, obviamente, carrega sempre sua unidade e não precisa lutar para alcançá-la, mas o homem é obrigado a se esforçar arduamente para conquistar a integridade interior que é a participação na unidade do Uno. Essa própria participação é um tipo de sabedoria viva que ultrapassa a visão fragmentada da consciência para alcançar um entendimento intuitivo e imediato do verdadeiro ser; em carta escrita ao fim de sua vida, Yeats disse: "O homem pode incorporar a verdade, mas não conhecê-la."[19] Isso não é apenas a declaração de uma descoberta final, mas a conclusão do principal objetivo de sua carreira. Muito antes, no ano de 1907, ele afirmara algo que apontava para a mesma direção: "O poeta, pela natureza mesma das coisas, é um homem que vive com toda a sinceridade – ou antes: quanto melhor sua poesia, mais sincera é sua vida. Sua vida é uma experiência com o viver."[20]

Uma das formas pelas quais Yeats procurou alcançar esse objetivo foi a prática da poesia no espírito de uma vocação religiosa, da dedicação integral de suas capacidades pessoais ao apelo sagrado de sua obra. Em 1906, ele afirmou que havia apenas dois caminhos abertos à literatura no período moderno: um deles, "com Verhaeren, Mallarmé e Maeterlinck, ascende na direção de uma sutileza crescente, até que um novo acordo entre homens refinados e estudiosos dê origem a uma paixão nova e o que parece literatura se torne religião";[21]

---

[18] *A Vision: A Reissue with the Author's Final Revisions.* Nova York, Macmillan, 1961, p. 214.

[19] Carta a Lady Elizabeth Pelham (1939), *The Letters of W. B. Yeats*. Org. Allan Wade. Nova York, Macmillan, 1955, p. 922.

[20] Discurso não publicado de Lionel Johnson, citado em Richard Ellmann, *Yeats: The Man and the Masks*. Nova York, Oxford University Press, 1948, p. 5-6.

[21] "Discoveries", *Essays*, p. 266-67.

o outro caminho segue para baixo, com os naturalistas. Isso não significa que Yeats desejasse escrever uma forma de poesia especificamente religiosa. Pelo contrário. Em cerca de 1915, ele escreveu em sua *Autobiography*: "A religião não deveria se esconder no interior da obra de arte como Deus se encontra no interior do mundo? E como poderia o intérprete fazer mais que murmurar?".[22] O que o poeta de fato desejava era fazer da poesia o veículo de sua busca pela unidade do ser.

Yeats alcançou isso de duas formas. Primeiro, pelo uso da poesia para construir, em razão das forças conflitantes que modelam a vida do homem no tempo, uma visão equilibrada do universo e dessa mesma vida humana. Depois, pelo emprego do que ele chamou de "máscara" – uma personalidade e uma voz poética complementares –, recurso com o qual seria possível conduzir seu próprio eu ao equilíbrio e à totalidade.

Talvez o traço mais proeminente do esforço de Yeats para construir uma visão equilibrada do universo seja a teoria da história esboçada em *A Vision* e representada, de diversas maneiras, num grande número de poemas. Ela consistia, sobretudo, na ideia de que o tempo se desenvolve ciclicamente em "giros vorticais". Todo momento histórico é composto de tendências antagônicas – subjetivas e objetivas, racionais e místicas, temporais e espaciais, espirituais e carnais, etc. – e move-se rumo a um dos polos.[23] Basicamente, esses giros históricos se deslocam em ciclos de dois mil anos: eles começam com o domínio de um polo – o subjetivo, digamos – e se aproximam do domínio do polo oposto – o objetivo – após um milênio, quando então, nos mil anos restantes, retornam ao polo original. Isso também pode ser concebido, disse Yeats, de acordo com as fases da lua, que começa no polo cheio e subjetivo, passa

---

[22] *Memoirs: Autobiography – First Draft; Journal*. Org. Denis Donoghue. Nova York, Macmillan, 1973, p. 124.

[23] Ver *A Vision*, p. 67-89 e 267-300.

4. O uno e o múltiplo: o desafio ambíguo do ser na poesia de Yeats e Rilke | 125

pelo polo objetivo e escuro e retorna ao ponto inicial, completando assim um ciclo de 28 fases. Segundo essa perspectiva, a história sai do equilíbrio para o desequílbrio e busca novamente o meio-termo. É por isso que em "The Magi" [Os Reis Magos], por exemplo, os "pálidos e insatisfeitos" que um dia procuraram o Cristo de Belém retornam eternamente, "descontentes com o alvoroço do Calvário", a fim de encontrar "o incontrolável mistério sobre o solo bestial".[24]

O indivíduo passa por padrões semelhantes de desenvolvimento. Em um único período, várias pessoas podem ostentar tipos de personalidades correspondentes às várias fases da lua.[25] Elas podem concordar ou se opor às tendências predominantes do período histórico em que se encontram. Para alcançar o equilíbrio e a plenitude pessoal, o indivíduo deve incorporar à totalidade de seu ser o maior número de qualidades possível de seu contrário, de sua "máscara". "Ego Dominus Tuus" esboça esse conceito por meio de um diálogo entre perspectivas conflitantes, representadas pelo "Hic" e pelo "Ille". Hic preconiza a concepção-padrão da existência sincera – "veria eu a mim e não uma imagem" –, mas Ille, que possui uma compreensão mais profunda da individualidade, usa uma imagem, a da máscara, para invocar seu oposto, seu duplo – que lhe é ao mesmo tempo igual e extremamente diferente –, de modo que sua figura possa revelar-lhe o mistério da totalidade. Em sua atividade poética, Yeats colocou em prática exatamente este plano; sua poesia inicial tendia a ser uma expressão bastante direta de sua própria personalidade, mas aquela de seu período maduro empregou uma voz notoriamente diferente: mais fria, mais controlada, mais objetiva e, apesar de todas essas qualidades, mais intensa.[26]

---

[24] *Collected Poems*, p. 124.

[25] *A Vision*, p. 105-84, traz análises dos tipos de personalidade associados às 28 fases.

[26] Yeats provavelmente se vinculava à personalidade representada pela fase 17, da qual ele listou como exemplos Dante, Shelley e Landor. A máscara

Respondendo às objeções do Hic, o uso poético que Yeats dá à máscara não torna menos sincera sua autoexpressão. Em vez disso, esse emprego ajudou sua poesia a alcançar uma demonstração quase completa da verdadeira totalidade de seu ser e ajudou Yeats a perceber e conviver com as qualidades complementares de que necessitava para sua autorrealização.

Afinal, o verdadeiro ser é sempre completo, simples, satisfeito. É apenas na experiência sensorial que ele parece dividido em opostos. Isso se aplica tanto ao eu quanto ao universo. Quando, em *A Vision*, Yeats falou da perfeição do "Décimo Terceiro Cone" – assim denominado porque Cristo completava o número treze ao lado dos apóstolos –,[27] ele também o chamou de esfera por causa de sua completude. Em seguida, afirmou que todos os cones na verdade não passam de reflexos distorcidos de uma única realidade definitiva:

> Refiro-me apenas ao *Décimo Terceiro Cone* como esfera, e no entanto devo dizer que o giro ou o cone dos *Princípios* é também uma esfera – embora para o Homem, preso como está ao nascimento e à morte, ele assim não pareça – e que são as antinomias que nos forçam a vê-lo como um cone. Apenas um símbolo existe, por mais que os espelhos refletores façam surgir muitos, todos diferentes.[28]

Como tantos escritores modernos que elaboraram novas concepções do sagrado, Yeats e Rilke tiveram de recorrer a imagens tradicionais, ao mesmo tempo que as adaptaram para veicular suas visões inéditas. A figura de Orfeu serviu a esse propósito para Rilke, enquanto a de Cristo o fez para Yeats. Em "A General Introduction for my Work" [Introdução Geral à Minha Obra], ensaio escrito em 1937, Yeats afirmou:

---

própria dessa fase deve ser a "simplificação por meio da intensidade". Ver ibidem, p. 140-45.

[27] Ver Richard Ellmann, *The Identity of Yeats*. Nova York, Oxford University Press, 1954, p. 159.

[28] *A Vision*, p. 240.

> (...) meu Cristo, sendo para mim uma dedução legítima do Credo de São Patrício, é aquela Unidade do Ser que Dante comparou a um corpo humano perfeitamente proporcional, a "Imaginação" de Blake, aquilo que os Upanixades designaram "Eu": essa unidade não é algo distante e, portanto, intelectualmente compreensível, mas iminente [*sic?*], divergindo de homem para homem e de idade para idade, assumindo sobre si a dor e a feiura, "olho do tritão e dedo do sapo".

Esse é Cristo como conjunctio oppositorum, uma "Unidade do Ser" que é, de uma só vez, tanto o Décimo Terceiro Cone perfeito e eterno quanto a vida imanente do mundo temporal. É a figura tradicional do ser sagrado reformulada como "um Cristo colocado não contra um ambiente de judaísmo, mas de druidismo", um símbolo da perfeição e da totalidade que é simultaneamente "fluente, concreto, fenomenal".[29]

---

[29] *Essays*, p. 518.

Capítulo 5

UMA ESCURIDÃO BRILHANDO NA CLARIDADE: JAMES JOYCE E A ALMA OBSCURA DO MUNDO

Ele estava só. Estava ignorado, feliz e perto do coração selvagem da vida. (...)

Uma menina estava de pé diante dele no meio do mar, só e quieta, fitando as águas. Ela se parecia com alguém a quem alguma mágica houvesse emprestado a aparência de um pássaro marinho estranho e belo. Suas longas pernas esguias e nuas eram delicadas como as de uma garça e puras exceto onde um rastro esmeralda de alga marinha se amoldara como um sinal sobre a carne. Suas coxas, grossas e de uma tonalidade suave como o marfim, estavam despidas quase até os quadris onde as dobras brancas de sua calcinha eram como plumagens de penugem branca e suave. Sua saia cinzento-azulada estava preguada audaciosamente em volta de sua cintura e se juntava atrás por meio de machos como as caudas de uma pomba. Seu busto era suave e frágil como o de um pássaro, frágil e suave como o peito de uma pomba de plumagem escura. Mas seus cabelos louros e longos eram de moça; e de moça, tocado pelo prodígio da beleza mortal, seu rosto.

Ela estava só e quieta, fitando o mar; e quando sentiu a presença dele e a adoração em seus olhos os olhos dela se voltaram para ele com a tolerância silenciosa de seu olhar, sem vergonha ou malícia. Por muito, muito tempo ela tolerou seu olhar e então tranquilamente retirou seus olhos dos dele e baixou-os para o mar, agitando suavemente a água com seu pé aqui e ali. O primeiro ruído tênue da água suavemente agitada quebrou o silêncio, baixo e tênue e sussurrante, tênue como os sinos do sono; aqui e ali, aqui e ali; e uma chama tênue tremulou em sua face.

– Deus do céu! – gritou a alma de Stephen, numa explosão de alegria profana.[1]

Esse episódio marca o clímax de *Um Retrato do Artista Quando Jovem* – um clímax em vários sentidos. Ele é o auge de sua intensidade emocional, representando o momento em que Stephen Dedalus faz sua maior descoberta sobre o sentido não apenas de sua vida, mas da vida em si. No que diz respeito à estrutura dramática do livro, é o momento em que, tendo descoberto seu chamado para o sacerdócio secular da imaginação – um sacerdócio diferente, mais válido e mais desafiador –, sua decisão de abandonar o sacerdócio eclesiástico proposto pelo diretor do colégio se confirma. Quanto à estrutura temática e imagística da obra como um todo, esse é um episódio que reúne todas as imagens cruciais do volume – a mulher, o mar, o pássaro, a escuridão, o fogo e, no restante da cena, Lúcifer, os círculos e o movimento cíclico, a flor –, assinalando, simbolicamente, a possível união harmônica das tensões conflitantes a que tais imagens haviam sido associadas nos episódios anteriores. Essas imagens somente indicam essa união, mas não a incorporam – isso cabe a Ulisses. Aqui, tudo o que fazem é se unir num daqueles momentos de visão a que Joyce deu o nome de epifania.[2]

À medida que o episódio se desenrola, Stephen se afasta e caminha sozinho pela praia:

> Caminhou mais e mais e mais e mais, para bem longe por sobre a areia, cantando desvairadamente para o mar, gritando para saudar o advento da vida que clamara por ele.

---

[1] James Joyce, *A Portrait of the Artist as a Young Man*. Nova York, Viking Press, 1964, p. 171. As referências subsequentes virão entre parênteses. [Edição brasileira: *Um Retrato do Artista Quando Jovem*. Trad. Bernardina da Silva Pinheiro. Rio de Janeiro, Objetiva, 2006, p. 182, com modificações. Sempre que o autor indicar as páginas do original, colocaremos entre colchetes as páginas dessa edição. (N. T.)]

[2] Para mais sobre o emprego que Joyce deu ao termo, ver Morris Beja, *Epiphany in the Modern Novel*. Seattle, University of Washington Press, 1971, p. 71-111.

5. Uma escuridão brilhando na claridade | 131

> A imagem dela penetrara sua alma para sempre (...). Os olhos dela o haviam chamado e sua alma atendera ao chamado. Viver, errar, sucumbir, triunfar, recriar vida da vida! Um anjo selvagem lhe aparecera, o anjo da juventude e da beleza mortal, um mensageiro das belas cortes da vida, para abrir diante dele num momento de êxtase os portões de todos os caminhos do erro e da glória. (p. 172 [183])

Em seguida, ele se afasta da água e se deita num recanto arenoso, "para que a paz e o silêncio da noite pudessem acalmar o tumulto de seu sangue":

> Sentia acima de si a abóbada celeste vasta e indiferente e os progressos tranquilos dos corpos celestes; e a terra abaixo dele, a terra que o gerara, o acolhera em seu seio.
>
> Cerrou os olhos no langor do sono. Suas pálpebras tremiam como se sentissem o amplo movimento cíclico da terra e de seus observadores, tremiam como se sentissem a luz estranha de algum mundo novo. (...) Um mundo, um vislumbre, uma flor? Vislumbrando e tremendo, tremendo e desabrochando, uma luz despontando, uma flor se abrindo, expandia-se em uma sucessão infindável, despontando em total carmesim e desabrochando e desbotando até o mais pálido tom de rosa, folha por folha e onda de luz por onda de luz, inundando todo o firmamento com seus jatos suaves, cada jato mais profundo do que o outro.

Em seguida, Stephen descansa por um tempo, quando então se levanta e ruma para casa, sentindo-se serenamente lépido. Esse é o fim da Parte IV do livro. A seguinte tem início com uma queda aguda de tom – chá aguado, recibos de penhora, discussões familiares na cozinha da casa de Dedalus, gritos advindos do manicômio das freiras. O anticlímax é significativo; apenas por meio de um lento ritmo de ascensão e queda, descobertas e esquecimentos, integração e desintegração, é que se dá o verdadeiro progresso rumo à totalidade no mundo de Joyce. E, embora o movimento que segue esse objetivo possa ser mais ou menos constante, o objetivo em si jamais é alcançado – todo clímax dá lugar a uma decepção, e assim o ciclo tem início novamente. Isso se aplica tanto ao *Retrato* quanto a *Ulisses*.

No entanto, ainda que não seja definitivo, o lampejo que Stephen tem nessa passagem é um lampejo genuíno; o significado por ele revelado é um significado que se encontra no "coração selvagem da vida". O que é mais importante nisso tudo é a maneira com que ele une os opostos em conjunções aparentemente paradoxais: "erro" e "glória", o Espírito Santo e Lúcifer, o "Deus do céu" e a "alegria profana". Pouco antes, Joyce nos recordara das costumeiras associações entre a pomba e o fogo, imagens que lhe são cruciais: "o invisível Paráclito, Cujos símbolos eram um pombo e um vento poderoso (...), o Ser secreto, eterno, misterioso, ao Qual, como Deus, os padres ofereciam uma missa uma vez por ano, trajando vestes escarlates como as línguas de fogo" (p. 149 [160]). No presente episódio, porém, a imagem é transformada: a pomba não é mais branca, como na iconografia tradicional da Igreja, assim como não é mais o símbolo de um ser espiritual invisível. Na forma do "pássaro marinho estranho e belo" que Stephen vê ao vadear pela praia, ela se torna completamente física e visível, com sua cor escura vinculando-a à carne e àquilo que, do ponto de vista da Igreja, seria chamado pecado. Ela não é super-humana e assexuada, mas uma menina com "cabelos louros e longos"; também não é eterna, tendo uma "beleza mortal" como parte de seu assombro. Mesmo transformada, no entanto, essa pomba de plumagem escura ainda traz consigo um fogo estimulante e transformador, a "chama tênue" que tremula em sua face, que também incendeia a face de Stephen, que faz incandescer seu corpo e dá origem ao grito de regozijo de sua alma.

Não é por acaso que Stephen expressa seu júbilo com as palavras "Deus do céu!": ele estivera, afinal, imerso na tradição religiosa. Contudo, o que elas significam nesse contexto de "alegria profana" é uma questão um pouco mais sutil.

A palavra-chave, aqui, é "profano". Tal como empregada por Joyce, ela tem significados diversos, mas nenhum deles se opõe ao "sagrado" de que tenho falado neste livro. Pelo contrário: a expressão "Deus do céu!" expressa exatamente aquela noção do numinoso descrito por Rudolf Otto, a percepção de um mistério ao mesmo tempo impressionante e fascinante, repleto de valor intrínseco. Um dos significados que Joyce atribui ao profano está diretamente relacionado à sua raiz latina, *pro fanum*, fora do templo. Pouco antes do acontecimento descrito, Stephen optara por uma vocação secular, embora não soubesse na época que estava prestes a deixar não somente a Igreja, mas também a religião cristã. Como Joyce, Stephen tinha várias razões para rejeitar sua religião ancestral. Uma delas era o fato de que, na forma assumida pela Igreja Católica irlandesa, ela parecia um sistema de autoridade externa destinado a suprimir qualquer pensamento original ou, até mesmo, individual; para tornar-se, nas palavras que ele depois formularia, "um sacerdote da imaginação eterna, transformando o pão diário da experiência no corpo radioso de vida permanente" (p. 221 [233]), ele teria de libertar-se de todas essas constrições. Um dos símbolos da autoridade repressiva da Igreja durante a primeira parte do livro é a forma negativa da imagística aviária: como exemplo, temos as águias que, segundo Dante, tia fervorosamente católica do protagonista, arrancaria os olhos de Stephen caso ele não viesse a "pedir perdão" (p. 8 [16]) por algum delito infantil; e depois, em seus anos de escola, seu amigo e rival Heron, que tinha "um rosto de pássaro assim como um nome de pássaro" (p. 76 [86]) e que uma vez o agrediu com um bastão na tentativa de fazê-lo "admitir" que Byron, a quem Stephen preferia em detrimento do mais aceitável Tennyson, era "um herege e também um imoral" (p. 81 [92]). Além disso, claro, há a pomba como símbolo da divindade suprema, cuja autoridade, para o pensamento tradicional, era imanente apenas na hierarquia da Igreja, e jamais um princípio de autoridade interior para o indivíduo. Representando o valor intrínseco do secular, a transformação da imagem do pássaro na "pomba de plumagem escura" da visão de Stephen marca um importante passo do desenvolvimento da liberdade necessária para que ele pense por si só e procure os próprios valores.

Outra implicação da palavra "profano", segundo o uso que Joyce lhe dá, é sua oposição a qualquer forma de sobrenaturalidade. Uma das maiores preocupações de Joyce ao longo de sua vida foi a ideia da unidade do ser, e para ele a divisão proposta pela Igreja entre o natural e o sobrenatural era algo inerentemente oposto a isso. De acordo com esse ponto de vista, a Igreja tinha uma visão desequilibrada; ela era incapaz de valorizar a natureza e a carne, reduzindo-as a algo quase insignificante se comparadas à transcendência de Deus e dos valores espirituais. É significativo que, tal como descrita pelo livro, "a figura de uma mulher como aparece na liturgia da Igreja" seja "uma figura vestida de branco, pequena e esbelta como um menino" (p. 244 [257]) – branco, a cor do espírito, da inocência assexuada que se opõe à experiência carnal. A plumagem escura da pomba de Stephen indica uma ruptura com esse sistema de valores, tal como faz o carmesim e o rosa da flor que ele posteriormente vê em seu devaneio. Na verdade, ambas as imagens, a da pomba e a da flor – sendo esta uma adaptação da rosa celestial de Dante –, são símbolos da unidade do ser – da verdadeira unidade, isto é, não apenas de uma união entre carne e espírito em que ambos são elementos heterogêneos, e sim dois aspectos diferentes de uma única realidade.

Não é por acaso que essa ideia da carne e do espírito como aspectos de uma só realidade lembre o pensamento de Giordano Bruno. "Seus deuses eram Ibsen, Giordano Bruno e Juliano, o Apóstata", escreveu Louis Gillet, um dos amigos de Joyce, sobre o autor; e, de fato, tanto Ibsen quanto Bruno foram fontes a que Joyce recorreu enquanto tentava desenvolver uma visão unitária.[3] Bruno, cujo pensamento

---

[3] Citado em Frances M. Bolderef, *Hermes to his Son Thoth: Being Joyce's Use of Giordano Bruno in Finnegans Wake*. Woodward, Pensilvânia, Classic Nonfiction Library, 1968, p. 39.

foi brevemente esboçado no segundo capítulo, oferecia-lhe a atraente possibilidade de uma concepção monística da natureza, vista como um todo orgânico animado a partir de seu interior, uma encarnação da alma no mundo que vista de fora é matéria e, de dentro, espírito. Ele também lhe oferecia o que talvez fosse uma ambiguidade igualmente sedutora: o universo é um todo único, mas ao mesmo tempo composto de um grande número de mônadas, cada qual contendo, implicitamente, um reflexo de todas as outras e do todo. Sob essa luz, a natureza poderia ser tanto uma versão panteísta e completamente imanente do "Deus do céu" exclamado por Stephen – "a alma obscura do mundo, uma escuridão brilhando na claridade", como coloca *Ulisses*[4] – quanto uma rede de consciências inteiramente individuais. A famosa teoria estética de Stephen, se lida em função desses traços complementares do pensamento de Bruno, parece em alguns aspectos mais vinculada ao modo como Bruno via a estrutura do ser do que ao modo como o fazia Tomás de Aquino, de quem ele adota a terminologia: *integritas*, a totalidade da imagem estética que serve como epifania ou microcosmo da totalidade do ser; *consonantia*, seu aspecto de coisa "complexa, múltipla, divisível, separável, formada por suas partes, como o resultado de suas partes e de sua soma, harmoniosa" (p. 212 [224]); e *claritas*, o "esplendor" da compreensão em que essa totalidade e harmonia simultâneas são apreendidas na "estase silenciosa e luminosa do prazer estético" (p. 212 [225]).

O interesse de Ibsen – o *Christianier (...) sage* de *Finnegans Wake*[5] – na reconciliação dos opostos era ainda mais semelhante ao interesse de Joyce do que ao de Bruno, em especial porque ele era mais

---

[4] Nova York, Vintage Books, 1961, p. 28. As referências subsequentes virão entre parênteses. [Edição brasileira: *Ulisses*. Trad. Bernardina da Silveira Pinheiro. Rio de Janeiro, Objetiva, 2007, p. 55. Sempre que o autor indicar as páginas do original, colocaremos entre colchetes as páginas da edição brasileira utilizada. (N. T.)]

[5] Nova York, Viking Press, 1958, p. 53.

experimental e porque expressava um entendimento maior da tensão entre os valores espirituais e os valores carnais. Embora o pensamento de Joyce apresentasse fortes tendências panteístas, ele também se inclinava fortemente na direção do ceticismo filosófico, e por conseguinte o autor tendia a se sentir mais à vontade com a tensão do que com a resolução. Joyce aprendeu norueguês a fim de conseguir ler Ibsen no original, e em 1901 chegou até a escrever-lhe nesse idioma.[6] De acordo com a concepção dramática que esboçou em seus primeiros textos críticos, ele considerava a "agitação, a evolução e o movimento"[7] as principais matérias do teatro, opinião que se alinhava muito bem ao retrato feito por Ibsen das forças conflitantes da energia e do controle, do paganismo e do cristianismo, em todas as peças que se seguiram a *Imperador e Galileu* – obra a que *Finnegans Wake* se refere como *quaysirs and galleyliers*[8] (*Kejser og Galilæer*, em norueguês). Joyce provavelmente achava o conflito básico de Ibsen muito semelhante àquele com que estava familiarizado, e não é surpreendente que ele visse em Juliano, o Apóstata, uma figura simpática; a exemplo do Juliano de Ibsen, também Joyce buscava um Terceiro Reino capaz de unir aquelas forças opostas.

No entanto, adotar os termos de Ibsen e classificar essas forças conflitantes como pagãs e cristãs não seria adequado à forma que a relação entre elas assumiu no pensamento de Joyce. Como a mente de Stephen descrita por Cranly quase no fim de *O Retrato* (p. 240 [252]), a mente de Joyce estava "supersaturada" da religião em que ele deixara de crer, e a ideia das forças opostas que compunham

---

[6] Carta a Ibsen, março de 1901, *Letters of James Joyce*. Org. Stuart Gilbert. Nova York, Oxford University Press, 1965, p. 89-91. O estudo mais amplo da influência de Ibsen sobre Joyce é Bjørn J. Tysdahl, *Joyce and Ibsen: A Study in Literary Influence*. Oslo, Norwegian Universities Press, 1968.

[7] *The Critical Writings*. Org. Ellsworth Mason e Richard Ellman. Londres, Faber and Faber, 1959, p. 40.

[8] *Finnegans Wake*, p. 540.

a vida humana assumia um caráter especial por causa de sua persistente sensibilidade católica; de maneira particular, ele tendia a vincular a carne ao pecado em sua imaginação e a apresentar o problema da união entre espírito e natureza por meio de imagens que a tornavam uma união entre o espírito e o pecado. É significativo que, no episódio da menina, Stephen pense no chamado da "vida que clamara por ele" como um chamado a "viver, errar, sucumbir" (p. 172 [183]). Meditando, antes, sobre a decisão de não entrar para o sacerdócio, ele empregou termos parecidos ao cogitar uma "queda" necessária no mundo:

> A sabedoria do apelo do sacerdote não o atingia em seu âmago. Estava destinado a aprender sua própria sabedoria independentemente dos outros ou a aprender ele próprio a sabedoria dos outros vagando entre as ciladas do mundo.
>
> As ciladas do mundo eram suas formas de pecado. Ele sucumbiria. Não sucumbira ainda mas sucumbiria silenciosamente, num instante. (p. 162 [173])

Isso evoca a imagem da queda de Lúcifer usada anteriormente pelo pregador durante o retiro escolar:

> Lúcifer (...) era um filho da manhã, um anjo radioso e poderoso; no entanto ele caiu (...). Qual foi o seu pecado não podemos dizer. Teólogos consideram que foi o pecado do orgulho, o pensamento pecaminoso concebido em um instante: *non serviam: não servirei*. (p. 117 [128])

Para Stephen, assumir as asas de Lúcifer e desejar a própria queda é declarar sua individualidade e a aceitação de sua vocação mundana. O "anjo selvagem", que, na cena da menina, aparece a Stephen "para abrir diante dele num momento de êxtase os portões de todos os caminhos do erro e da glória" (p. 172 [183]), é um compêndio de várias figuras aladas: Lúcifer; Dédalo, o "fabuloso artífice (...), um homem como um falcão voando acima do mar em direção ao sol" (p. 169 [180]), homônimo e modelo de Stephen; a pomba de plumagem escura, alma encarnada do mundo; e o próprio protagonista, em sua nova vida como rebelde e artista.

O momento de aceitação desse chamado é a queda silenciosa de Stephen na vida, no mundo e na carne, seu renascimento como aquilo que o *Finnegans Wake* chama de *foenix culprit*.[9] Que o fogo desse novo Pentecostes, fazendo arder as bochechas da menina e de Stephen, é tanto o fogo do pecado quanto o fogo da inspiração é sugerido pelo prenúncio da cena em que Stephen, tendo sido levado ao arrependimento no retiro, percebe sua iniquidade por meio de imagens definitivamente pentecostais – embora ele provavelmente fosse incapaz de reconhecer isso na época:

> Seu sangue começou a sussurrar em suas veias, sussurrando como uma cidade pecadora convocada de seu sono para ouvir sua condenação. Pequenas fagulhas de fogo caíam e cinzas poeirentas caíam suavemente, pousando nas casas dos homens. (...) Pequenas fagulhas ardentes caíam e o atingiam em todos os sentidos, pensamentos vergonhosos, palavras vergonhosas, atos vergonhosos. A vergonha o cobria todo como delicadas cinzas incandescentes caindo continuamente. Dizer aquilo em palavras! Sua alma, sufocada e indefesa, ia deixar de existir. (p. 142 [153])

No momento da confissão de Stephen e de sua ressubmissão à Igreja, o fogo vivificante é quase suprimido pelas cinzas da vergonha, mas não chega a ser completamente extinto nem depois de o personagem passar por uma rotina de enorme piedade. Na verdade, é esse mesmo fogo que mantém o equilíbrio necessário entre a aspiração espiritual dele e seu enraizamento na natureza e que, por fim, torna possível sua ditosa queda. No período que se segue à confissão, sua espiritualidade se torna uma espécie de paródia egoísta de si mesma à medida que, conduzindo diariamente sua alma por "um círculo crescente de atos praticados além do que o dever impunha" (p. 147

---

[9] Ibidem, p. 23.

[159]), ele sente "sua alma devotamente pressionando como dedos o teclado de uma grande caixa registradora" e vê "o montante de sua aquisição surgir imediatamente no céu" (p. 148 [160]). Durante esse período, sua mente é desamável, lúcida e indiferente, salvo pelos momentos em que ele sente "uma presença sutil, sombria e sussurrante penetrar seu ser e abrasá-lo com um breve desejo iníquo" (p. 149 [161]). Tal como lhe parecia à época, esse "era o único amor (...) que sua alma abrigaria". No entanto, o problema de Stephen estava apenas no fato de que sua busca por uma sublimação completa sufocava o fogo da vida, e quando ele enfim aceita seu chamado para "os caminhos do erro e da glória", a chama arde para transfigurar tanto ele quanto sua visão de mundo. Como Joyce posteriormente diria em *Finnegans Wake*: *felixed is who culpas does*.[10]

No que diz respeito àquela interpretação da vida que a divide entre esfera do espírito e esfera da carne, a dificuldade está no fato de o conflito dela resultante conduzir a uma ruptura interior e psicológica que opõe a fria lucidez da mente ao escuro fogo da vida corporal. Essa divisão influencia toda a relação de Stephen com as mulheres até o momento em que ele vê a menina vadeadora. Durante sua adolescência, a figura da mulher se dividia entre as prostitutas, de um lado, e as figuras purificadas da mãe e da Virgem, de outro. Enquanto seu corpo seguia seu "trajeto tortuoso" pelas ruas, procurando satisfação carnal enquanto descrevia "círculos cada vez mais próximos com um tremor de medo e de alegria" (p. 102 [113]), ele sentia "[o] ciclo vasto da vista estelar" (p. 103 [114]) carregando sua mente por outro círculo semelhante àquele da "concha árida da lua" (p. 96 [106]). E, até mesmo no meio dessa carnalidade, "as glórias de Maria mantinham sua alma cativa" (p. 104 [115]). No episódio da menina vadeadora, porém, Stephen vislumbra a possibilidade de um amor que não forçaria a mulher a esse tipo de divisão falsa, mas a veria aceitando

---

[10] Ibidem, p. 206.

"a adoração em seus olhos (...) sem vergonha ou malícia" (p. 171 [182]). A imagem do pé da menina revolvendo a água faz que o mar deixe de ser aquele algo frio e "infra-humano" que "sua carne temia" (p. 167) e se torne um símbolo da união vital entre carne e espírito; do mesmo modo, ela também faz que a imagem do círculo passe de algo negativo a algo positivo, dos ciclos inumanos da lua e das estrelas ao "amplo movimento cíclico da terra" e à flor carmesim e rosácea.

Ainda assim, essa é apenas uma visão. Ela é um divisor de águas na vida de Stephen, mas um divisor de águas basicamente em termos de finalidade. Stephen descobre qual é a sua vocação e opta por dedicar-se a ela, mas ainda não se tornou a vida que vislumbra. Ele a percebe em sua imanência sagrada, porém ela é ainda um bruxuleio e uma possibilidade, um objetivo visto de longe. Essa é uma epifania no sentido da revelação de um significado, e não naquele outro em que o termo é tradicionalmente usado: o de uma encarnação, uma personificação desse significado. Embora os meninos que Stephen vê nadando ao caminhar rumo à revelação o saúdem zombeteiramente como "Stephanos Dedalos! Bous Stephanoumenos!" (p. 168 [179]) ("boi coroado com uma grinalda"), ele não é dono de uma coroa nem exatamente um Dédalo. Em vez disso, Stephen é mais uma espécie de Ícaro, tal como sugere o grito dos garotos, que pontuam seu devaneio com o homem afalcoado que voa obliquamente na direção do sol: "Um! Dois... Atenção! Oh, droga, estou afogado!"; e tal como confirmam as reflexões de *Ulisses* acerca da vitória pírrica de sua estada em Paris (p. 42, 210 [70, 253]). O verdadeiro rei e herói de Joyce, a encarnação da "escuridão brilhando na claridade", não é Stephen, mas Leopold Bloom.

O advento de Bloom em *Ulisses* é prenunciado no fim do próprio *Retrato*, quando Cranly, o amigo de Stephen, adverte-o da solidão que permeará seu destino como exilado da Igreja e de casa: "Não somente estar separado de todos os outros mas não ter um só amigo (...) que pudesse ser mais do que um amigo, mais até do que o mais nobre e mais verdadeiro amigo que um homem jamais teve" (p. 247 [260]). Stephen interpreta essas palavras como uma referência ao desejo que o próprio Cranly tem de ter um amigo como Stephen, e isso obviamente está correto; no entanto, à luz da continuação do livro, elas também anunciam algo mais: naquele momento, nem Stephen nem Cranly poderiam suspeitar de que, muito em breve, no dia 16 de junho de 1904, Stephen encontraria exatamente uma pessoa como aquela.

Joyce, porém, era capaz de suspeitar. Mesmo enquanto, no ano de 1914, terminava o *Retrato do Artista*, ele já trabalhava em *Ulisses*, sua continuação.[11] A história da obra parece se basear num encontro que Joyce de fato tivera com aquele alguém na noite de 22 de junho de 1904, quando o autor se ferira numa briga de rua. Segundo Richard Ellman, "foi provavelmente nessa ocasião que ele apanhou e foi levado para casa por um homem chamado Alfred Hunter" – o qual, dizem, era judeu e tinha uma esposa infiel.[12] Joyce ficou profundamente comovido diante da gentileza demonstrada por aquele sujeito que ele mal conhecia e que parecia ter um histórico e um temperamento muito diversos do seu. Em setembro de 1906, Joyce escreveu a seu irmão Stanislaus para dizer que estava elaborando uma história sobre Hunter, mas em fevereiro de 1907 acabou por afirmar que não conseguira pensar em nada além do título: "Ulisses".

Assumindo a forma romanesca, a história relata um dia na vida de Leopold Bloom, um homem como Hunter que ajuda Stephen Dedalus exatamente da mesma maneira. Bloom tem ancestrais judeus, embora fosse cristão de batismo e não praticasse religião alguma. Além disso, ele também tem uma esposa infiel, Molly, cujo amante é seu agente musical Blazes Boylan. A narrativa é, ao mesmo tempo,

---

[11] Richard Ellmann, *Ulysses on the Liffey*. Nova York, Oxford University Press, 1972, p. xv-xvi.

[12] *Letters of James Joyce*. Org. Richard Ellmann. Nova York, Viking Press, 1966, v. 2., p. 168, 209.

simples e impossível de ser resumida; os incidentes dramáticos são poucos, mas os detalhes, inclusive os detalhes importantes, são inúmeros. Basicamente, o que acontece é que tanto Stephen quanto Bloom levantam mais ou menos às oito da manhã, tomam café e, de maneira um tanto assistemática, cuidam da própria vida: Stephen, como professor de colégio; Bloom, como agente de publicidade. Durante o dia, o caminho de ambos se cruza várias vezes – na hora em que Bloom está a caminho do funeral de seu amigo Paddy Dignam, na redação do jornal e na Biblioteca Nacional –, até o momento em que os dois finalmente se encontram na sala reservada aos residentes de uma maternidade. De lá, partem para a zona de meretrício, onde Bloom resgata Stephen, que fora nocauteado numa briga, leva-o até um abrigo de taxistas para tomar café e, enfim, o conduz até sua própria casa, onde lhe oferece chocolate quente. Em seguida, Stephen se vai e Bloom segue para a cama.

Tal como indicam os caminhos paralelos e, no fim, convergentes de Stephen e Bloom, a estrutura geral do livro segue o desenvolvimento gradual de qualidades contrárias rumo a uma *coincidentia oppositorum*. Joyce extraiu essa ideia de Giordano Bruno, que por sua vez a adaptou de Nicolau de Cusa acrescentando a opinião, inteiramente sua, de que a *coincidentia oppositorum* não era apenas um princípio ontológico, mas também ético.[13] Com isso, Bruno queria dizer que a atração dos opostos era a base de todas as relações sociais e políticas. Joyce aplicou essa adaptação feita por Bruno a uma interpretação da vida humana nos planos interpessoal e pessoal. No nível interpessoal, por exemplo, Bloom e Stephen representam uma variedade de adjetivos contrários: hebraico e helênico, prático e teórico, científico e artístico, incluindo até atarracado e esguio. Bloom pode parecer uma figura ambígua para um mundo unilateral – no episódio de Circe, por

---

[13] Arthur D. Imerti, introdução a Bruno, *The Expulsion of the Triumphant Beast*. New Brunswick, NJ, Rutgers University Press, 1964, p. 35-36.

exemplo, Mulligan o chama de "bissexualmente anormal" (p. 493 [550]) e diz que "ambidesteridade é também latente"; no nível pessoal, contudo, o "homem de cultura versátil" (p. 235 [280]) na verdade é, ainda que à maneira imperfeita que caracteriza toda realidade natural concebida por Joyce, uma *coincidentia oppositorum* encarnada, tal como evidencia a "segurança do sentido do tato em sua mão firme totalmente masculina feminina passiva ativa" (p. 674 [724]).

Segundo Bruno, como a natureza está sempre em busca do equilíbrio e da completude, há atração maior entre dois contrários do que entre dois semelhantes. A ação desse princípio é clara na vida de Stephen. Muitos tentam conduzi-lo a relacionamentos – poderíamos até chamá-los de conluios – cujo fim é algum tipo de satisfação, mas o personagem se esquiva de todos. Ele fizera isso até mesmo no *Retrato*, recusando-se a ser levado ao nacionalismo político e cultural, ao movimento em prol da paz mundial e ao visível conformismo da religião católica a que lhe instigava Cranly. O primeiro capítulo de *Ulisses* retrata, na Torre Martello que ambos partilham, o companheiro de quarto de Stephen – "majestoso, o gorducho Buck Mulligan" (p. 2-3 [27]). Ele o incita a um conformismo exterior semelhante e tenta envolvê-lo num projeto que busca recuperar um "novo paganismo": "se você e eu ao menos pudéssemos trabalhar juntos nós poderíamos fazer alguma coisa pela ilha. Helenizá-la" (p. 7 [31]). Posteriormente, Mulligan relaciona isso ao pensamento de Nietzsche: "Aquele. Este. Kinch desdentado [apelido que dera a Stephen] e eu, o super-homem" (p. 22 [80]). Stephen, porém, é atraído por essa ideia tanto quanto Joyce. Embora o autor tivesse um dia assinado um cartão como "James Overman" [James Sobre-homem], e embora tivesse vivido numa torre semelhante com o Mulligan original – Oliver St. John Gogarty, defensor de um novo paganismo que tinha Nietzsche como principal profeta –, ele já não se interessava tanto por Nietzsche quando trabalhava em *Ulisses*: em 1913, Joyce tentou fazer com que um de seus pupilos em Trieste passasse de Nietzsche a Tomás de

Aquino, a quem Joyce afirmara ler em latim, uma página por dia, a fim de aguçar o próprio raciocínio.[14]

Stephen não carecia de helenização; ele já tendia bastante às qualidades associadas à cultura grega, tal como seu nome sugere: "Seu nome absurdo, um grego antigo", diz Mulligan (p. 3 [28]). Tanto seu aristotelismo quanto seu tomismo seguem a tradição helênica da razão analítica. Mulligan também o chama de "Kinch, a lâmina-de-faca" (p. 4 [28]), e, na forma que acabou por assumir, a mente de Stephen de fato tende a ser mais um instrumento de dissecação do que de síntese. Reunir os elementos da vida exigiria qualidades mentais diferentes daquelas que Mulligan prega ou exemplifica. Mulligan reconciliaria a razão e a religião, por exemplo, pelo fingimento: "Você não quis se ajoelhar para rezar por sua mãe em seu leito de morte quando ela lhe pediu. Por quê? Porque você tem aquele maldito traço jesuíta em você, só que injetado de forma errada. Para mim é tudo uma zombaria e aliás brutal" (p. 8 [33]). Mulligan resolve o problema por meio de um conformismo irreverente e superficial; Stephen, por sua vez, em virtude de seu temperamento, está fadado a viver de maneira profunda, honesta e, apesar da rejeição da religião tradicional, reverente. Quando Haines, hóspede inglês que os dois recebem na torre, supõe que ele não é "um crente no sentido estrito da palavra", Stephen responde: "Só existe um sentido da palavra, me parece" (p. 19 [45]). Stephen não é mais um crente, mas sabe que a palavra significa algo; ele não é alguém que vai simplesmente atenuar as diferenças como se estas não existissem. Stephen tem o intelecto helênico de que necessita, ao passo que o helenismo de Mulligan, como tudo o mais que dele advém, não passa de ostentação.

Nessa obra, a clareza intelectual associada à tradição helênica tem um valor definido – as questões que importam devem estar precisamente delimitadas, e não borradas como gostariam tipos como

---

[14] Ellman, *James Joyce*, p. 168, 178, 352-53.

Mulligan e Haines –, mas também tem suas limitações. A "alma obscura do mundo" é "uma escuridão brilhando na claridade que a claridade [não pode] compreender" (p. 28 [55]), e essa claridade que é incapaz de compreendê-la é precisamente o intelecto analítico. O que vem a ser a escuridão acabará revelado na figura obscura de Bloom; e, quando aquela é conhecida, o é de maneira intuitiva e não discursiva – no reconhecimento agradecido, quiçá difidente, de um ato de amor.

O significado real do que Mulligan diz no primeiro capítulo é completamente desconhecido tanto a ele quanto a Stephen, mas para o leitor atento – ou ao menos para quem já lera o livro antes – há bastante significado naquilo que, à primeira vista, pode parecer apenas piada e brincadeira. Mulligan diz, por exemplo, achar que seu nome "soa helênico": "(...) Malachi Mulligan, dois dátilos" (p. 4 [28]); ele opta por ignorar o fato de que Malachi [Malaquias] era um profeta hebreu, e talvez sequer saiba que foi Malaquias quem, nas últimas linhas da Bíblia hebraica, predisse o retorno de Elias: "Eis que vos enviarei Elias, o profeta, antes que chegue o dia de Iahweh, grande e terrível. Ele fará voltar o coração dos pais para os filhos e o coração dos filhos para os pais, para que eu não venha ferir a terra com anátema" (Ml 3, 23-24). Embora ignore as implicações do que está fazendo, é exatamente uma tal profecia que Malachi Mulligan expressa na missa de brincadeira com que o livro se inicia: "*Introibo ad altare Dei.* (...) Pois isto, meus bem-amados, é a verdadeira cristina: corpo e alma e sangue e feridas. Música lenta, por favor. Fechem os olhos, senhores. Um momento. Um pequeno problema com esses corpúsculos brancos" (p. 3 [27]).

Segundo a tradição católica, a missa é, entre outras coisas, uma espécie de teatro que caminha para uma epifania, para a manifestação de uma *coincidentia oppositorum* – Deus e natureza, espírito e carne – e sua assimilação na Eucaristia. Em linhas gerais, *Ulisses* é um teatro parecido, caminhando para uma epifania e para uma comunhão semelhantes. É provável que o próprio Joyce tivesse isso em mente ao começar o livro dessa maneira; certa feita, falando especificamente de seus poemas – embora a observação possa se aplicar à sua arte como um todo –, ele disse a seu irmão:

> Você não julga (...) haver certa semelhança entre o mistério da Missa e aquilo que venho procurando fazer? O que digo é que estou tentando (...) dar às pessoas uma espécie de prazer intelectual ou de júbilo espiritual, convertendo o pão de cada dia em algo que possui uma vida artística própria e permanente (...) para sua elevação mental, moral e espiritual (...).[15]

No caso de *Ulisses*, a hóstia da missa será Bloom, personagem que a todo momento é associado às imagens eucarísticas. A referência de Mulligan à sua dificuldade com os corpúsculos brancos indica que o milagre central ainda não ocorreu. Ele está falando, claro, do sabonete que se encontra na bacia de barbear, o qual é tanto um agente de limpeza quanto os corpúsculos brancos no sangue, que combatem as enfermidades; há aí um paralelo apropriado com o "Cordeiro de Deus, que tira o pecado do mundo", mas o sabonete de Mulligan não é o sabonete correto. O sabonete correto é Bloom, tratado, no episódio de Circe (p. 498 [555]), como a "flor de Bath" e o "sabonete peregrino" da litania das filhas de Erin. Quando o Bloom "masculino feminino passivo ativo" se tornar manifesto, ele será "a verdadeira cristina", encarnado, em toda a sua imperfeição carnal, como "corpo e alma e sangue e feridas". No entanto, Mulligan não é um sacerdote adequado a essa hóstia, mas tão somente um arauto, e ainda assim um arauto involuntário.

O fato de Mulligan ignorar o significado mais profundo dos acontecimentos desse dia não é, porém, uma deficiência peculiar; essa é uma qualidade que ele partilha com todos os outros personagens do livro, incluindo o próprio Bloom. Enquanto almoça, Bloom pensa

---

[15] Stanislaus Joyce, *My Brother's Keeper: James Joyce's Early Years*. Nova York, 1958, p. 103-04, citado em Beja, *Epiphany*, p. 71.

na palavra "paralaxe" e pergunta a si mesmo qual seria seu significado (p. 154 [190]). Tirando o fato de ela poder estar relacionada a "paralelo", a resposta lhe é completamente desconhecida, embora ele continue a imaginá-la ocasionalmente à medida que o dia prossegue. A paralaxe é um dos princípios importantes que dão forma ao livro, e o fato de Bloom não saber o que ela significa é um exemplo da difusão do problema a que o vocábulo se refere, da incapacidade que o observador tem de perceber com rigor alguma coisa que é paralela à sua linha de visão – em especial se estiver muito perto dela, como na fotografia, ou se, como na astronomia, se encontrar em movimento e ela não. Na maioria das vezes, Stephen, Bloom, Mulligan e o resto do povo de Dublin permanecem perdidos num universo de relatividade em que é difícil perceber qualquer coisa com clareza. Até mesmo quando alguém incorpora, tal como faz Bloom, algo tão próximo a um valor absoluto quanto permita o universo do livro, é difícil notar esse valor porque também o personagem está muito próximo. Como indica o título da obra, Bloom é um equivalente vivo do Ulisses e de outras imagens míticas importantes, como a de Moisés, de Elias, de Cristo e da Eucaristia. No entanto, nem ele nem ninguém chega a ter consciência disso, exceto Stephen no breve instante de visão que experiencia na noite seguinte. Segundo afirma a letra de uma canção extraída da pantomima de *Turko o Terrível*, outra figura que corresponde e prenuncia Bloom: "Eu sou o rapaz / Que é capaz / De invisibilidade" (p. 10 [34]). Essa nem sempre é uma invisibilidade propriamente agradável, mas na maioria das vezes é verdadeira.

Uma das razões pelas quais ela nem sempre é agradável a Bloom encontra-se no fato de esta nascer muitas vezes de uma cegueira notavelmente hostil. Um exemplo disso é o antissemitismo de muitos personagens do romance. Haines, cujo sonho com uma pantera negra na noite anterior representa outra prefiguração de Bloom, odeia os judeus; ele deseja alvejar a pantera, e se conhecesse Leopold, o outro "leopardo escuro" (p. 218), provavelmente lhe destinaria semelhante hostilidade. Um dos acontecimentos mais violentos do livro ocorre no episódio dos Ciclopes, quando Bloom recorda ao "cidadão" – que é antissemita e fervorosamente católico de uma forma humilhante e nacionalista – que Cristo fora um judeu como ele; "o cidadão" grita "Por Cristo, eu vou crucificá-lo, sem dúvida que vou" (p. 342 [398]) e, em seguida, o persegue *pub* afora. Até mesmo um cristão relativamente mais sério como o sr. Deasy, diretor da escola em que Stephen leciona, diz: "Eles pecaram contra a luz. (...) E é possível ver a escuridão nos olhos deles" (p. 34 [62]).

O episódio com o sr. Deasy é especialmente interessante por causa da complexidade de sua ironia e da forma pela qual, sem que Stephen ou o diretor compreendam as implicações do que expressam, indica o significado central da obra.

> – A história – disse Stephen – é um pesadelo do qual estou tentando despertar.
> Do campo de esporte dos meninos ouviu-se um grito. Um apito estridente: gol. O que aconteceria se esse pesadelo desse um pontapé de volta na gente?
> – Os caminhos de Deus não são os nossos – disse o sr. Deasy. – Toda a história da humanidade se move em direção a um grande alvo, a manifestação de Deus.
> Stephen sacudiu seu polegar em direção à janela, dizendo:
> – Isso é Deus.
> Hurra! Ai! Rrhiiii!
> – O quê? – o sr. Deasy perguntou.
> – Um grito na rua – respondeu Stephen, sacudindo os ombros. (p. 34 [62])

Ironicamente, os dois estão certos, embora não saibam de que forma. O sr. Deasy tem em mente a concepção agostiniana da história guiada, pelo Deus essencialmente transcendente do cristianismo, até um termo temporal definido. Stephen não acredita mais nEle e sugere que, se Deus de fato se refere a algo, esse algo teria de ser a vida natural que os circunda, uma vez que essa é a única realidade que existe.

Stephen se equivoca, porém, ao achar que a história é apenas um caos; ela *está* se movendo rumo à manifestação de um Deus, só que não do Deus do sr. Deasy, mas do Deus imanente do livro, da "alma obscura do mundo". Além disso, à medida que os dois conversam, o instrumento dessa manifestação já está percorrendo as ruas, seguindo para uma casa de banhos. Até mesmo a referência ao "grito na rua" se torna indiretamente profética se lida à luz de um incidente posterior, no qual Bloom se encontra diante, se não de um grito, de um barulho: mais ou menos à uma da manhã, quando Bloom e Stephen estão sentados no abrigo do taxista, Bloom percebe que seu nome fora incorretamente reproduzido na lista dos enlutados presentes no funeral de Paddy Dignam: "L. Boom" (p. 647 [694]).

Após deixar a escola, Stephen passeia ao longo do litoral de Sandymount até o Pigeonhouse, central elétrica de Dublin. Contudo, enquanto no *Retrato* a sua caminhada pela praia – uma praia diferente, a cerca de um quilômetro e meio de distância – o conduzira a uma epifania que aparentemente deu forma à sua vida, sua ruminação percorre, dessa vez, um deserto proteico composto de fragmentos de leituras e de reflexões e sentimentos atuais. Para Stephen, isso tudo não leva a lugar algum, mas aos olhos do leitor o capítulo prenuncia alguns desdobramentos e vislumbres relacionados aos elementos conflitantes que formam a mente do personagem. Stephen começa o capítulo pensando em Aristóteles, mestre daqueles que sabem – *maestro di color che sanno* (p. 37 [65]) –, o que reflete sua preocupação com o conhecimento racional da realidade objetiva, a "inelutável modalidade do visível" a que suas palavras iniciais se referem. Contudo, à medida que sua reflexão se desenvolve, ela tende a cada vez mais a tocar o subjetivo e o irracional. Stephen desconfia muito do misticismo, tal como indica sua oposição a A. E. e ao círculo teosófico no nono capítulo, episódio de Cila e Caríbdis; no entanto, uma visão equilibrada da vida exige a habilidade de desbravar o próprio caminho, como Bloom simbolicamente faz na ocasião, entre a rocha do racionalismo e o redemoinho do misticismo. Na controvérsia pública, Stephen tende a se reorientar para Cila, chegando até mesmo a quase tornar-se o monstro sobre a rocha, um "buldogue Aquino" (p. 208 [250]) tomista. No entanto, a ruminação do terceiro capítulo mostra que seus interesses eram mais variados e que sua mente continha ao menos os elementos necessários à totalidade. Ele havia lido a Cabala, por exemplo, e ainda se recordava de seu "Adam Kadmon" (p. 38 [66]), o homem primordial e completo, versão da *coincidentia oppositorum*; do mesmo modo, lera os escritos místicos de Traherne – o que, aliás, é um anacronismo de Joyce, uma vez que *Centuries of Meditation*, ao qual o "trigo (...) precioso e imortal" (p. 38 [66]) faz alusão, só veio a ser publicado em 1908.

Stephen também tinha lido o que chama de "as profecias evanescentes de Joaquim Abbas" (p. 39 [68]). Essa seria uma alusão aos *Vaticinia de Summis Pontificibus*, coleção de profecias relacionadas aos sumos pontífices que fora compilada em cerca de 1304 e atribuída a Joaquim de Fiore.[16] Joyce se debruçara sobre ela durante os dias 22 e 23 de outubro de 1902, lendo-a na biblioteca a que Stephen se refere: a biblioteca de Marsh, próxima à catedral de São Patrício.[17] Joyce claramente teve algum interesse pelo pensamento joaquimita, uma vez que copiou passagens da obra e, alguns anos depois, escreveu de Roma a seu irmão Stanislaus pedindo que este lhe enviasse "as citações latinas das profecias do abade Joaquim de Flora".[18] O fato de ele tratar o autor como Joaquim sugere o desconhecimento de que aquela era uma obra espúria, mas isso dificilmente surpreende, já que os especialistas em Joaquim até hoje ainda não estabeleceram um cânone com seus escritos autênticos.[19] De qualquer modo, esse

---

[16] Ver Reeves, *Prophecy in the Later Middle Ages*, p. 96, 523.

[17] Robert M. Adams, *Surface and Symbol: The Consistency of James Joyce's Ulysses*. Nova York, Oxford University Press, 1962, p. 125.

[18] Carta de ca. 12 de agosto de 1906, *Letters*, v. 2, p. 148.

[19] Ver Reeves, *Prophecy*, p. 511.

dado não é particularmente importante, pois o principal significado da alusão diz respeito à expectativa joaquimita pela chegada da nova era do Espírito, e não a qualquer profecia específica. Do ponto de vista de Stephen, o joaquimismo era uma esperança falsa que agora se dissipava. O Deus imanente não havia chegado e jamais chegaria; em vez do fogo da verdadeira inspiração, tudo o que teve lugar foi o entusiasmo desencaminhado que "pôs fogo" nas "centenas de cabeças da ralé perto do pátio da catedral" (p. 39-40 [68]). Stephen está certo ao dizer que as profecias de Joaquim se esvaíram; poucos na Dublin de *Ulisses* sequer se recordariam delas, e o misticismo que lá resta tende a ser o misticismo caribdiano dos teosofistas. O que ele não percebe, porém, é que, para ele, naquele dia, embora assumindo uma forma consideravelmente diversa – secularizada e num plano individual, não global –, a profecia do advento da divindade imanente será cumprida em seu encontro com aquele que se tornará tanto o *dux* de Stephen quanto a encarnação do Reino, talvez até mesmo um novo Fiore ou Flora: Leopold Bloom, também conhecido como Henry Flower (p. 72 [103]), senhor Enrique Flor (p. 321 [382]) e dom Poldo de la Flora (p. 78).

Muitos outros pensamentos que ocorriam a Stephen durante sua caminhada também prenunciam esse encontro. Ele pensa, por exemplo, na morte – "o homem que se afogou nove dias atrás perto do rochedo de Maiden" (p. 45 [74]) e "umas boas cinco braças abaixo teu pai repousa" (p. 50 [79]) – e na transfiguração – "uma mudança do mar esta, olhos marrons azulados de sal" (p. 50 [80])". Ele pensa em Moisés, "bem escondido por entre os juncos" (p. 45 [74]), e no sonho de Haines com "um leopardo, uma pantera" (p. 47 [76]). E, o que é ainda mais importante, ele se recorda do próprio sonho: "Abra a porta da entrada. Rua das meretrizes. (...) Haroun al Raschid. (...) Aquele homem me levou, falou. Eu não estava com medo. O melão que ele segurava ele o encostou no meu rosto. Sorriu: cheiro de fruta-cremosa. Era essa a regra, disse. Entre. Venha. Tapete vermelho estendido. Você vai ver quem" (p. 47 [76]). Supõe-se que Haroun al Raschid, califa de Bagdá em *As Mil e Uma Noites*, vagueava incógnito pelas ruas de sua cidade. Como indica sua associação com a figura do Messias, também Bloom é uma espécie de sacerdote-rei; porém, à medida que perambula pelas ruas de Dublin, ele é incógnito até para si mesmo. Do mesmo modo, assemelhando-se a Moisés, ele é um profeta e um líder em potencial e, por associação, um Cristo, alguém capaz de erguer Stephen dos mortos, "por mais afundado que ele esteja sob o solo da água" (p. 50 [79]).

Quando, no quarto capítulo, finalmente encontramos Bloom, ele está vestido de preto para ir ao funeral de Dignam, o que o torna, como Averróis e Moisés Maimônides, filósofos mouro e judeu em quem pensa quando está no cômodo do sr. Deasy, um homem escuro "em semblante e ação" (p. 29 [55]).

Equilibrando as tendências helênicas e intelectuais de Stephen, o fluxo de pensamento de Bloom tende a acompanhar veredas mais sensuais e orientais: "Perambular através das ruas sombreadas de toldos. Rostos de turbantes passando. Grutas escuras como lojas de tapetes, homem grande, Turco o Terrível, sentado de pernas cruzadas, fumando um cachimbo espiralado. Gritos de vendedores nas ruas. Beber água perfumada com erva-doce e suco de frutas" (p. 57 [86]). Contudo, opondo-se ao "grupo hermético" (p. 140 [176]) com seu pragmatismo e realismo, ele conserva em sua mente uma distinção clara entre realidade e fantasia: "Provavelmente nem um pouco realmente desse jeito. Espécie de matéria que você lê (...)" (p. 57 [86]).

Mais tarde, ao passar o olho pelo panfleto sionista que pegara no açougue de Dlugacz – e que diz respeito a Agendath Netaim, companhia de restauração na Palestina com sede na Bleibtreustrasse ("rua Permaneça Fiel"), Berlim –, Bloom permite que sua mente seja adoravelmente carregada por imagens de "pomares-de-laranjeiras e imensos campos de melão", mas consegue manter o controle; ele abranda a nostalgia do israelita desalojado por meio do pragmatismo e abranda o pragmatismo por meio de sua fidelidade à beleza do ideal: "Não há nada a fazer. Ainda assim uma ideia por trás disso. Ele olhou para o gado num halo de canícula prateada. Oliveiras salpicadas de prata. Dias tranquilos e longos: podando, amadurecendo" (p. 60 [89]). Bloom também percebe que, se uma tal ideia um dia se concretizasse, não poderia ser por meio de um retorno ao passado: "Não, não desse jeito. Uma terra estéril, nua deserta (...). Sodoma, Gomorra, Edom. Todos nomes mortos. Um mar morto numa terra morta, cinza e velha" (p. 61 [90]).[20] Além disso, ele sabe que a renovação deveria ter início em casa, até mesmo de maneira humilde e realista, como depois concebe, em seu próprio quintal: "Fazer um quiosque aqui. Feijões escarlates. Trepadeiras da Virgínia. É preciso estrumar todo o lugar (...). Reformar todo o lugar" (p. 68 [97]). Equilibrado como sempre, Bloom também lembra que os jardins verdadeiros "têm seus inconvenientes", como as abelhas e as moscas.

Um jardim com inconvenientes é uma metáfora perfeita para o universo construído por Joyce em seu livro: a vida é um jardim dotado de frutas e flores onde até as flores mais delicadas, como Bloom, são acometidas por pragas, as quais podem ser exemplificadas pelas fraquezas sexuais do personagem, pela falta de um filho seu e pelas abelhas e moscas – como Blazes Boylan – que sua mulher Molly, a outra flor, atrai ao jardim. Também como um jardim, ela se dissipa e se renova perpetuamente. Segundo encontramos no episódio do gado do sol, "Agendath é uma terra deserta" e "Netaim, a preciosa, não existe mais", mas não obstante a "paralaxe rasteja atrás" e "espicaça" os animais do vale "avante em direção ao mar morto (...) para beber, não saciados e com goladas horríveis, a torrente salgada sonolenta inesgotável" (p. 414 [476]). Enquanto eles bebem, sobre suas cabeças renasce, ainda que nesse deserto de secularidade

---

[20] Edom é um equívoco de Bloom, algo que Richard Ellman chama de "bloomismo". Ver Ellmann, *Ulysses on the Liffey*, p. 36.

profana, a flor estelar do ideal transfigurador: "E o portento equestre cresce novamente, magnificado nos céus desertos, não para a própria magnitude dos céus, até que se avulta, vasto, sobre a casa da Virgem. E veja, maravilha da metempsicose, a sempiterna noiva, precursora da estrela-d'alva, a noiva, sempre virgem."[21]

O ideal do renascimento assume muitas encarnações ao longo de suas metempsicoses. Na passagem que acabamos de mencionar, ele é "Martha, tu, perdida" e "Millicent, a jovem, a querida, a radiosa" – Martha Clifford, mulher com quem Bloom está travando uma correspondência clandestina sob o nome de Henry Flower, e Milly, sua filha. Ele também assume a forma de Molly, de Rudy – filho de Bloom que, se vivo, teria agora onze anos de idade – e, eventualmente, do próprio Stephen.

O fato de que Rudy teria agora onze anos de idade é significativo, dado que o livro faz do número onze, dois algarismos paralelos, um símbolo do renascimento do filho perdido num novo paralelo. Mais tarde, Bloom nota a presença de uma propaganda da "Kino 11 / – Calças" (p. 153 [189]), e assim K 11 passa a ser um tema recorrente no fluxo de seu pensamento; K é a décima primeira letra do alfabeto, fazendo que K 11 sugira um enfático paralelismo. Obviamente, o significado disso seria um tanto obscuro até mesmo para Bloom, mas a intuição que ele tem de sua relevância o ajuda a descobrir um novo filho em Stephen. É importante que, naquela noite, durante o episódio de Circe e no meio de uma "festividade" que Bloom chama de "sacramento", ele responda K 11 diante de uma pergunta relacionada à paralaxe (p. 488-89 [546]).

O tema da metempsicose está ligado a isso. Ele é apresentado pela primeira vez quando Molly, que deparara com a palavra num

---

[21] "Equestre", que parece um tanto estranho nesse contexto, pode ser uma alusão à discussão da metempsicose proposta por Bruno, na qual ele fala dos modos "equestres" e "porcinos" de existência; ver Imerti em Bruno, *Expulsion*, p. 35.

livro, pergunta qual seria seu significado (p. 64 [93]). A pronúncia equivocada da menina – "metem psi coisas" [*met him pike hoses*; p. 154 (190)] – recorda-nos das calças K 11 e vincula tanto ela quanto a metempsicose a outro tema que diz respeito ao renascimento da morte e à restauração de um filho: a recuperação, por parte de Reuben J. Dodd, de seu filho, que depois de tentar se afogar no Liffey – remetendo-nos às reflexões de Stephen sobre "a torrente tentadora de Elsinore" (p. 44 [73]) – é resgatado por um barqueiro que usa sua vara para pescá-lo "pelas calças largas" (p. 94 [127]).

Além de se referir à transmigração das almas no sentido das correspondências entre uma pessoa e outra, a metempsicose também serve, na obra, como um princípio da psicologia do indivíduo. O renascimento de Rudy em Stephen também será um renascimento espiritual para Stephen quando ele reconhecer a qualidade da bondade de Bloom e a afirmar como valor sagrado. A ideia de um tal renascimento é tangenciada numa reflexão que atravessa a mente de Stephen logo no primeiro capítulo: "Eu sou um outro agora e no entanto o mesmo" (p. 11 [36]). Ele é diferente, diz, do menino que carregava o turíbulo de incenso na capela escolar em Clongowes, mas ainda assim é igual; e, naquela noite em que, no abrigo do taxista, murmura "*Christus* ou Bloom seu nome" (p. 643 [689]), será ainda outro e, no entanto, o mesmo.

A metempsicose é uma doutrina pitagórica recuperada no período renascentista por Giordano Bruno. Vinculando-a à ideia da *coincidentia oppositorum*, ele fez dela um princípio evolutivo: todos os seres passariam por uma sucessão de encarnações, integrando gradualmente todas as qualidades contrárias numa só harmonia.[22] Ao menos para aqueles que, como Stephen, se encontram em evolução, algo parecido ocorre em *Ulisses*, embora isso aconteça nos limites da vida individual, e não na transmigração literal das almas em vidas

---

[22] Ibidem, p. 35-36.

sucessivas. Joyce retirou muitas ideias de Bruno, mas as usou como recursos que lhe permitiam construir suas obras, não como artigos de fé. Na realidade, é difícil afirmar que Joyce realmente "acreditava" em algo, pelo menos no que diz respeito à afirmação de algo como um fato. Em vez disso, suas afirmações tendem a se debruçar sobre valores. Stephen progride rumo a uma compreensão mais clara deles, e é esse o tipo de evolução que importa a seu autor.

A fim de percebermos como os valores supremos tomam forma e como são preparadas as várias transformações ou metempsicoses que estão para acontecer, voltemos a Bloom e acompanhemos o seu dia. Às dez da manhã, ele sai de casa para o banho e, no caminho, passa pela igreja de Todos os Santos, na qual uma missa está sendo celebrada. Embora exteriormente cristianizado, Bloom considera a religião uma espécie de narcótico, sendo incapaz de compreender muito bem o que está acontecendo quando o padre distribui as hóstias: "(...) elas estão na água?", pergunta ele (p. 80 [111]) ao ver o sacerdote fazer o sinal da cruz com o Pão sobre o cálice, gesto que leva Bloom a imaginar que ele o está sacudindo para secá-lo. A pergunta nos prepara para o momento em que o personagem, tendo chegado à "mesquita dos banhos", diz para si mesmo "Este é o meu corpo" e, então, vê a água se elevar na tina ao redor da "lânguida flor flutuante" que é o seu pênis (p. 86 [118]). A referência, uma alusão, se não por parte de Bloom, certamente por parte de Joyce, ao *Hoc est enim corpus meum* da missa, em princípio poderia parecer – tal como pareceu a muitos dos primeiros leitores da obra – uma mera degradação da imagem da Eucaristia, mas na verdade ela é como a maioria das alusões de Joyce e age de maneiras diversas. Ela de fato trata com ironia a imagística tradicional do sagrado, mas assim o faz, em parte, para purificá-la da falsa solenidade do Deus transcendente que Joyce rejeitara e para torná-la útil à comunicação de um sentimento do sagrado verdadeiro e incorporado na carne secular – inclusive na carne demasiadamente humana de

Bloom. Longe de tentar eliminar o senso do sagrado, Joyce estava tentando revisar tanto o conceito de sagrado quanto a sensibilidade a ele associada, buscando, assim, adequá-los ao que considerava sua forma verdadeira: a imanência encarnada.

Isso fica mais claro quando examinamos outro tema que vincula Bloom a Cristo. Enquanto o personagem segue para a casa de banhos, ele é abordado por Bantam Lyons, um conhecido que pede para ver as notícias do turfe em seu jornal e murmura algo sobre "Ascot. Grande prêmio" (p. 87 [117]). Bloom responde que ele pode ficar com o periódico, dado que iria mesmo jogá-lo fora. Lyons acha que Bloom está lhe dizendo para apostar num cavalo chamado Jogarfora – um tiro no escuro para a corrida daquela tarde –, e parte para fazer a aposta. À medida que o tema do descarte se desenvolve, ele é associado ao Cristo que é "a pedra que os construtores rejeitaram" (Marcos 12,10; alusão a Salmos 117,22), o Messias desprezado pelos padrões convencionais porque não era reconhecível nos termos da religião de seu tempo. Mais tarde, quando Bloom se encaminha para o almoço, um jovem na rua coloca em suas mãos uma espécie de folheto [*throwaway*, jogar fora] (p. 151 [187]), um prospecto. Ao olhar para ele, Bloom vê as quatro primeiras letras e acha que a folha talvez ostentasse seu nome: "Bloo... Eu? Não. Sangue do Cordeiro [*Blood of the lamb*]. (...) Elias está chegando." O papel contém o anúncio de uma renovação. Bloom amassa-o e, pouco depois, lança-o no rio. A profecia da vinda futura de Elias estava ligada, claro, à espera do Messias por parte dos hebreus antigos, e Bloom e o panfleto estão unidos por ela. Bloom não dá qualquer atenção ulterior ao assunto, mas, durante o episódio das Rochas Ondulantes, enquanto vários dublinenses vagueiam pela cidade, o descartado Elias é mencionado diversas vezes (p. 227, 240, 249 [271, 285, 296]) como se, "em meio a um arquipélago de rolhas" (p. 337 [296]), fosse carregado pelo rio até a baía – do mesmo modo como Bloom, "o novo Messias da Irlanda" (p. 337 [393]), perambulava incógnito pela cidade.

O tema do descarte culmina no episódio dos Ciclopes, quando Bloom, sem compreender o que está acontecendo, discute num *pub* com um grupo de dublinenses que ouvira sobre a suposta dica do Jogarfora, que vencera a corrida pagando vinte contra um. Eles acham que Bloom é mesquinho demais para pagar-lhes uma bebida com seu lucro. A atmosfera do episódio é hostil mesmo antes de eles começarem a pensar em quanto dinheiro Bloom supostamente ganhou com a corrida. Antes de mais nada, à maneira característica aos dublinenses medianos do livro, eles são antissemitas. Mais cedo, no funeral, Bloom tivera de tolerar o antissemitismo de seus amigos enlutados (p. 92-93 [120-21], por exemplo), e agora deve fingir que não ouve "o cidadão" dizer dos judeus: "Essas são realmente umas belezas (...), vir aqui para encher o país de insetos" (p. 323 [378]). Além disso, eles desconfiam dele em virtude de seu senso de equilíbrio na discussão, da ciência que ele tem de que existem dois lados numa mesma questão: o narrador do episódio, um dos membros do grupo, fala desdenhosamente de Bloom, "com o seu *mas vocês não percebem?* e *mas por outro lado*" (p. 306 [360]).

O narrador também se refere a ele como "olho de peixe morto" (p. 315 [370]), vinculando-o à imagem píscea, emblema iconográfico tradicional de Cristo. Isso já havia sido preparado no capítulo anterior, quando Bloom fora associado a um sanduíche de peixe sob uma campana de vidro: "(...) sobre um esquife de pão uma última, uma solitária, última sardinha de verão. Bloom tão só" (p. 289 [341]).

Em meio a tudo isso, Bloom tem a ousadia, e também a coragem, de levantar a voz contra a perseguição e o ódio, afirmando que o valor supremo da vida é o amor:

– O quê? – diz Alf.
– O amor – diz Bloom. – Quero dizer o oposto do ódio. (p. 333 [389])

Num livro em que, a exemplo de Stephen, até as poucas pessoas que vivem e pensam com profundidade tendem a ser cautelosas e "evasivas" (p. 643 [689]) quanto ao que realmente importa, essa é uma afirmação dramática.

Como poderíamos esperar, nada disso eleva a estima que os membros do grupo sentem por Bloom. Quando o protagonista se ausenta por um minuto, eles acham que "ele foi recolher (...) [o] dinheiro" que apostara no Jogarfora, quando então um dos homens diz: "Ele próprio é um maldito azarão" (p. 335 [391]). Depois que Bloom retorna, mostrando-se incapaz de oferecer-lhes bebidas e continuando a defender os judeus – numa discussão que culmina com seu "Cristo era um judeu como eu" (p. 342 [398]) –, o cidadão o persegue já fora do *pub*. De uma só vez, Bloom é um descarte e também Elias:

> E veio do céu então uma voz, clamando: *Elijah! Elijah!* E Ele respondeu com um único grito: *Abba! Adonai!* E eles viram Ele até Ele, ben Bloom Elijah, em meio às nuvens e aos anjos ascender à glória da luminosidade num ângulo de quarenta e cinco graus acima de Donohoe em Little Green Street como a detonação de uma pazada. (p. 345 [401])

De modo tipicamente joyceano, essa apoteose de Bloom vem acompanhada de um anticlímax que o puxa muito solidamente para baixo: no capítulo seguinte, nós o vemos masturbando-se no mar enquanto flerta a distância com uma frequentadora da praia, Gerty MacDowell. Mesmo aqui, porém, a ironia age em dois sentidos. Ao masturbar-se, Bloom se mostra, nas palavras de Nietzsche, "humano, demasiadamente humano"; porém, como o próprio personagem afirma, "é preciso contudo ficar livre daquilo de algum jeito" (p. 370 [428]), e a atitude que em seguida ele assume diante de sua – na falta de outra expressão – parceira no ato é gentil: "Pobre moça!", pensa ele ao descobrir que ela manca (p. 367 [426]). O estourar flóreo do fogo de artifício no momento em que Bloom atinge o clímax sexual – "(...) foi como um suspiro de Ó! e todo mundo gritou Ó! Ó! extasiado e jorrou dela uma chuva de fios de cabelo dourado (...)" (p. 366-67 [425]) – pode muito bem ser uma paródia satírica das orações que, em retiro na vizinha igreja da Estrela do Mar, os homens destinavam à Virgem, "rosa mística" (p. 356 [412]). Contudo, também ele é uma verdadeira transformação, ou metempsicose, dessa imagem, assim como da imagem da rosa dantesca do Corpo Místico e da flor carmesim e rosácea da visão de Stephen no *Retrato*. O mesmo se dá com *Tantum Ergo Sacramentum*, hino da benção eucarística que o coral canta diretamente para Bloom, mas que só é captado em fragmentos, como *Tantumer gosa cramen tum* (p. 360 [418]).

O capítulo seguinte, referente ao episódio do gado do sol, traz Bloom numa tarefa de compaixão, perguntando na maternidade pela sra. Purefoy, "infortúnio da mulher com assombro ponderando" (p. 388 [448]). O episódio correspondente, em Homero, trata da destruição da tripulação de Odisseu, a qual cometera o sacrilégio de matar e comer o gado do deus-sol; apenas Odisseu se abstivera do banquete, sendo portanto poupado. O capítulo de Joyce tem início com um sortilégio que suplica por "fecundação e fruto-do-ventre" (p. 383 [443]), expressão que indica tanto o nascimento literal ocorrendo na maternidade quanto o despertar e o renascimento vindouros de Stephen. Stephen está lá para visitar Mulligan, que é residente no hospital. Com sua moderação característica, Bloom, "homem manso de coração" (p. 385 [445]), ingressa na festa dos residentes, mas sua cabeça está focada na sra. Purefoy, que se encontrava em trabalho de parto havia três dias. O "jovem Malachi" e os outros residentes fazem piadas sobre a fertilidade como um todo, e apenas Bloom e Stephen não participam das risadas. Esse é o primeiro encontro importante dos caminhos de ambos os personagens: eles não estão apenas na mesma sala, mas também se unem longe da superficialidade e da irreverência generalizadas de um grupo de dublinenses comuns, cuja mentalidade é igual à de Mulligan. Ao reconhecer que Stephen é filho de seu amigo Simon Dedalus, Bloom recorda a perda de seu próprio filho e se preocupa com Stephen, "pois ele vivia desenfreadamente com aqueles vagabundos e destruía seus bens com prostitutas" (p. 391 [451]).

Quando o grupo decide passar de bar em bar, Bloom resolve ficar de olho nele, como um pai. O capítulo, que tivera início com uma forma linguística extremamente primitiva e acompanhara a prosa inglesa em todas as fases de seu desenvolvimento, adota em seu termo o estilo de um panfleto revivalista: "Elias está chegando! Lavado no sangue do Cordeiro. (...) Clamar a salvação com o rei Jesus" (p. 428 [490-91]).

O episódio de Circe, escrito na forma de uma peça onírica strindbergeana, é provavelmente o mais complexo de todo o livro, sendo quase impossível resumi-lo. No que diz respeito à ação, Stephen envolve-se em confusões – primeiro, num prostíbulo e, depois, numa briga de rua – e Bloom, após superar algumas dificuldades próprias, livra-o de ambas. O que torna o capítulo tão complicado é o fato de, durante tudo isso, tanto Bloom quanto Stephen passarem por encontros oníricos inconscientes com seus respectivos demônios.

A tarefa de Bloom é viver o amor que pregara no episódio dos Ciclopes, mas antes ele tem de lidar com uma série de obstáculos internos. Um dos primeiros é o aparecimento do fantasma do próprio pai, Rudolph Virag, que aparenta adverti-lo contra o desperdício de seu dinheiro na companhia de góis. A maneira como Rudolph apalpa o rosto de Bloom, "com garras fracas de ave de rapina" (p. 437 [501]), evoca a imagística avicular negativa do *Retrato*, em que representava a autoridade externa da convenção. Outro obstáculo são os sentimentos de culpa que ele sente pelas várias transgressões contra a moral sexual tradicional; eles vêm personificados num grande número de vozes acusatórias que o denunciam várias vezes ao longo do episódio. Há ainda mais um, o do perigo do enaltecimento psicológico que resulta da consciência do quão valioso é o ideal a que ele serve. Há ocasiões, por exemplo, em que Bloom vê a si próprio como o rei Leopold, "Sua Mui Católica Majestade" (p. 487 [545]) que ostenta "o globo e o cetro com a pomba" (p. 481 [539]), e como o Messias, tanto "ben José" quanto "ben David" (p. 495 [552]), cujo nome é *Emmanuel* (p. 496 [553], "Deus conosco" em hebraico). No entanto, numa ironia dupla que lhe é característica, essas imagens reais e messiânicas que o elevam antes da queda também revelam a verdade sobre ele; e, a fim de encarnar adequadamente essa verdade, ele precisa fazê-lo de maneira modesta e realista, reconhecendo suas próprias fraquezas humanas sem deixar que elas o impeçam de satisfazer sua vocação.

Sua grande fraqueza é o correspondente necessário de um de seus grandes pontos fortes: sua capacidade de penetrar com empatia os sentimentos femininos. Na maternidade, nós o vemos assombrado diante do infortúnio da mulher, e no último capítulo do livro Molly afirma que o motivo que a levara a ele, e que provavelmente também a fizera preferi-lo a Blazes Boylan, fora o fato de ele compreender ou sentir "o que uma mulher é" (p. 782 [838]). Essa capacidade de unir em si tanto os sentimentos masculinos quanto os femininos é o que faz dele "o novo homem feminino" (p. 493 [551]) e o que o torna suscetível à afeminação, que de fato acontece, motivada pela cafetina Bella Cohen (p. 526 ss [580 ss]). Enquanto em geral também abusa dele, ela lhe dá um nome de mulher e o obriga a vestir, como Hércules a serviço de Ônfale, roupas femininas. Porém, por mais que ela lhe diga "Você está fora de combate e não se esqueça disso, cara" (p. 543 [595]), "o homem justo", como Bloom afirmara ao entrar no estabelecimento, "cai sete vezes" (p. 501 [557]), mas também se levanta. Nesse caso, o estampido do botão de sua calça desfaz o feitiço e o lembra de sua masculinidade, ao que ele assume o controle do dinheiro de Stephen e começa seu trabalho como pastor do cordeiro rebelde.

Stephen, enquanto isso, tornava-se um bêbado régio e enfrentava seus próprios demônios. Um deles assume a forma de seu boné – símbolo evidente de seu racionalismo penetrante – e fala com desprezo da possível reconciliação dos lados racional e místico da vida, rejeitando "com melancolia sombria" aqueles mesmos elementos equilibrantes de que Stephen necessitará em seu eventual crescimento: "Ora! É porque é. Razão de mulher. Judeugrego é gregojudeu. Os extremos se encontram. A morte é a forma mais elevada da vida. Ora!" (p. 504 [560]). Para Stephen, é um bom augúrio o fato de ele estar discutindo com seu boné e de o raciocínio usado envolver a ideia de um desenvolvimento em que "o fundamental e o dominante", embora separados, são separados por um "intervalo de quê. É a elipse maior possível. Consistente com. O retorno final". Quando o boné desafia Stephen a continuar com a explicação de sua ideia paradoxal, é significativo que o protagonista exploda: "Deus, o sol, Shakespeare, um caixeiro-viajante, tendo na realidade se atravessado torna-se aquele ser. (...) Ser que ele próprio estava ineluctavelmente precondicionado a se tornar" (p. 505 [560]). Esse é o eco de uma passagem sobre o pensamento de Giovanni Battista Vico encontrada na *Estetica* de Benedetto Croce: "O homem cria o mundo humano, ele o cria transformando a si próprio nos fatos da sociedade: ao pensá-lo, recria suas próprias criações, cruza novamente os caminhos que já havia cruzado, reconstrói idealmente o todo e, assim, o conhece com um conhecimento completo e verdadeiro."[23] É importante que, ao tentar compreender a vida, Stephen recorra, ou ao menos aluda, ao pensamento de Vico, dado que Vico exerceu grande influência sobre o pensamento de Joyce e que a passagem assinala o importante fator viquiano do significado central da obra.

Expondo de maneira sucinta o argumento apresentado por Vico na *Ciência Nova*, o homem é um ente cultural e deve ser compreendido em razão de suas criações culturais – sua linguagem, sua história, sua religião.[24] Todas as culturas se desenvolvem de acordo com um ciclo de três estágios: a era dos deuses, a era dos heróis e a era dos homens, cada qual com sua própria forma de governo e de religião. Esse processo é governado pela Divina Providência, que é considerada, todavia, um princípio racional imanente ao mundo, e não uma

---

[23] Citado em Ellmann, *James Joyce*, p. 351.
[24] *The New Science of Giovanni Battista Vico* (1744). Trad. Thomas Goddard. Ithaca, NY, Cornell University Press, 1948.

vontade que o transcende. Ao final de cada ciclo tem lugar um *ricorso*, um "refluxo" que culmina num período de reflexão que antecede o reinício do processo. A semelhança com a ideia dos três estágios de Joaquim é óbvia, mas temos aqui dois elementos novos. O primeiro é o fato de este ser um modelo cíclico, advindo de um princípio completamente imanente; o outro, o fato de o momento de reflexão oferecer a alguém com os interesses de Joyce a possibilidade de uma visão unificada que abarca todas as três fases do ciclo. Essa é uma das funções da imagística messiânica que Joyce aplica a Bloom. A figura do Messias na tradição une exatamente as três categorias de Vico – a divina, a heroica e a humana – como encarnação de Emanuel, do sacerdote, do rei e do Filho do Homem.

Enquanto Stephen traça o ciclo a partir de Deus e através do sol, de Shakespeare e do caixeiro-viajante, ele se irrita com o que chama de "barulho (...) na rua", o gramofone que toca "A Cidade Sagrada". A expressão, obviamente, recorda-lhe de como, no aposento do sr. Deasy, ele rejeitara Deus por ser "um grito na rua", e essa rejeição é igualmente irônica. Stephen ainda é incapaz de ver nas ruas o verdadeiro Emanuel, mas seu progresso rumo a essa visão se reflete no fato de ele estender o desenrolar de seu Deus não apenas ao artista, Shakespeare, mas também à figura do "caixeiro-viajante", que é o que Bloom na verdade é. Do mesmo modo, é significativo que, depois de terminar sua fala com a exclamação *Ecco!* ("Eis!"), ele ouça vendedores de jornal anunciando a "chegada a salvo do Anticristo" e se vire para ver um Bloom que surge como "Reuben J. Anticristo, judeu errante" que carrega sobre os ombros "um longo croque do gancho do qual pende pelo fundilho das calças a massa debruçada e encharcada de seu filho único, salvo das águas do Liffey" (p. 506 [561]). Stephen não tinha como saber então o que aquela aparição significava, mas ela prenuncia o que está por vir. Isso também acontece com o *non sequitur* da resposta que ele dirige a quem afirma já se passar muito das onze: "O quê, onze horas? Uma charada!" (p 557 [608]).

No entanto, mesmo quando sua salvação se aproxima, Stephen desconfia e tenta se defender dela. Ele se lembra levemente do sonho da noite anterior e reconhece aquela como a localidade em que ele ocorrera – "Estava aqui. Rua das putas. (...) Onde está estendido o tapete vermelho?" (p. 571 [620]) –, mas, ainda preocupado com a rebelião ao ouvir Bloom dizer "Espere. (...) Espere, veja...", ele grita "Dominar meu espírito, será que ele vai?" e começa a afiar "seus talões de abutre" (p. 572 [620]). Quando o pai de Stephen, na forma de um urubu, aparece para aceitar o desafio, o episódio se transforma numa corrida de cavalos em que "um cavalo negro, sem cavaleiro, dispara como um fantasma ultrapassando o poste da vitória" (p. 573 [621]). Antes, porém, que Stephen possa reconhecer a verdadeira identidade do cavalo negro ou o Haroun al Raschid de seu sonho, ele ainda precisa se libertar, ou ao menos abrandar o domínio, dos vários demônios que o mantêm cativo.

Seu pai é um deles, mas ainda mais poderosa – e possivelmente mais destrutiva – é sua mãe. Quando aparece, ela é uma figura "emaciada", vestida "de cinzento morfético com uma coroa de flores de laranjeira murchas e um véu de noiva rasgado, seu rosto gasto e sem nariz, verde de bolor de sepultura" (p. 579 [627]). O simbolismo freudiano do complexo de Édipo é aqui evidente, mas um aspecto ainda mais importante da tentação que ela representa é simbolizado pelo bolor de sepultura. Se é verdade que a "morte é a forma mais elevada da vida", é também verdade que existem tipos diferentes de morte: alguns levam ao renascimento, enquanto outros conduzem apenas ao fim. A mensagem que sua mãe lhe destina é: "Arrependa-se! Ó, o fogo do inferno! (...) Preste atenção à mão de Deus!" (p. 581-82 [629]). O tipo de morte para si a que ela o conclama conduziria Stephen à destruição de sua inteligência individual, e não a uma fruição superior dela. Para defender-se dessa ameaça, ele renova o grito de *Non serviam*, quebra o candelabro com sua bengala e foge do prostíbulo. Em seguida, Bloom recupera a bengala que Stephen abandonara ao fugir, acerta as contas dele com a prostituta e o procura para devolver-lhe o objeto.

Na cena ambientada na rua, Stephen inicia uma briga com alguns soldados por causa de um suposto insulto dirigido à menina Cissey Caffrey. A verdadeira causa do alvoroço, entretanto, parece ser uma explosão extática – "Brancas as tuas mãos, rubra a tua boca / O teu corpo é tão belo e tão delicado" – que representa, na realidade, uma espécie de elogio e um sinal da reconciliação de Stephen com a figura da mulher. Durante o episódio, Eduardo VII aparece "com a auréola do Zombeteiro Jesus" para dizer: "Com poeira nos olhos faço os cegos ver. / Meu método novo é de surpreender" (p. 591 [637]) – um anúncio da iminente libertação de Stephen das amarras do racionalismo. Quando Bloom se vale da ajuda de Corny Kelleher, amigo que está de passagem, para explicar a situação a um guarda, Kelleher diz que Stephen "ganhou um pouco nas corridas. Grande Prêmio. Jogarfora. (...) Vinte a um" (p. 604 [648]). Stephen de fato ganhara, mas de outra forma.

Quando todos partem, Bloom permanece para supervisionar Stephen, que está deitado no chão e talvez tenha, realmente, alguma poeira nos olhos. A princípio, ele "mantém-se em pé irresoluto", mas em seguida tenta incitar Stephen gritando seu nome: "Ei! Ho! (...) Sr. Dedalus! (...) Stephen! (...) Stephen!" (p. 608 [652]). Ao ouvir aquilo, Stephen pergunta "Quem?" e, depois, murmura algo sobre uma "pantera negra". No momento, ele não está em condições de erguer-se. Enquanto Bloom o supervisiona, ele vê surgir lentamente, "de encontro ao muro escuro (...), um menino encantado de onze anos, uma criança trocada ao nascer" (p. 609 [653]), e então sussurra, "maravilhado": "Rudy!"

Por fim, Bloom consegue afastar Stephen e ajudá-lo a erguer-se "de forma samaritana ortodoxa" (p. 613 [657]). Em seguida, ele o conduz até o abrigo do taxista e o convence, após algumas adulações, a tomar um gole de café. É só aos poucos que Stephen percebe e passa a admirar a bondade de Bloom, mas ainda assim o gole de café representa o começo de uma comunhão que se desdobra lentamente ao longo da próxima hora. Enquanto conversam por sobre o café, Bloom relata, com alguns retoques, como brigara com o cidadão e como declarara que "Cristo (...) também era um judeu como eu assim como toda a sua família" (p. 643 [689]). Recebendo, em seguida, "um longo olhar (...) de súplica", Stephen reage a isso murmurando: "*Christus* ou Bloom seu nome ou qualquer outro é afinal de contas, *secundum carnem*". O fato de ele pronunciar isso "com uma entonação evasiva" mostra com que cautela Stephen cogita entregar-se completamente à comunhão a que Bloom lhe convida, mas também expressa seu reconhecimento dessa metempsicose carnal da figura do Messias; com isso, ele coloca ao menos um dos pés além do limiar da "nova Bloomusalem" (p. 484 [543]).

A comunhão de Stephen é arrematada no capítulo seguinte, em que ele segue um "caminho paralelo" (p. 666 [715]), vai para a casa de Bloom e aceita com enorme apreço a oferta de chocolate de seu anfitrião:

> Teve seu conviva consciência e reconheceu estes sinais de hospitalidade?
>
> Sua atenção foi jocosamente dirigida a eles pelo seu anfitrião, e ele os aceitou seriamente enquanto bebiam num silêncio jocoso-sério o produto Epp's, o chocolate do ser vivo. (p. 677 [726])

Ainda assim, embora momentaneamente unidos como "Stoom" e "Blephen" (p. 682 [731]), os dois não deixam de ser indivíduos isolados, e Stephen ainda precisa buscar um caminho para sua vida. Como consequência, ele rejeita "prontamente, inexplicavelmente, com amistosidade, gratamente" (p. 695 [745]) a cama que Bloom lhe oferece para passar a noite e, implicitamente, o "prolongamento de uma tal improvisação".

Em seguida, Bloom ilumina o caminho que conduz Stephen até o jardim, onde ambos são confrontados pelo espetáculo da "árvorecéu de estrelas [que] pairava com o fruto úmido da noite-azul" (p. 698 [747]). Ao apontar para a janela luminosa de sua esposa – "com alusões verbais ou afirmações diretas e indiretas: com afeição e admiração moderadas: com descrição: com impedimento: com sugestão" –, ele termina de revelar a Stephen o sentido da vida e seu próprio papel como profeta e sacerdote, elucidando, assim, "o mistério de uma pessoa atraente invisível, sua mulher Marion (Molly) Bloom, assinalado por um sinal visível esplêndido, uma lâmpada" (p. 702 [751]). Bloom é um dos aspectos daquele "quem" prenunciado pelo "Você vai ver quem" do sonho de Stephen (p. 47 [76]), sendo ela o outro. Bloom é a flor da vida, mas, de acordo com os testemunhos dele, com os testemunhos dela e com seu monólogo do capítulo seguinte, também aquela mulher o é: "(...) ele disse que eu era uma flor da montanha sim assim somos todas flores todo corpo de uma mulher sim" (p. 782 [838]). Bloom une em si os polos masculino e feminino da humanidade, mas jamais estaria completo sem sua "afeição e admiração" pela encarnação do feminino em sua congênere. Ao indicá-la a Stephen e revelar-lhe o amor que sente por ela, ele mostra o caminho pelo qual seu companheiro poderá prestar semelhante deferência "sem vergonha ou malícia" (*Retrato*, p. 171 [182]), satisfazendo, assim, na vida encarnada, a esperança que lhe fora apresentada na visão da menina vadeadora. A associação de Molly com a "série inconstante de círculos concêntricos de várias gradações de luz e sombra" (p. 736 [786]), produzida pelo reflexo de sua lâmpada no teto, também a vincula à imagem da flor carmesim e rosácea em que culminara aquela antiga visão.[25] Nesse momento, Stephen pode não fazer nenhuma ligação consciente entre essa visão e a visão anterior, mas que ele compreende e partilha do apreço pelo mistério que Bloom assinala é algo que fica claro a

---

[25] Talvez seja digno de nota o fato de o dia do aniversário de Molly, 8 de setembro (p. 720 [785]), coincidir com o dia da festa da Natividade da Virgem Maria.

partir do olhar trocado por ambos: "Silenciosos, cada um contemplando o outro em ambos os espelhos da carne recíproca delesdelenãodesta carasdehomem" (p. 702 [752]).

Então, após uma urinação conjunta, o "centrípeto que permanecia" abre o portão do jardim para Stephen, "centrífugo que partia" e de quem não se tem mais notícias.

Isso faz que o leitor deseje saber o que acontecerá nos dias que se seguem: Stephen regressará para dar aulas de italiano a Molly? Para travar a "série de diálogos intelectuais estáticos, semiestáticos e peripatéticos" que ele e Bloom haviam discutido (p. 696 [745])? Ou seguirá ele seu próprio caminho, escrevendo livros como *Ulisses*?[26] Tentar responder a perguntas assim, porém, seria apenas fingir que Joyce não terminara o romance na última página, do mesmo modo como encarar essas questões com demasiada seriedade seria fugir ao propósito do livro que ele escreveu. De importância, temos apenas o fato de que Bloom levou "luz para os gentios" (p. 676 [725]) e de que Stephen vislumbrou uma glória paradoxal; questão relevante é somente a do que esse gentio em particular fará com a obscura iluminação que leva consigo. Como o livro de fato termina no fim, não pode haver qualquer resposta detalhada à pergunta que questiona o que acontecerá em seguida, mas de acordo com os ritmos da vida que a obra desvela podemos predizer, tomando de empréstimo a linguagem do capítulo em que Stephen parte, que teremos lamentavelmente, embora perdoável e inelutavelmente, um anticlímax. No entanto, o homem justo cai sete vezes – talvez setenta vezes sete – e, em cada ocasião, ergue-se de novo, e pode ser que Stephen, no final das contas, seja um homem justo. De alguma maneira, ele carrega consigo uma compreensão – que não é apenas intelectual – do que esse homem é, do que ele ama e de como o faz.

---

[26] Ellmann, *Ulysses on the Liffey*, p. 159-62, discute várias abordagens ao final de *Ulisses*.

Diante de tudo o que foi exposto, fica claro que *Ulisses* expressa um forte senso do sagrado. Reconhecemos que, na obra, existem outras formas imagísticas que fomos levados a omitir, mas é inquestionável o predomínio dessas imagens sacras tradicionais que rastreamos; elas perpassam o livro e aparecem com frequência singular nos trechos culminantes, exercendo importante influência sobre o tom no qual são representados os valores que a obra julga supremos.[27] Não obstante, resta-nos ainda uma série de perguntas. Tudo isso significaria, por exemplo, que Joyce desenvolveu uma perspectiva religiosa alternativa à perspectiva cristã que ele rejeitara? Em caso afirmativo, que tipo de perspectiva seria essa? Ela tem uma estrutura conceitual clara, ou é sobretudo afetiva? Se, como parece ser o caso da discussão precedente, o conceito joyceano de divindade – na medida em que ele possui um – é exclusivamente imamentista, o que dizer do elemento de transcendência que se faz sempre necessário a qualquer sentimento do sagrado? A fim de esclarecer essas questões e encarar ao menos algumas respostas, será necessário tomá-las uma a uma.

Primeiro, examinemos o problema conceitual: que ideia ou ideias acerca da estrutura do ser estão implícitas nas obras de Joyce? Para escrever um livro, nenhum autor precisa ter noções claras sobre esse tema, ainda que sua obra seja algo como o *Retrato do Artista* ou *Ulisses*. Joyce, porém, era mais instruído do que o escritor mediano nas áreas de teologia e filosofia, e, ainda que não tenha respostas

---

[27] Talvez valha a pena mencionar que um dos paralelos míticos que não discuti neste capítulo é aquele que se estabelece entre Stephen e Cristo. Há numerosas ligações entre ambos, como as representadas pelas imagens do Domingo de Ramos, no episódio de Éolo, e pelas referências à paixão, no episódio de Circe. Ao trabalhar meu tema, não as debati porque, embora os paralelos entre Bloom e Cristo tenham um significado positivo, os paralelos entre Stephen e Cristo tendem a ser negativamente irônicos: Stephen gosta de se comparar a várias figuras heroicas, mas tal comparação geralmente acaba por reduzi-lo, a exemplo do que se dá no episódio do *Retrato* a que nos referimos antes e em que Stephen concebe a si mesmo como Dédalo, quando, na verdade, mais parece Ícaro.

definitivas, ao menos parece compreender com clareza a forma do problema. Como já pude afirmar, ele dizia ler uma página de Tomás de Aquino por dia, tendo lido também Bruno, Vico e muitos outros que ponderaram sobre questões semelhantes. Além disso, Joyce se interessava profundamente pelo problema. Em carta de novembro de 1902, ele escreveu: "Tudo é inconstante, exceto a fé da alma, que muda todas as coisas e enche de luz a sua inconstância. E, embora pareça ter sido expulso de meu país como herege, jamais vim a encontrar homem com fé igual à minha."[28] Essa fé obviamente não é a mesma do cristianismo tradicional para o qual ele é um "herege", como também não precisa envolver necessariamente uma crença alternativa e inabalável. Contudo, o tom de Joyce expressa preocupação, o desejo de que ao menos exista algo em que valha a pena crer. A carta mencionada data do início da carreira do autor, então é curioso que, quando essa mesma carreira já se aproxima de seu fim, seu amigo Louis Gillet o descreva como alguém que ainda se interessa por questões relacionadas a crenças e divindades:

> Nos últimos anos, ele se mostrou bastante ocupado com certo padre jesuíta. (...) Joyce o ouvira (...) numa curiosíssima aula de fonética e linguística comparada, e essas novas ideias (...) pareceram-lhe extremamente ousadas. Segundo o clérigo, todas as línguas constituem um sistema da Revelação, e a história de cada uma no mundo é a história do Logos, a história do Espírito Santo. (...) Tem-se a sensação (...) de que essa fala ofereceu a Joyce material para longos devaneios.[29]

O "ousado" ponto de vista exposto pelo sacerdote parece, se não panteísta, ao menos facilmente assimilável a essa perspectiva; desse modo, se Joyce tinha ou desejava – como parece ter acontecido – uma crença definitiva, essa crença provavelmente se alinhava à visão

---

[28] *Letters*, v. 1, p. 53.

[29] Louis Gillet, *Claybook for James Joyce*. Trad. Georges Markow-Totevy. Londres, Abelard-Schuman, 1958, p. 113.

panteística de Bruno, para a qual o universo é uma revelação ou o desdobramento de um Logos ou de um Espírito Santo imanentes. Tradicionalmente, o Logos é associado ao Filho, e não ao Espírito Santo, mas a perspectiva panteística – uma vez que recorria aos termos e às imagens tradicionais – assimilava todas as pessoas da Trindade ortodoxa à terceira.

No que diz respeito, porém, às crenças de Joyce, é válido ter em mente que ele leu e se deixou impressionar pela filosofia cética de David Hume.[30] Se Aristóteles era o "mestre daqueles que sabem", o Hume de Joyce era, nas palavras de Richard Ellmann, o mestre daqueles que não sabem.[31] Joyce pode ter julgado atraente a alternativa panteísta, mas conhecia e respeitava ambos os lados da questão. Em *The Workshop of Daedalus*, Robert Scholes e Richard M. Kain contrastam o "ceticismo tolerante" do autor com o "ateísmo militante" de seu irmão Stanislaus;[32] no entanto, seria necessário contrastá-lo também com qualquer forma de crença capaz de ser definitiva o suficiente para tornar-se militante, incluindo aí o panteísmo. Ellmann sugeriu que, em *Ulisses*, a arbitrariedade e o traço labiríntico do episódio das Rochas Ondulantes representam a tentativa de dar valor ao caos através da inserção de um "princípio de incerteza" na estrutura do livro.[33] Se for esse o caso, provavelmente temos aí um reflexo da existência desse mesmo princípio como um dos elementos profundamente arraigados na mente de Joyce.

O que podemos dizer, porém, da obra? Se ambos os pontos de vista estão nela representados – o de Bruno e o de Hume –, estariam eles em perfeito equilíbrio, ou o livro tende mais a um do que a

---

[30] Ellmann, *Ulysses on the Liffey*, p. 93-96.

[31] Ibidem, p. 95.

[32] Robert M. Scholes e Richard M. Kain, *The Workshop of Daedalus: James Joyce and the Raw Materials for* A Portrait of the Artist as a Young Man. Evanston, Illinois, Northwestern University Press, 1965, p. 75.

[33] Ellmann, *Ulysses on the Liffey*, p. 92.

outro? Em linhas gerais, a maneira pela qual a obra é construída dá a impressão de que ela está mais inclinada à perspectiva de Bruno; seu simbolismo obscuro e suas complexas correspondências míticas – não apenas com Odisseu, mas também com Moisés, Elias, Cristo, entre outros – estabelecem um modelo de analogias que une aquilo que de outra forma pareceria um universo incoerente, transformando-o num todo quase orgânico que parece justificar a expressão "a alma obscura do mundo".

No entanto, se o mundo de fato parece trazer consigo o tipo de princípio unitário capaz de ser chamado de alma, essa alma ainda assim é obscura. Ela jamais se torna visível com muita clareza, uma vez que a paralaxe acomete todos os personagens, incluindo aqueles que mais bem representam essa vida anímica. Além disso, como são pouquíssimos aqueles que representam essa alma de modo adequado, ela não parece ser muito substancial. Temos quase a impressão de que essa alma só é real no momento em que alguém como Bloom vive a própria vida. No resto do tempo talvez tenhamos apenas fluxo e refluxo no seio do caos.

De todo modo, qualquer que seja a resposta a essa questão – questão que, vinculada à epifania de Stephen, o *Retrato* exprime como "um mundo, um vislumbre, uma flor?" –, o universo dos livros de Joyce volta e meia se desdobra rumo a um ideal que representaria a sua própria alma, chegando até mesmo a alcançá-lo ocasionalmente numa flor encarnada como Leopold Bloom.

Ao menos isso é claramente certo no contexto do livro, podendo servir como ponto de partida para respondermos à questão da estrutura do senso do sagrado que o livro comunica de maneira tão eficaz. O amor, tal como o vive na carne um personagem como Bloom, nos é apresentado como um valor supremo: Joyce arregimenta uma grande variedade de imagens sacras tradicionais para revesti-lo de esplendor e, assim, imprimi-lo em nossas mentes e corações como uma glória que, apesar da carnalidade e do abatimento de sua secularidade, continua sendo um *mysterium tremendum et fascinans*. Sua existência pode ser completamente imanente na secularidade, mas, do ponto de vista de nossa experiência, sua própria efemeridade e fragilidade lhe concede um caráter transcendental. Ele se manifesta a nós como um chamado à consciência, como um ideal que deve ser satisfeito e, como tal, transcende pelo menos as nossas capacidades mais ordinárias. O filósofo Martin Heidegger, cujo ponto de vista relacionado à ontologia enfatizou a imanência do ser do mesmo modo como Joyce o fez, afirmou que, embora possa ser adequadamente compreendido como um apelo simples de nossa verdadeira individualidade, o clamor à consciência é experimentado como um chamado que vem de fora, pois durante a maior parte de nossa vida nós vivemos tão distantes da autêntica individualidade que nada poderia nos soar mais estranho.[34] Em *Ulisses*, Joyce faz com que ele pareça estranho exatamente dessa forma – estranho e belo.

---

[34] Martin Heidegger, *Being and Time* [Ser e Tempo]. Trad. John Macquerrie e E. S. Robinson. Evanston, NY, Harper and Row, 1962; Londres, SCM Press, 1962, p. 319 ss.

Capítulo 6

A PERIGOSA VIAGEM RUMO À TOTALIDADE EM THOMAS MANN

A Montanha Mágica é, de acordo com a descrição de seu próprio autor, "um romance de iniciação".[1] A iniciação é um processo de amadurecimento espiritual que consiste numa série de experiências pelas quais o indivíduo toma conhecimento dos mistérios fundamentais da vida. O enredo do romance é visivelmente trivial – a estada de sete anos de um jovem vindo de Hamburgo num sanatório suíço para tuberculosos –, mas, ao longo de seu desenvolvimento, o protagonista Hans Castorp penetra regiões da experiência interior que raramente são vislumbradas por quem vive naquilo que o romance chama de "a planície". Segundo Mircea Eliade, o processo de iniciação "geralmente abrange uma revelação tripartite: a revelação do sagrado, da morte e da sexualidade".[2] Em seus sete anos de "inventariação" no Sanatório Internacional Berghof, Hans conhece intimamente todas as três e descobre como dar conta dos desafios impostos por cada uma.

O ponto de partida da jornada espiritual de Hans é o mundo dessacralizado do final do século XIX, um mundo materialmente próspero, mas espiritualmente subnutrido. Hans é um membro típico, ou até

---

[1] "The Making of *The Magic Mountain*". In: Thomas Mann, *The Magic Mountain*. Trad. H. T. Lowe-Porter. Nova York, Alfred A. Knopf, 1944, p. 727.

[2] *The Sacred and the Profane*, p. 188.

mesmo arquetípico, desse mundo, e a fraqueza interior que dá origem a seu retiro meditativo é na verdade uma espécie de cova redentora que a vida impõe a alguém que está longe de ser especial, mas que é representativo até mesmo ao ponto da mediocridade:

> O homem não vive somente a sua vida individual; consciente ou inconscientemente participa também da vida de sua época e de seus contemporâneos (...); mas, quando o elemento impessoal que o rodeia, quando o próprio tempo, não obstante toda a agitação exterior, carece no fundo de esperanças e perspectivas, quando se lhe revela como desesperador, desorientado e falto de saída, e responde com um silêncio vazio à pergunta (...) pelo sentido supremo, ultrapessoal e absoluto, de toda atividade e todo esforço – então será inevitável (...) o efeito paralisador desse estado de coisas, e esse efeito será capaz de ir além do domínio da alma e da moral, e de afetar a própria parte física e orgânica do indivíduo. Para um homem se dispor a empreender uma obra que ultrapassa a medida das absolutas necessidades, sem que a época saiba uma resposta satisfatória à pergunta "Para quê?", é indispensável ou um isolamento moral e uma independência, como raras vezes se encontram e têm um quê heroico, ou então uma vitalidade muito robusta. Hans Castorp não tinha nem uma nem outra dessas qualidades, e portanto deve ser considerado medíocre, posto que num sentido inteiramente decoroso. (p. 32)[3]

O mundo descrito pelo romance é um mundo que perdeu as raízes na tradição religiosa que, outrora, lhe oferecia ao menos respostas incompletas acerca do sentido da vida do homem. Em grande parte, os vestígios remanescentes dessa tradição estão ou completamente secularizados ou espiritualmente moribundos. Quando Hans se prepara para comer, por exemplo, ele esfrega uma mão na outra

---

[3] As páginas indicadas referem-se à edição da *Montanha Mágica* mencionada na nota 1 deste capítulo. [Edição brasileira: *A Montanha Mágica*. Trad. Herbert Caro. Rio de Janeiro, Nova Fronteira, 2000, p. 47-48. Sempre que o autor indicar as páginas de sua edição, colocaremos entre colchetes as páginas do volume brasileiro utilizado. (N. T.)]

"como era seu hábito ao sentar-se à mesa, talvez porque seus antepassados costumassem rezar antes de tomar a sopa" (p. 13 [23]); e, embora tanto os hóspedes quanto a direção do sanatório se esforçassem ao máximo para "dignificar e distinguir o domingo" (p. 110 [152]), eles só o fazem por meio de pratos especiais, de apresentações musicais e de outras formas festivas puramente seculares: "(...) o médico-chefe [dr. Behrens], em homenagem ao domingo, exibia ao sexo forte o seu truque dos cordões de botina" (p. 112 [155]). Mesmo onde a religião tradicional ainda vive, ela em geral se mostra definhada – como no caso da enfermeira que "era evidentemente uma irmã protestante, sem verdadeira dedicação ao ofício, curiosa e irritada de tanto tédio que pesava sobre ela" (p. 10 [19]) – ou pervertida, como no caso tanto do sr. Naphta, o terrorista jesuíta, quanto do miserável sr. Wehsal, com seu pietismo lúgubre e seu fascínio por instrumentos de tortura.

É relevante que sejam a bacia e a bandeja batismal de sua família – instrumentos de iniciação – os elementos da velha tradição que significam algo ao Hans dos tempos de criança, tal como o fato de o intérprete desse significado ser o avô do protagonista, sujeito que parecia estrangeiro no mundo moderno, sendo "homem profundamente cristão, membro da Igreja Reformista" (p. 23 [36]) e alguém desconfiado dos "ímpios" progressos econômicos (p. 24 [36]). A Hans, o verdadeiro eu do avô só parecia transparecer quando ele trajava o hábito cerimonial de seu ofício como vereador – "trajes dos cidadãos austeros e até piedosos de uma era desaparecida" (p. 25 [38]): capa negra, punhos de renda, rufos engomados e "o tradicional chapéu de aba larga". A bacia e a bandeja não cumprem mais adequadamente a sua função, e assim a verdadeira iniciação de Hans acaba por ser feita de um modo que pareceria altamente questionável ao seu piedoso avô. Aderir a uma tradição religiosa que não mais satisfaz seu objetivo seria um erro capaz de impedir uma experiência religiosa autêntica e válida no presente – o tipo de erro cometido pelos pais de

Potifar em *José e Seus Irmãos*,[4] obra posterior de Mann –, e por isso Hans precisa deixar esses elementos de seu passado na planície, com o restante de sua vida pregressa. No entanto, o fascínio infantil pelo que aqueles objetos representavam é ao menos um sinal de sua aptidão para a iniciação genuína, podendo até mesmo exercer influência sobre sua receptividade posterior a ela. Eles remetiam a uma tradição que o vinculava aos mistérios religiosos e a uma perspectiva diferente daquela do materialismo burguês. Enquanto ele ouvia o avô falar sobre seus bis, tris, tetravós etc., aquele som parecia lhe reverberar nas profundezas do tempo, num efeito sonoro que infelizmente se perdeu na tradução para a língua inglesa – o alemão é "Ur-Ur-Ur--Ur":[5] "sons obscuros de tumba e de tempos soterrados, que todavia expressavam uma ligação piedosamente mantida entre o presente – a sua própria vida – e aquele mundo submerso" (p. 22 [34]). Poderia ser até mesmo para ouvir esse som, diz o narrador, que Hans tantas vezes pedia para ver a bacia; e, quando enfim o escutava, "sensações devotas mesclavam-se com a ideia da morte e da história".

Como essa tradição deixou de funcionar direito, e como não há qualquer outra que possa assumir seu lugar, Hans precisa se submeter à iniciação de sete anos sem as diretrizes e o amparo normalmente proporcionados pela tradição religiosa, o que torna sua aventura mais perigosa do que de costume. Se a experiência deve ser necessariamente vital, os riscos que um iniciado deve enfrentar nunca são *apenas* simbólicos, mas a tradição religiosa da iniciação tem como uma de suas funções controlá-los e, em alguma medida, substituí--los por perigos metafóricos, para que o iniciado possa se proteger

---

[4] Ver *Joseph and His Brothers*. Trad. H. T. Lowe-Porter. Nova York, Alfred A. Knopf, 1948, p. 582 ss. Em seu "Einführung in den Zauberberg für Studenten der Universität Princeton", *Der Zauberberg* (Berlim, S. Fischer Verlag, 1954), p. xv, Mann afirmou que *A Montanha Mágica* é mais bem compreendida quando lida, mais do que em relação às suas outras obras, em relação aos romances de José.

[5] *Der Zauberberg*, p. 33.

da verdadeira morte física ou da completa desintegração psicológica. Deixado por conta própria, ele teria de enfrentá-los mais ou menos no escuro, e o resultado bem-sucedido do processo não seria nada mais do que uma questão de sorte. O próprio Hans afirma, na parte final do livro, que foi "o acaso – dize que foi o acaso –" o que o conduziu por esse caminho de "pedagogia alquimístico-hermética (...) rumo ao mais sublime" (p. 596 [818]) – embora talvez pudéssemos dizer que ele também tivera a abrangente orientação do *genius loci*, do espírito da montanha mágica, da vida que lhe envia uma série de armadilhas, epifanias e pedagogos: muitas vezes, fala-se dele como uma *Sorgenkind des Lebens*, expressão que sugere não apenas que ele *necessita* de cuidados – sua tradução é "delicada criança da vida" –, mas também que a vida de fato o nutre e acalenta por meio da doença que pauta seu processo de renascimento.

No ensaio "The Making of *The Magic Mountain*" [A Criação da *Montanha Mágica*], Mann mostrou-se favorável àquela visão crítica do livro que o vê como um paralelo moderno à busca do Santo Graal, vinculando "as provações aterradoras e misteriosas" da Capela Perigosa aos ritos de iniciação.[6] Na lenda do Graal, um "tolo ingênuo" chega, por meio de uma série de acidentes providenciais que engloba pecados, à recuperação do símbolo da saúde, da completude e da santidade – três termos que estão etimológica e conceitualmente relacionados e que são capazes de livrar tanto a terra desolada quanto a comunidade de cavaleiros do Graal da doença espiritual e física em que definham. Mann afirmou que, embora não tivesse essa correspondência em mente ao escrever o livro – "(...) era, ao mesmo tempo, algo maior e menor que o pensamento" –, ele mesmo não passava de um "tolo ingênuo (...) guiado por uma tradição misteriosa"; além

---

[6] Mann referia-se à inédita tese de doutorado de Howard Nemerov, *The Quester Hero: Myth as Universal Symbol in the Works of Thomas Mann* (Harvard, 1940). Todas as citações seguintes de "The Making of *The Magic Mountain*" se encontram em *The Magic Mountain*, p. 728-29.

disso, "não apenas o tolo herói, mas o próprio livro" buscava aquilo que o Graal representa: "a ideia do ser humano, a concepção de uma humanidade futura que suportou e sobreviveu ao conhecimento mais profundo da doença e da morte." Mann não chegou a definir qualquer objetivo além desse, mas o livro deixa claro, e de formas que exigem certa investigação, que o homem completo produzido por essa busca ou por essa iniciação é uma *coincidentia oppositorum* consciente, unindo em si, num equilíbrio harmônico, todos os contrários que compõem a vida e, assim, elevam-na a um plano sagrado proporcional à "reverência diante do mistério humano" – reverência da qual, segundo Mann, toda a humanidade depende.

Além da analogia com a procura do Graal, temos ainda, na *Montanha Mágica*, outra série de paralelos místicos – com Odisseu, por exemplo, mas também com Eneias e Dante. Um que me parece particularmente esclarecedor, mas que, até onde sei, ainda não foi discutido por nenhum crítico, é aquele estabelecido com Édipo. Desde o desenvolvimento da teoria do complexo de Édipo por Freud, os críticos têm se mostrado tão interessados no aspecto psicanalítico da história que tendem a não dar muita atenção aos seus outros traços. Ela, porém, está longe de se reduzir à psicanálise, e sua estrutura mais abrangente se aplica à história de Hans Castorp de várias formas diferentes e interessantes.

Na mesma fala em que Hans diz a Clawdia Chauchat, mulher pela qual permanece apaixonado ao longo de quase toda a estada na montanha, que fora o "acaso" (*Zufall*) aquilo que o levara "muito alto, até essas regiões geniais", ele também lhe diz que existem dois caminhos para a vida (de maneira significativa, não dois caminhos *na* vida, mas *para* a vida [*zum Leben*]): "(...) um é o caminho ordinário, direto e honrado; o outro é mau, passa pela morte, e este é o caminho genial" (p. 596 [819]). Em "The Making of *The Magic Mountain*", Mann citou esse trecho e identificou o segundo caminho com o caminho de iniciação que Hans atravessa. No original alemão, a expressão final é *der geniale Weg*.⁷ A tradução que no ensaio o próprio Mann propõe para ela é "o caminho do gênio",⁸ versão que, se comparada com a da sra. Lowe-Porter ["caminho espiritual"], provavelmente faz transparecer um pouco mais que esse é um caminho de inspiração no qual se está sujeito a forças sobre-humanas – talvez divinas, talvez demoníacas.

No *Édipo em Colono*, de Sófocles, Édipo também fala de dois caminhos. O primeiro é aquele da "realeza", o caminho honrado da razão, do autocontrole e da honestidade representado por Teseu, a quem Édipo descreve como "homem que não traz consigo qualquer mancha do mal"⁹ e a quem ele, corrompido como se encontra, não se sente apto a tocar; o segundo é o do próprio Édipo, no qual "o sofrimento e o tempo, / vasto tempo",¹⁰ são os guias e o conduzem por meio do mal a uma eventual apoteose. Em relação ao que Hans diz acerca da própria carreira, é igualmente interessante o fato de também Édipo falar (em *Édipo Rei*) do acaso (Τύχη) como força que conduz sua vida: "(...) descrevo-me como filho da Fortuna, a benevolente fortuna. (...) Ela é a mãe de que provenho; os meses, meus irmãos, a mim marcaram quando pequeno e novamente agora, quando poderoso."¹¹ De fato, o destino de Édipo provém de diversas fontes, todas podendo ser chamadas de mãe à sua maneira – Tique, Jocasta e a Esfinge.

Como Parsifal e Hans Castorp, também Édipo é uma espécie de "tolo ingênuo" que depara seu destino por meio de uma ousadia

---

⁷ *Zauberberg*, p. 849.

⁸ *Magic Mountain*, p. 727.

⁹ Sófocles, *Oedipus at Colonus*. Trad. Robert Fitzgerald. In: *Sophocles I*. Chicago, University of Chicago Press, 1964, vv. 8, 1134-35.

¹⁰ Ibidem, vv. 6-7.

¹¹ *Oedipus the King*. Trad. David Greene. In: *Sophocles I*, vv. 1080-84. Cf. o discurso de Jocasta nos versos 977-78: "Por que deve o homem temer quando o acaso [Τύχη] está, de todo modo, / a seu favor e ele claramente não pode prever nada?"

bem-intencionada, mas insensata. Em determinado momento, acusando-o de ser incapaz de responder ao enigma da Esfinge, ele ridiculariza o profeta Tirésias e se vangloria: "Eu solucionei o enigma valendo-me apenas de minha inteligência";[12] no entanto, como Tirésias é claramente representado como um verdadeiro vidente, é bem provável que seu silêncio diante do enigma fosse fruto de sua prudência, e não de ignorância. Tradicionalmente, dizem que o enigma solucionado por Édipo foi: "Que criatura tem quatro pernas de manhã, duas ao meio-dia e três à noite?" Essa é uma descrição do ciclo da vida humana, no qual a estatura máxima do homem é logo sucedida por uma queda. Quando Édipo soluciona a charada, a Esfinge, suicidando-se, concede-lhe a vida descrita pelo enigma e, em certo sentido, transforma-se na mãe da vida espiritual que ele leva como rei, como violador de sua mãe física e como pária. Por meio do que podemos chamar de "tolice", Édipo soluciona o enigma e experimenta a vida humana em sua totalidade, ultrapassando as alturas alcançadas por outros homens e descendo a profundezas que estão igualmente além do ordinário.

A questão do que a Esfinge representa na lenda é bastante complexa. Sófocles não descreve nem ela, nem seu encontro com Édipo, fazendo tão somente alusão a algo que é de conhecimento prévio da plateia. Originalmente, a Esfinge era uma figura da mitologia egípcia que ostentava uma cabeça humana e um corpo de leão, representando provavelmente o rei. Ela foi assimilada muito cedo pela mitologia grega, que fez dela uma imagem feminina. Sua mãe supostamente foi Equidna (palavra grega para "víbora"), figura metade mulher, metade serpente. Diferentes versões explicam a linhagem de Equidna, mas uma que, se relacionada ao uso que Mann dá ao símbolo da Esfinge na *Montanha Mágica*, se mostra particularmente interessante é aquela que a representa como filha de Gaia e Tártaro,

---

[12] Ibidem, v. 398.

isto é, da terra e do submundo. Equidna teria se unido a seu irmão Tifão para dar origem à Esfinge,[13] que nesse caso seria claramente um símbolo da autoctonia, do nascimento da vida a partir das profundezas da natureza. Parte animal e parte humana, a Esfinge representaria aquele lado do homem que ainda tem vínculos com sua fonte sub-racional e, por meio de seu aspecto ameaçador, representaria também o risco que o homem corre de ser engolido mais uma vez pela escuridão da qual ele, talvez apenas em parte, emergira. Recentemente, Claude Lévi-Strauss interpretou todo o mito de Édipo de maneira semelhante, referindo-se a ele como uma "tentativa de escapar da autoctonia" e demonstrando "a impossibilidade de ser bem-sucedido nessa tarefa".[14] A claudicância de Édipo – que dá origem a seu nome ("pés inchados") – é, segundo Lévi-Strauss, símbolo disso: sua exposição no monte Citerão com os pés pregados no solo representa o afastamento perfeito – dele e do homem – de sua origem na terra.

---

[13] Carl Jung utilizou uma genealogia semelhante em sua interpretação do símbolo da Esfinge na mitologia. Cf. Jung, *Symbols of Transformation: An Analysis of the Prelude to a Case of Schizophrenia*. Trad. R. F. C. Hull. Nova York, Pantheon Books, 1956, p. 182: "A genealogia da Esfinge possui múltiplas ligações com o problema aqui abordado: ela era filha de Equidna, monstro cuja metade superior era a de uma bela donzela e a inferior, de uma repugnante serpente. Esse ser duplo corresponde à imago materna: na parte superior, a adorável e atraente metade humana; na inferior, a terrível metade animalesca, transformada em animal medonho pela proibição do incesto. Equidna nasceu da mãe de todos, a mãe terra, Gaia, que a concebeu de Tártaro, personificação do submundo. A própria Equidna era a mãe de todos os terrores, da Quimera, de Cila, da Górgona. (...) Um de seus filhos era Ortros, cão do monstro Gerião abatido por Hércules. Com esse cão, seu próprio filho, Equidna produziu incestuosamente a Esfinge. Está claro que um fato dessa magnitude não pode ser desfeito com a mera solução de um enigma infantil. O enigma era, na verdade, a armadilha que a Esfinge preparava para o errante descuidado. (...) O enigma da Esfinge era ela mesma: a terrível imago materna que Édipo não tomaria como advertência."

[14] *Structural Anthropology*. Trad. Claire Jacobson e Brooke Grundfest. Nova York, Basic Books, 1963, p. 216.

Se levarmos essa linha de interpretação adiante e, assim, seguirmos uma direção capaz de esclarecer o recorrente uso do tema do incesto em muitas obras de Mann,[15] a união incestuosa de Édipo com Jocasta, sua mãe física, torna-se um paralelo ou um microcosmo de sua relação com as outras fontes de sua vida, a Esfinge e a terra – tal como se daria com a semelhante origem da Esfinge a partir das uniões incestuosas de Equidna com Ortros e Tifão e, em última análise, da terra com suas próprias profundezas.

Mann não tinha uma metafísica ou uma cosmogonia cautelosamente desenvolvida, mas aquela que ainda assim possuía tendia ao monismo autóctone que poderíamos esperar de sua leitura do mito de Édipo. Se interpretada à luz dessa teoria, a relação da consciência espiritual do homem com a natureza da qual ele nasce se torna uma relação que poderia ser corretamente vista como uma união incestuosa da vida consigo mesma. Um pouco dessa maneira de pensar pode ser vislumbrado na descrição do relacionamento entre o homem e a natureza que Mann incluiu num ensaio sobre sua filosofia pessoal publicado em *I Believe*, volume organizado por Clifton Fadiman:

> Por acaso falei demais ao dizer que o ser humano é um grande mistério? De onde vem ele? O ser humano nasce da natureza, da natureza animal, comportando-se inequivocamente de acordo com sua espécie. Nele, porém, a natureza torna-se ciente de si. Ela parece ter-lhe dado origem não apenas para fazer dele senhor da própria existência – e essa é apenas uma expressão que indica algo cujo significado é muito mais profundo. Nele ela se abre ao espiritual; ela se questiona, se admira e se julga nele, como se estivesse num ser que, de uma só vez, é ela própria

---

[15] O tema aparece, por exemplo, na união entre o irmão e a irmã de "O Sangue dos Walsungs"; na união entre Huia e Tuia, também irmãos, em *José no Egito*; na fantasiosa relação de Adrian Leverkühn com sua "irmãzinha" sereia, em *Doutor Fausto*; nas uniões entre irmão e irmã e mãe e filho em *O Santo Pecador*; e no fascínio de Felix Krull pelo casal de irmãos que vê em Frankfurt.

e uma criatura de ordem superior. (...) Foi tendo em vista sua própria espiritualização que ela deu origem ao homem.[16]

Expressando essa ideia a partir das das palavras do "majestoso" Mynheer Peeperkorn – o amigo, pai espiritual e rival sexual de Hans que, como personificação da "figura de um rei" (p. 590 [810]), é uma combinação de Édipo, Laio e Esfinge –, o homem "é o sentimento de Deus. Deus o criou para sentir por intermédio dele. O homem é apenas o órgão por meio do qual Deus realiza seu enlace com a vida despertada e ébria" (p. 603 [828]). A contemplação da vida por parte do homem é a contemplação da vida por parte da própria vida; do mesmo modo, seu amor pela vida é o amor que o espírito sente por suas próprias profundezas trevosas, pelo abismo do qual ela nasce.

Essa união entre a vida como espírito e a vida como natureza é, de acordo com uma expressão recorrente na *Montanha Mágica*, uma atividade "muito problemática". Ela é uma autointoxicação narcisista capaz de afastar o indivíduo do mundo do trabalho e da organização política – de modo geral, da vida da razão e do serviço à comunidade. Não é surpreendente que o racionalista Settembrini, guia pedagógico de Hans, julgue "politicamente suspeito" o gosto musical dos alemães e sinta aversão pela referência do católico Naphta ao terceiro estágio de contemplação mística de São Bernardo de Claraval, visto como "'leito de repouso' (...), lugar da coabitação do amante com a amada" (p. 376 [513-14]).

A Montanha Mágica faz diversas alusões à Esfinge. Uma delas, aquela de Mynheer Peeperkorn, acabou de ser mencionada, mas por ser ele a principal *coincidentia oppositorum* da obra, devemos esperar que ele una em si essa figura com muitas outras, e não que ela

---

[16] *I Believe: The Personal Philosophies of Certain Eminent Men and Women of Our Time*. Nova York, Simon and Schuster, 1939, p. 132. A contribuição de Mann ao volume foi traduzida por H. T. Lowe-Porter.

seja o seu aspecto mais importante. O personagem mais próximo da figura esfíngica é a felina Clawdia Chauchat, que, a exemplo da Esfinge, tem descendência oriental (russa, para sermos mais exatos). No livro, tudo o que vem do Oriente simboliza o irracional e o caótico e induz à desintegração moral e psicológica, ao mesmo tempo que, por meio da obsessão que suscita, tende a atrair o que seria um intelecto árido e desarraigado a uma união vivificante com o lado mais sombrio da vida, o emocional e o místico. Certo dia, enquanto Hans e Joachim Ziemssen, seu primo, visitam o apartamento do dr. Behrens e discutem os traços asiáticos da sra. Chauchat – as maçãs de seu rosto e seus olhos orientais –, Behrens diz: "É o que o senhor pensa! (...) É um verdadeiro quebra-cabeça" (p. 257). Em seguida, usando um moedor "de origem indiana ou persa" que lhe fora dado por uma princesa egípcia e que trazia estampadas imagens obscenas, Behrens prepara um pouco de café para os jovens e lhes oferece alguns de seus cigarros especiais, outro presente da mesma mulher: "Hans Castorp serviu-se e fumou o cigarro extraordinariamente grosso e comprido, adornado de uma esfinge impressa em ouro, e que de fato era maravilhoso" (p. 262 [358-59]).

Tabaco, café e várias outras drogas são empregados no livro como símbolos do lado sedutor e perigoso da natureza. Behrens, no início dessa conversa, falava dos deleites dos charutos e da melancolia potencialmente letal que o abuso do tabaco pode suscitar. É significativo que, mais para o fim da obra, quando Hans já sucumbira por completo à influência dissolutiva da atmosfera da montanha mágica – e isso ao ponto de não mais carregar um relógio ou um calendário –, ele também deixe de encomendar os charutos Maria Mancini, marca originária de Bremen, para adotar em seu lugar um produto local: *Rütlischwur* (p. 708 [976]). Se relacionada aos cigarros da princesa egípcia que o diálogo sobre Clawdia Chauchat menciona, a referência à imagem da Esfinge se torna um sinal do possível perigo que acompanha o encantamento dessa mulher esfíngica – em especial se tal passagem for lida à luz de uma descrição posterior, e mais extensa, da princesa:

> Recentemente chegara até uma princesa egípcia – a mesma que em outra ocasião oferecera ao conselheiro aquele notável aparelho de café e os cigarros adornados com uma esfinge; era uma personagem sensacional, com os dedos amarelos de nicotina e enfeitados de anéis, que usava o cabelo curto e, exceção feita das refeições principais em que ostentava toaletes de Paris, trajava casaco de homem e calças bem frisadas. De resto não se interessava pelo mundo masculino e concedia seus favores mesclados de displicência e de paixão, com exclusividade, a uma judia romena, que se chamava simplesmente Landauer (...). (p. 548 [749])

Como poderíamos dizer, existem *coincidentiae oppositorum* e *coincidentiae oppositorum*, algumas das quais são "muito problemáticas".

As maneiras e o estilo de vida de Clawdia são completamente diferentes daqueles que Hans aprendera a valorizar em seu lar alemão civilizado e *bürgerlich*. Quando ele a nota pela primeira vez, é por causa do ruído que ela produz ao deixar bater a porta da sala de jantar do sanatório, prática que acaba se mostrando comum e que o repele, a exemplo do que se dá com sua negligência geral e com sua má postura à mesa. No entanto, essas mesmas qualidades também o atraem; como afirma a srta. Englehart, com quem ele secretamente partilha de seu fascínio por Clawdia: "Todas as mulheres russas têm no seu modo de ser qualquer coisa de liberdade e desembaraço" (p. 137 [188]). De fato, é a atração que sente por Clawdia que, num momento crucial, se torna fator decisivo para sua permanência no sanatório. Ele fora para lá apenas no intuito de visitar seu primo, quando então pegou um resfriado e decidiu se consultar com o dr. Behrens. Sem o exame, que revelaria o que Behrens chama de "lugar úmido" (p. 181 [249]), Hans teria voltado para casa ao fim das três semanas planejadas. Então, quando ele está prestes a ser examinado e, sentindo-se melhor, cogita cancelar o compromisso, Clawdia, com quem o protagonista jamais falara, lança-lhe um olhar esperançoso, como se soubesse da consulta que se aproximava: "Pois, quando os olhos falam, tratam-nos por 'você', ainda que a boca não tenha sequer empregado a terceira pessoa" (p. 176 [241]). Esse olhar, diz o narrador, "transtornara e enchera de espanto o âmago do coração de Hans Castorp". Como consequência, sua ideia de faltar ao exame se esvai e se transforma em "puro tédio dos mais repulsivos", e assim ele segue "vacilando interiormente, se bem que de passo firme", para a sala de consultas.

O tipo de perigo em que a influência de Clawdia pode culminar caso ele se entregue completamente a ela é sugerido, de maneira mais clara, pelas próprias palavras que a personagem dirige a Hans na festa de carnaval realizada na noite anterior, antes da primeira saída dela do sanatório. Aquela é a primeira conversa entre ambos, e para travá-la Hans precisa aproveitar tanto a licenciosidade geral quanto o abandono das normas civilizacionais proporcionados por uma ocasião como aquela – o que é simbolizado por seu afastamento de Settembrini, que lhe avisa que o que ele está fazendo é loucura; pelo emprego de uma língua estrangeira no diálogo; e pelo uso da forma *tu*, íntima. Quando ele pergunta a Clawdia o que ela acha da moral, ela responde:

> *La morale? (...) il nous semble* [ela está se referindo a conversas travadas com um amigo russo] *qu'il faudrait chercher la morale non dans la vertu, c'est-a-dire dans la raison, la discipline, les bonnes moeurs, l'honnetete, – mais plutot dans le contraire, je veux dire: dans le peche, en s'abandonnant au danger, a ce qui est nuisible, a ce qui nous consume. Il nous semble qu'il est plus moral de se perdre et meme de se laisser dépérir que de se conserver.* (p. 340 [465])[17]

[A moral? (...) parece-nos necessário buscar o ético não na virtude, isto é, na razão, na disciplina, no bom comportamento, na honestidade,

---

[17] Tanto esta quanto as próximas citações em francês aparecem no original e na tradução da *Montanha Mágica* feita por Lowe-Porter. As traduções são minhas.

mas em seus opostos – quer dizer, no pecado, no entregar-se ao perigo, ao que é nocivo, ao que nos consome. Parece-nos mais moral perder-se, e até mesmo deixar-se definhar, do que preservar-se.]

Aqui ela está ecoando, claro, vários ditos do Novo Testamento sobre a necessidade de render-se ao crescimento espiritual e sobre o fato de que apenas aquilo que se permite morrer pode dar frutos ou alcançar a verdadeira vida; no entanto, existem diferentes maneiras de se submeter ao processo da morte metafórica, e algumas delas conduzem apenas à dissolução. O caminho a que Clawdia convida Hans é potencialmente fecundo e potencialmente destrutivo; ao segui-lo, ele deve descobrir como atravessar um labirinto no qual seria muito fácil se perder para sempre. Hans está pouco preparado para percorrê-lo sozinho, mas a vida felizmente envia à sua *Sorgenkind* vários tipos de ajuda que bastam para salvá-lo e para transformar essas experiências – tanto para Hans quanto para o leitor – numa história de crescimento e iluminação.

No momento do diálogo, Hans já estivera caminhando por alguns meses no caminho que Clawdia descreve. Durante sua conversa anterior com Behrens, os dois cavalheiros haviam travado, ao mesmo tempo que fumavam os cigarros da Esfinge, uma discussão sobre a fisiologia da carne e da vida orgânica. Behrens disse a Hans e seu primo que o corpo é constituído basicamente de água e que tende a dissolver-se na informidade. Essa tendência encontra sua satisfação na morte – "A gente se esparrama, por assim dizer. Não se esqueça de toda aquela água!" –, mas até mesmo durante a vida a dissolução é constante: "Pois é, viver é morrer, nesse ponto não adianta dissimular. Trata-se de uma *destruction organique*" (p. 266 [364]). Na época, Hans estivera interessado pelo tema em virtude do que chamou de "a plasticidade das formas femininas" (p. 261 [357]) – de uma forma feminina em particular. Esse fascínio, porém, levou-o ao estudo do orgânico como um todo, de modo a fazê-lo comprar livros médicos e a ler "com insistente interesse o que os livros diziam sobre a vida e o seu sagrado e impuro mistério" (p. 274 [375]). Essa é uma mudança significativa de sua conduta anterior, exemplificada pela resposta dada a Behrens no dia em que ele e o primo foram saudados pelo doutor com uma pergunta sobre o funcionamento de sua "boa digestão": "'Boa digestão!' Horrível! (...) Mas 'digestão' é termo puramente fisiológico, e fazer votos pelo seu desenvolvimento feliz parece-me pura blasfêmia" (p. 174 [239-40]).[18] É claro que, à época, Hans era incapaz de notar o tom irônico da observação de Behrens; no entanto, é típico da ironia manniana que, após negar algo, ela depois o reafirme de maneira qualificada e reconhecendo a ambiguidade do que está sendo asseverado.[19] Desse modo, ao sentar-se em sua sacada e divagar com os estudos médicos, Hans passa a perceber os mistérios da carne como "sagrados" e "impuros", simultaneamente. Ele também estendeu sua observação à vida como um todo e ao universo: "E a vida, por sua vez? Não passava ela, quiçá, de uma doença infecciosa da matéria, assim como aquilo que se podia denominar de geração espontânea da matéria talvez fosse apenas uma enfermidade, uma excrescência causada por uma irritação do imaterial?" (p. 285-86 [390]). Então, numa visão onírica, ele vê a própria vida tomar a forma de uma carne feminina:

> Via ele a imagem da vida, a estrutura de seus membros florescentes, a beleza cuja portadora era a carne. (...) A imagem aproximou-se dele,

---

[18] Cf. Eliade, *The Sacred and the Profane*, p. 178: "Assim como a habitação do homem moderno perdeu seu valor cosmológico, seu corpo perdeu seu significado religioso ou espiritual."

[19] É importante comparar isso com aquilo que, segundo André von Gronicka, disse Hermann Hesse (em carta a Mann, de 8 de novembro de 1950) sobre a complexidade da ironia em *O Santo Pecador*: "'A maioria dos leitores', pensava ele, 'teria discernimento suficiente para perceber a ironia dessa agradável criação'; no entanto, Hesse tinha sérias dúvidas sobre se 'todos seriam capazes de notar a sinceridade e a piedade subjacentes a essas ironias e, assim, atribuir-lhes seu verdadeiro e sublime contentamento'." Von Gronicka, *Thomas Mann: Profile and Perspectives*. Nova York, Random House, 1970, p. 150.

inclinou-se para ele, sobre ele. Hans Castorp sentiu-lhe o odor orgânico, sentiu-lhe o pulsar do coração. Alguma coisa quente e delicada enlaçou o pescoço de Hans Castorp, e enquanto ele, descendo de volúpia e de angústia, pousava as mãos sobre o lado externo desses braços, ali onde a pele granulosa, tensa sobre o tricípite era de esquisita frescura, sentiu nos lábios a úmida sucção de um beijo. (p. 286 [391])

É em virtude dessa preparação que ele, ao finalmente travar conversa com Clawdia, se mostra capaz de compreender o que ela lhe diz sobre *la morale* e de observar, por sua vez, que *le corps, l'amour, la mort, ces trois ne font qu'un* ["o corpo, o amor, a morte, os três não passam de um"] (p. 342 [468]).

Como Clawdia parte no dia seguinte, logo após a única noite que eles passam juntos, Hans não tem como explorar ainda mais o caminho a que a intimidade com ela conduziria. No entanto, Clawdia servirá como introdução a esse aspecto do universo que ostenta o rosto dela em suas fantasias, e até mesmo em sua ausência ele encontra várias oportunidades para refletir sobre isso e lutar contra seus perigos. Ele pondera, por exemplo, sobre o mistério do tempo: "(...) visto ser circular e fechar-se sobre si mesmo o movimento pelo qual se mede o tempo, trata-se de um movimento e de uma transformação que quase poderiam ser qualificados de repouso e de imobilidade (...)" (p. 344 [470]). Essa é uma linha de pensamento potencialmente perigosa, pois, conduzindo a uma visão do tempo como *mero* "repouso" e "imobilidade", poderia culminar num *se laisser dépérir* fatal. Como simples reflexão, ela poderia parecer abstrata demais para ser encarada como verdadeiramente arriscada, mas, num dos principais capítulos do livro – o capítulo "Neve" –, a tentação que ela contempla vem representada com uma seriedade mortal.

Nele, Hans, que passara a praticar esqui de fundo, percorre uma paisagem que parece a própria encarnação da morte: "Não se distinguia nenhum cume, nenhuma crista. Era o 'nada' brumoso em cuja direção Hans Castorp avançava penosamente (...)" (p. 478 [652]).

A "absoluta simetria" e a "regularidade glacial" dos flocos de neve são feitas da mesma água que é a "substância inorgânica que intumescia o plasma vital, o corpo das plantas e do homem"; no entanto, em sua forma fria e precisa, elas estão para a água como o repouso e a imobilidade estão para o tempo, sendo descritas como algo "inquietante (...) antiorgânico (...) hostil à vida" (p. 480 [655]). Toda a aventura é um exemplo do verdadeiro perigo que a influência de Clawdia pode causar. À medida que ele prossegue, deixando para trás o sr. Settembrini, porta-voz da razão e da responsabilidade, Hans diz a si mesmo, citando Naphta "num latim de espírito nada humanístico": *Praeterit figura hujus mundi* ["A aparência deste mundo é passageira"] (p. 478 [652]). Então, ao notar a luz azul refletida pelos buracos na neve, ele é levado a pensar no fascínio que o atrai: "(...) uma luz que o atraía misteriosamente, recordando-lhe a luz e a cor de certos olhos oblíquos, prenhes de destino, que o sr. Settembrini, do ponto de vista humanístico, qualificara desdenhosamente de 'fendas tártaras' e de 'olhos de lobo de estepe' (...)" (p. 479 [652-53]). Hans adentra mais e mais o "silêncio selvagem" e a "escuridão (...) crescente", quando então é acometido pelo verdadeiro medo e percebe que "até agora se empenhara secretamente em perder o rumo" (p. 481 [656]). No entanto, mesmo depois de descobrir isso, ele ainda se sente instigado pelo sentimento de "desafio" e continua sua aventura imprudentemente: "Pode ser que essa palavra encerre sentimentos censuráveis, mesmo – ou sobretudo – nos casos em que a mentalidade petulante que lhe corresponde ande acompanhada de muito medo sincero." Quando Hans finalmente decide retornar, encontra uma tempestade que elimina quase toda a sua visibilidade e que o deixa irremediavelmente perdido. Ele percebe que, se optar por sentar-se, será "coberto por toda essa simetria hexagonal" (p. 484 [660]), mas a tentação é grande. É apenas contra uma poderosa resistência interior que ele segue adiante, e mesmo aí seu percurso apenas o leva de volta para onde estava, forçando-o então a perceber que, enquanto vagueia "em círculo, (...) tal qual a órbita falaz do ano" (p. 487 [664]), corre o risco iminente de ser devorado por sua Esfinge. Por fim, ele se abriga num galpão, estando tão cansado que passa diretamente do estado vigilante ao onírico.

Seu sonho o transporta a um cenário clássico, um parque composto de árvores sombrosas e chuva ensolarada, seguida por um arco-íris que parece música. Há pessoas por toda parte, "filhos do Sol e do mar (...), uma humanidade bela e jovem, sensata e jovial" (p. 491 [670-71]). Alguns adestram cavalos, outros dançam ao som da música que sai da flauta pastoril de uma menina. Hans se deixa impressionar pela beleza daquela cena, ficando especialmente comovido com "as considerações iguais para todos", com o "respeito natural (...) que demonstravam aos outros" e com a união de dignidade e leveza, uma "seriedade nada sombria" (p. 492 [672]). A postura ostentada por aquelas pessoas tem até um "lado cerimonioso": quando os jovens passam por uma mãe que está a amamentar o filho, eles cruzam os braços "num gesto rápido e formal" e se inclinam; do mesmo modo, as moças esboçam "uma genuflexão, semelhante àquela com que os devotos na igreja passam pelo altar-mor" (p. 493 [673]).

Ali perto encontra-se um antigo templo. Quando Hans o adentra, vê a estátua de duas figuras femininas, mãe e filha: a mais velha, "muito branda e divina, mas com sobrancelhas lamentosas", abraça a mais nova "maternalmente" (p. 494 [674]). Deixando para trás as figuras pétreas, o protagonista descobre no santuário uma cena que o enche de "pavor gélido": "Duas mulheres grisalhas (...) esquartejavam uma criancinha", simbolizando assim aquela *destruction organique* que se apresenta como complemento necessário à fecundidade da vida. Hans então acorda e se vê novamente na neve, tendo a tempestade já se abrandado.

Nesse momento do livro, o sonho é o que a vida revelou de mais importante à sua *Sorgenkind*. Há mais por vir durante a obra, mas a compreensão, por parte de Hans, do significado que lhe é revelado se torna a base de sua capacidade de abrir caminho entre a Cila e a Caríbdis representadas por Settembrini e Naphta, tal como de compreender suas experiências vindouras. Refletindo sobre essa revelação, Hans passa a encará-la como a exposição das profundezas não apenas de sua alma, mas também da alma do mundo da qual ele participa: "Sou tentado a dizer que não extraímos os sonhos unicamente da nossa própria alma. Sonhamos anônima e coletivamente, embora de forma individual. A grande alma, da qual tu não és mais do que uma partícula, talvez sonhe às vezes através de ti (...) com coisas que sempre lhe enchem os olhos secretos: sua juventude, sua esperança, sua felicidade e sua paz, e também a sua ceia sangrenta" (p. 495 [675-76]). Partindo do necessário vínculo que ele vê entre a felicidade e a morte, assim como de seu apreço pela cortesia e pela amabilidade advindas da "recordação silenciosa daquela atrocidade" por parte dos "filhos do Sol", ele chega à conclusão de que é preciso conservar equilibradas na mente a realidade existencial da morte e a beleza da vida, reverenciando ambas, mas jurando primordial lealdade à vida: *"Em consideração à bondade e ao amor, o homem não deve conceder à morte nenhum poder sobre os seus pensamentos"* (p. 496-97 [678]). Hans percebe que Settembrini, que "não deixa de tocar a corneta da razão", e Naphta, que agrupa Deus e o Diabo numa única bagunça, fogem da norma propriamente compassiva e religiosa: "(...) e a posição do *Homo Dei* acha-se no meio, entre a deserção e a razão, entre a coletividade mística e o individualismo inconsistente" (p. 496 [677]). O segredo que Hans agora compreende é o de que "só ele [o amor], e não a razão, é mais forte do que ela [a morte]".

Por mais importante que essa descoberta lhe pareça, contudo, ela ainda é basicamente uma visão e, portanto, algo bastante abstrato. Para assimilá-la por completo à sua vida concreta, Hans precisará encarar novos desafios e colocar em prática o amor que agora só contempla teoricamente. No entanto, quando ele retorna ao sanatório – e embora pense "agora a possuo. Meu sonho ma revelou com tanta nitidez, que sempre a guardarei na memória" (p. 497 [678]) –, os braços do costume o envolvem e, mesmo sem se esvair por completo, aquilo que ele vira segue o mesmo caminho da maioria dos sonhos: "Uma hora mais tarde, a atmosfera ultracivilizada do Berghof circundava-o com sua aura acariciadora. Por ocasião do jantar, Hans Castorp mostrou enorme apetite. O que sonhara estava em vias de apagar-se. O que pensara, já não o compreendia naquela mesma noite" (p. 498 [680]).

A próxima revelação importante chega a Hans não de forma onírica, mas encarnada na figura de Mynheer Peeperkorn, velho holandês de Java. Muitos críticos de Mann se mostraram incapazes de reconhecer toda a relevância de Peeperkorn, mas seu papel é na verdade crucial para a obra; ele é a corporificação viva – a mais clara que Hans encontrará – do mistério sagrado que está no seio do universo do livro, a encarnação mesma da totalidade e, de acordo com a forma que Mann desenvolve, também da santidade.[20]

No início, a chegada de Peeperkorn é causa de grande constrangimento e desgosto para Hans, uma vez que ele chega como companhia de Clawdia Chauchat, por cujo retorno Hans ansiava como se ambos fossem dar continuidade ao relacionamento iniciado na noite anterior à sua partida. Agora ele a encontra na posse de outro homem, um homem que ele tenta ao máximo desprezar à maneira dos rivais amorosos. Isso, porém, não lhe é exatamente simples. As coisas ficam um pouco mais fáceis por causa da incoerência discursiva do holandês – como em: "Senhoras e senhores. Muito bem. Tudo vai bem. Queiram,

---

[20] Essa interpretação de Peeperkorn aparece pela primeira vez de maneira clara e completamente adequada num artigo de autoria de Oskar Seidlin, "The Lofty Game of Numbers: The Mynheer Peepkorn Episode in Thomas Mann's *Der Zauberberg*". *PMLA*, 86, n. 5, outubro de 1971, p. 924-39. Para uma breve descrição das inadequadas interpretações anteriores, ver a nota 17 de Seidlin, p. 937.

no entanto, observar e não perder de vista em nenhum momento, que... Nada mais sobre este ponto... (p. 551 [754]) –, mas a personalidade por trás de suas palavras é tão sensivelmente poderosa que até mesmo Hans deve se deixar impressionar. Um exemplo do que a força da personalidade de Peeperkorn pode provocar e das qualidades singulares que ele leva ao sanatório pode ser encontrado num incidente que ocorre no início de sua estada. Durante o café da manhã, ele acena para uma das garçonetes, uma anã que deixara Hans bastante assustado em sua primeira refeição e com quem ninguém jamais falara, exceto de maneira impessoal. Peeperkorn deseja fazer seu pedido, mas antes a trata como uma pessoa:

> Minha filha! (...) Você é pequena. Não há de ser nada. Pelo contrário. Vejo nisso uma vantagem e dou graças a Deus por você ser assim como é, e devido à sua baixa altura que é tão característica... Pois então! O que desejo da sua parte também é pequeno, pequenino, e característico. Antes de tudo, como se chama? (p. 552 [755])

"Hesitando e sorrindo", ela responde que seu nome é Emerentia – em latim, "merecedora", palavra usada especialmente para referir-se a alguém que cumpriu seu tempo de serviço. Até esse momento, ela desempenhara um papel completamente silencioso, quando então Peeperkorn a liberta com sua pergunta e a conduz até a comunidade humana como uma pessoa reconhecida.

Aquilo mesmo que ele pede para a anã desencantada é um dos símbolos centrais da obra: "Pão, Rencinha, mas não pão cozido. (...) Desejo o pão de Deus, meu anjo, pão destilado, pão claro (...). Uma genebrinha, querida!" Quando ela lhe traz o "pão" num cálice que transbordava, ele parece "mastigar [o líquido] rapidamente" (p. 553 [756]) antes de o engolir. A junção do sólido e do líquido nesse "pão" úmido faz dele um símbolo da vida encarnada descrita pelo livro, uma instável combinação entre água e forma; do mesmo modo, seu tratamento como o "pão de Deus" transforma-o num sacramento –

embora este seja um sacramento não apenas do Deus cristão, mas também do deus da natureza e do vinho: Dionísio.[21]

As implicações desse símbolo são desenvolvidas nos episódios que se seguem, quando Peeperkorn mostra a Hans, de quem logo se tornou muito próximo, "as coisas singelas, grandes, que têm sua origem em Deus" (p. 564 [773]) e explica-lhe, por meio de uma expressão muito repetida, que a grandeza da qual ele está falando é o "sagrado! Sagrado em todos os aspectos, no sentido cristão como no pagão!" (p. 570 [783]). Na ceia da meia-noite em que ele e Hans se tornam amigos, Peeperkorn se compara ao Cristo no Getsêmani e, depois, substitui essa postura pela postura de um sacerdote pagão: "Suas mãos se desligaram, separaram-se e subiram. Ficou com os braços abertos, dirigidos para cima, e com as palmas viradas para fora como numa oração pagã. Sua fisionomia grandiosa, que havia poucos instantes ainda vibrara de mágoa gótica, abriu-se, exuberante e jovial" (p. 570 [781]). Com uma "covinha de sibarita" em sua face, ele afirma "que está próxima a hora" e solicita a carta de vinhos.

Em conversa com Settembrini – que, de uma forma que não lhe era característica, censurara Hans por tornar-se tão amigo de seu rival sexual –, Hans descreve o magnetismo de Peeperkorn como o efeito da união entre a presença física e a presença espiritual:

> Não é tampouco por causa das suas qualidades físicas. E, todavia, não há dúvida de que fatores físicos desempenham um certo papel no seu caso; não no sentido da força dos braços, senão num outro,

---

[21] Para uma análise mais extensa do simbolismo sacramental aqui encontrado, ver Seidlin, "The Lofty Game of Numbers", p. 928-29. Acerca da relação entre Cristo e Dionísio nessa imagem do pão "líquido" – o *Korndestillat* – e na figura de Peeperkorn como um todo, Seidlin diz: "O que os une é a ideia da Encarnação: em Cristo, o mundo, o espírito divino, torna-se carne, o celeste desce à terra, a luz brilha na escuridão; em Dionísio, as forças aparentemente cegas da natureza são transfiguradas no divino, as sementes arraigadas no seio negro da terra irrompem no esplendor acima, a luz das tochas ilumina a escuridão da noite no aparecimento festivo do deus" (p. 928).

místico. Cada vez que o corpo desempenha um papel, entra-se no terreno do místico. O elemento corporal confunde-se então com o espiritual, e vice-versa, de maneira que é impossível distingui-los. Mas nota-se o efeito, o dinamismo, e já nos achamos metidos num chinelo. Para explicar esse fato, dispomos de uma única palavra: personalidade. (p. 583 [800])

E ele de fato os coloca no chinelo com a sua chegada – em especial Settembrini e Naphta, que se valiam de sua erudição e eloquência para dominar toda e qualquer companhia. Peeperkorn é o equilíbrio vivo de seus extremos, de modo que, ao discutirem em sua presença, o debate dos dois se esvai, e suas perspectivas convergem naquela pessoa: "(...) nela [as coisas] pareciam anuladas a todos os que o viam; era isto e aquilo, um e outro" (p. 590 [810]). Vendo o colapso da loquacidade deles diante daquele "zero majestoso", Hans percebe – numa descoberta e tanto para um "tagarela", que é como Peeperkorn em determinado momento o chama (p. 573 [785]) – que "se deve expressar um mistério pelas palavras mais simples possíveis ou deixar de expressá-lo" (p. 590 [809-10]). Quando Settembrini e Naphta tentam, em vão, manter o debate vivo, Peeperkorn lhes recorda: "Isto é... Isto são... Nesse caso, manifesta-se... O sacramento da volúpia"; em seguida, fala do ar montanhesco que respiram: "Não deveríamos aspirá-lo, só para soltá-lo em forma de... Insisto, senhores, não deveríamos fazer isso. É um insulto. (...) E o nosso peito que o respira deveria louvar irrestritamente" (p. 591 [810-12]).

Existem outras formas pelas quais Peeperkorn media extremos e une os vários opostos da vida. Até mesmo seu modo de se vestir – um "colete de peito alto" clerical e uma sobrecasaca xadrez (p. 550 [752]) – sugere a união do sagrado e do secular, e seu passado como agricultor holandês das Índias Orientais representa ainda uma fecunda junção do Oriente com o Ocidente. Quando somos apresentados a ele, lemos que ele poderia parecer incolor se comparado à princesa lésbica e travestida dos cigarros esfíngicos (p. 548), mas no final das contas ele é tudo o que ela é, só que numa forma que não é perversa. A princesa egípcia une, por exemplo, as características de ambos os sexos, mas para tanto deve experimentar a inversão de sua identidade sexual natural. Peeperkorn, por sua vez, tem uma personalidade completamente masculina ao mesmo tempo que aprecia todo o lado feminino da vida. Seu característico gesto manual – "(...) sua mão erguida, cujo indicador se reunia com o polegar, para formar um círculo, ao passo que três outros dedos se esticavam para o alto" (p. 552 [755]) – parece simbolizar a união do masculino e do feminino, em especial se tivermos em mente as associações sexuais da lança e do cálice na lenda do Santo Graal, dos quais o próprio Peeperkorn é a verdadeira encarnação.

O contraste entre Peeperkorn e a princesa egípcia é importante porque revela os perigos do caminho rumo à totalidade e porque mostra ser necessária uma sabedoria superior à racionalista para que eles sejam vencidos com segurança e, assim, conduzam a vida a um plano sagrado, e não demoníaco. Settembrini é uma pessoa bastante limitada e, por isso, permanece sempre unilateral; no entanto, ele está alertando Hans para os verdadeiros perigos quando lhe diz, em determinado momento, que o mundo do sanatório é uma "ilha de Circe": "O senhor não é bastante [Odisseu] para habitá-la impunemente. Acabará andando de quatro patas. Já está a ponto de se apoiar nas extremidades dianteiras. Daqui a pouco começará a grunhir. Cuidado!" (p. 247 [338]). Poderíamos dizer que Hans deu o primeiro passo rumo ao poder de Circe quando deixou a srta. von Mylendonck, enfermeira-chefe, vender-lhe um termômetro, versão da varinha da feiticeira. Em seguida, ele dá outro passo ao deixar que os olhos de Clawdia o motivem a encarar o exame físico e ainda outros quando começa a chamar Clawdia de *tu*, a buscar suas opiniões sobre *la morale* e, então, ao deixar-se perder, ainda que inconscientemente, na neve. Settembrini não menciona, porém, que o encontro com Circe terminara muitíssimo bem para Odisseu; ele desfrutou de grande prazer com a deusa na cama e também conseguiu uma informação – sobre a necessidade de visitar o reino dos mortos – que favoreceu sua viagem para casa. Hans pode não ser, como diz Settembrini, bastante Odisseu, mas Peeperkorn o é, sendo portanto capaz de ensinar-lhe coisas que lhe possibilitam desempenhar esse papel de maneira mais adequada do que desempenharia se deixado por conta própria.

Peeperkorn diz a Hans, por exemplo, enquanto faz seu característico gesto com "o anel da precisão e os dedos lanciformes", que todas as substâncias são potencialmente perigosas e potencialmente benéficas: "(...) quanto às substâncias químicas, a verdade era esta: todas elas eram ao mesmo tempo medicamentos e venenos; a farmacologia e a toxicologia eram uma e mesma coisa; os doentes se curavam por meio de tóxicos, e o que era considerado como portador da vida podia, sob certas circunstâncias, produzir um espasmo que matava (...)" (p. 578 [792]). O importante é saber como usá-las. Peeperkorn utiliza tanto quinina, "um veneno medicativo", quanto álcool e café, mas é relevante que, ao contrário de Hans e Clawdia, ele não fume: "Pelo que se podia deduzir das suas explanações, o consumo do tabaco já fazia parte de gozos por demais refinados, cujo cultivo representava um agravo à majestade das dádivas simples da vida, dessas dádivas e funções que a nossa sensibilidade mal e mal conseguia apreciar devidamente" (p. 564 [772-73]). Numa conversa posterior, ele explica ainda mais o que quer dizer, afirmando que as dádivas e funções da vida revelam ao homem "seu dever religioso de sentir" e que "o homem que fracasse quanto ao sentimento, aviltaria a Deus" (p. 603 [828]). É aqui que ele diz a Hans que o homem é o sentimento de Deus e o órgão pelo qual Deus realiza seu enlace com a vida. A vida que representa o ponto de união entre o espírito e a carne pode ser um veneno ou um elixir; utilizá-la adequadamente é transubstanciar tanto o amante quanto o amado num modo sagrado de existência.

O fato de Clawdia ainda ter um aspecto circeano potencialmente perigoso fica claro, durante o episódio de Peeperkorn, no momento em que ela faz cara feia para a amizade de Hans com seu amante. Parte dela gostaria que ele sentisse raiva de seu rival e permanecesse tão somente dela. Em certa medida, Hans de fato nutre esse sentimento, mas ceder a ele o privaria das grandes vantagens que a amizade com Peeperkorn lhe oferece e o reduziria a uma unilateralidade praticamente bestial na paixão sexual. Do mesmo modo, isso também transformaria sua relação com Clawdia e Peeperkorn, que chega a chamá-lo de "meu filho", numa versão do triângulo edipiano de Freud. Hans, porém, está pronto para fazer frente à tentação. Em especial por meio do sonho na neve, a vida lhe ensinara muitas lições importantes durante a ausência de Clawdia, e é significativo que na primeira conversa dos dois após seu retorno ele repita a fórmula que ela utilizara ao falar sobre como é *"plus morale de se perdre et même de se laisser dépérir, que de se conserver"*. Dessa vez, porém, ele emprega sua própria linguagem e a embebe num novo significado que purifica sua tendência à dissolução moral: "É, aliás, mais moral perder-se e perecer do que preservar-se" (p. 558 [764]) – sendo essa, dessa vez, uma referência ao fato de seu primo ter arriscado a vida para voltar à planície e ao seu regimento.[22]

Como agora é capaz de encontrar sua Circe sem deixar que ela o reduza à bestialidade, Hans mostra-se apto a beneficiar-se da outra face do papel dela como corporificação do lado passional da vida: ela ama Peeperkorn e, apesar da vontade de ver Hans odiando-o, convida o protagonista a participar do amor que sente por ele. De fato, após um pouco de cara feia, ela revela que fora por isso que levara Peeperkorn de volta ao Berghof: "Queres que mantenhamos amizade? Que façamos uma aliança a favor dele, assim como normalmente se faz contra alguém? Queres dar-me a tua mão para selar isso? (...) *Enfin*, se te interessa saber, talvez seja por causa disso que voltei para cá com ele..." (p. 598-99 [822]). Ela agora é capaz de partilhar abertamente o amor

---

[22] Cf. ibidem, p. 933-34.

que sente por ele porque percebe que Hans aprecia tanto o que ela é quanto o que Peeperkorn é; segundo afirma: "És inteligente" (p. 597 [820]). O que ele compreende talvez esteja ainda além do que ela percebe. Como Odisseu diante de Circe, Hans está pronto para apreciá-la e tudo o que ela representa e valoriza, ao mesmo tempo que mostra o seu valor e, assim, mantém o equilíbrio da norma compassiva. Quando ele lhe fala sobre os dois caminhos da vida – o "ordinário, direto e honrado", tomado por seu primo, e o seu, *der geniale Weg* –, ela afirma que o que ele diz soa "humano" [*mänschlich*,[23] em sua pronúncia] e bom (p. 596 [819]); no entanto, é significativo que ele acrescente isto momentos depois, tratando da ideia do *menschlich*:

> Tu gostas dessa palavra, que arrastas com uma ênfase fanática. Sempre me interessa ouvi-la pronunciada pela tua boca. Meu primo Joachim detestava-a por motivos militares. Dizia que ela significava indolência e relaxamento geral, e quando a considero sob esse aspecto, como um irrestrito *guazzabuglio* de tolerância, também eu não posso deixar de fazer algumas objeções; isso admito francamente. Mas quando ela expressa liberdade, genialidade [*Genialität*[24]], bondade, é uma grande coisa, e, segundo me parece, não faz mal que a empreguemos a favor de nossa conversa sobre Peeperkorn (...). (p. 598 [821])

No fim das contas, não é com um aperto de mãos que eles selam seu pacto de amizade em prol do homem que amam – *mit dir für ihn*, como afirma Hans: "com você por ele"[25] –, e sim com um beijo que ela instiga e ele aceita: "Era um daqueles beijos russos, do tipo dos que se trocam nesse vasto país cheio de alma, nas mais importantes festas cristãs, como uma consagração do amor" (p. 599 [822]). Em seguida, o narrador comenta sobre a relevante ambiguidade dos sentimentos expressos por esse beijo:

---

[23] *Der Zauberberg*, p. 849.
[24] Ibidem, p. 851.
[25] Ibidem, p. 852. Tradução minha.

> Não será bom e grande o fato de a língua não possuir senão uma única palavra para tudo quanto aquilo pode abranger, desde o sentimento mais piedoso até o desejo mais carnal? O equívoco torna-se, pois, plenamente unívoco, uma vez que o amor não pode ser separado do corpo, nem sequer no auge da piedade, como não é ímpio nem nos momentos de carnalidade extrema. (...) Decerto há *caritas* até na paixão mais furiosa e na paixão mais reverente. (p. 599 [823])

Um amor que não buscasse mais do que seu próprio interesse – ao qual o lado negativo do fascínio de Hans por Clawdia talvez o tivesse tentado – conduziria apenas ao ódio; no entanto, equilibrado como aqui se apresenta e dotado de uma *caritas* dadivosa, o amor de Hans e Clawdia é capaz de alcançar seu ponto mais alto. Sendo ao mesmo tempo paixão e amizade, ele une os dois não à mercê da morte – a união entre *le corps, l'amour, la mort* da qual falara Hans na festa de carnaval –, mas na devoção à vida. Ao resistir ao lado perigoso de sua Circe, Hans não apenas impediu que ele próprio fosse reduzido à brutalidade, mas também a libertou da necessidade de ser apenas uma sedutora. Em vez disso, ela se torna aquela que Settembrini ironicamente dissera ser antes de seu retorno (p. 519 [709]): a "Beatriz" de Hans.

Por fim, a aliança que Hans estabelece com Clawdia em prol de Peeperkorn é coroada com uma aliança complementar entre Hans e ele em prol dela. Peeperkorn supõe que Hans estivera apaixonado por Clawdia e, por isso, ele mesmo fora causa de sofrimento para o protagonista. Ao lhe perguntar se isso é verdade, Peeperkorn tem suas suspeitas confirmadas por Hans, que acrescenta, porém, que esse sofrimento "não pode ser separado" do "enorme privilégio de conhecê-lo" (p. 609 [837]) e que ele não o encarou como um insulto: "quanto a mim, não me faltam motivos para me queixar, não de Clawdia, nem tampouco do senhor, Mynheer Peeperkorn, mas num sentido geral, por causa da minha vida e do meu destino" (p. 610 [838]). Peeperkorn, por sua vez, propõe que eles se tornem irmãos em vez de rivais, adotando o "tu": "A aliança que não lhe posso dar com a arma, devido à minha idade e à doença, ofereço-a sob a forma de uma aliança fraternal, (...) o que nós faremos no sentimento comum por alguém" (p. 611 [840]). Esse "alguém" por quem a aliança é criada é Clawdia, mas também se dedica à vida que Clawdia simboliza, à vida que faz "exigências sagradas, femininas, (...) à honra e ao vigor masculino" (p. 565 [774]). Peeperkorn já assinalara essa ideia ao falar, em seu primeiro encontro com Hans, da possibilidade de um dia os dois travarem uma relação fraterna: "Irmãos! (...) Está projetado... Projetado para breve, embora a ponderação, por enquanto... Bem, basta! A vida, meu caro jovem, é uma mulher (...) e reivindica todas as energias da nossa virilidade, que se deve confirmar ou perecer perante ela" (p. 566 [775]). O único grande medo de Peeperkorn – "o desespero do inferno, o fim do mundo" – é a possibilidade, que com sua idade e enfermindade se lhe torna enorme, de não ser capaz de corresponder a tal desafio: "Perecer, jovem! O senhor percebe o que isso significaria? A derrota do sentimento em face da vida, eis o que é a insuficiência" (p. 566 [775]). Desse modo, assim como Clawdia necessita de um amigo que o ajude a cuidar de Peeperkorn, ele mesmo necessita de um irmão para ajudá-lo a amar a vida e Clawdia.

Não é muito depois do estabelecimento dessa aliança que Peeperkorn comete suicídio com um dos venenos que sabia como utilizar. Embora possa parecer uma rendição à morte, esse na verdade foi um último ato de resistência. Como afirma Hans em seguida, dirigindo-se a Clawdia: "A envergadura dele era tamanha (...) que o fracasso do sentimento em face da vida lhe causava a sensação de uma catástrofe cósmica e de um aviltamento de Deus" (p. 624 [859]). A própria Clawdia chama aquilo de uma *abdication* – ou seja, não uma derrota, mas a renúncia de sua coroa antes que lhe fosse impossível utilizá-la com dignidade.

Antes de despertar, por causa da deflagração da Primeira Guerra Mundial, de seu sonho de sete anos na montanha, Hans passa por outras experiências que lhe ensinam bastante. No entanto, o encontro com Peeperkorn continua sendo o ponto máximo tanto do protagonista quanto da obra. Peeperkorn é a corporificação do ideal mais sublime que o homem pode almejar no universo de Mann: o ideal de tornar-se o órgão da união de Deus com a vida e de permanecer fiel a esse ideal dentro das próprias possibilidades, ainda que o indivíduo saiba que, como produto da natureza – e a exemplo do grão que é destilado para tornar-se "pão de Deus" –, o homem está destinado a ser absorvido pela escuridão da qual emergira.

Hans nos oferece aquele que talvez seja o melhor enunciado da combinação de seriedade e pilhéria com que Mann apresenta a visão do sagrado imanente contida na *Montanha Mágica*: "ele [Peeperkorn] se considerava o órgão nupcial de Deus. Era uma fantasia de rei... Quando estamos comovidos, temos a coragem de empregar expressões que soam rudes e desapiedadas mas são mais solenes do que as palavras da devoção convencional" (p. 624 [859]).

A Montanha Mágica foi publicada em 1924. O desenvolvimento de sua visão se estendeu a várias outras obras de Mann, cuja carreira esteve inteiramente preocupada com a possibilidade de compreender a vida humana unindo o sagrado e o secular. Sua próxima grande obra, *José e Seus Irmãos*, retomou o tema dando-lhe uma ênfase cômica – cômica nos dois sentidos da palavra, o humorístico e o otimista. *Doutor Fausto* tomou-o adotando um viés trágico, focando-se no lado "questionável" da união narcisista do homem com a vida e no aspecto demoníaco do sagrado. Mesmo o *Doutor Fausto*, porém, não se mostra desesperançado. Pelo contrário, e de maneira que evoca Joyce, ele representa o pecado como algo necessário à totalidade do ser; o dr. Schleppfuss, um dos instrutores de Adrian Leverkühn na teologia, apresenta-lhe o conceito de virtude de maneira tão ambígua que ela parece um convite ao pecado: "A piedade e a virtude consistiriam, então, em fazer bom uso da liberdade que Deus teve de conceder à criatura como tal, o que é o mesmo que não lhe dar uso algum; contudo, de acordo com o que se ouvia de Schleppfuss, era como se esse não uso da liberdade significasse, na verdade, certo enfraquecimento existencial, uma diminuição da intensidade do ser na criatura externa a Deus".[26] Ao fazer seu pacto com o diabo, Adrian tenta completar a humanidade levando-a além dos confins da piedade religiosa convencional e do humanismo racionalista. De fato, ele está buscando *der geniale Weg* junto com Hans Castorp, e, embora seu fim seja mais sinistro do que o de Hans, há indícios de que sua busca pode, ainda assim, ser fecunda para o homem. O diabo, que no livro parece suficientemente sincero mesmo nas ocasiões em que é genuinamente mal, diz a Adrian: "À base de tua loucura eles crescerão em saúde, e neles tu serás sadio" (p. 243). A possibilidade de isso acontecer é insinuada ainda mais na narrativa sobre o papa Gregório Magno que Adrian descobre na *Gesta Romanorum* e musica. A história, que viria a ser desenvolvida por Mann no *Santo Pecador*, diz respeito ao lendário nascimento do papa Gregório a partir da união incestuosa de seus pais, bem como à sua relação incestuosa com a mãe e ao seu miraculoso chamado à sé de Roma. No fim da história, Gregório diz à mãe, que o procurara em busca da confissão e absolvição: "Ó, doce mãe, irmã e esposa! Ó, amiga! O Diabo desejou levar-nos ao inferno, mas o imenso poder de Deus o impediu" (*Dr. Fausto*, p. 319). O *Santo Pecador* manifesta a esperança de que isso venha a se aplicar à humanidade, e quando, nas *Confissões do Impostor Felix Krull*, último romance de Mann, o professor Kuckuck descreve a Felix o ideal da "simpatia universal" – desejando, ao despedir-se, que ele sonhe "com o Ser e com a Vida" –, essa esperança é mais uma vez estendida ao cosmos como um todo, como na *Montanha Mágica*:

---

[26] *Doctor Faustus: The Life of the German Composer Adrian Leverkühn as Told by a Friend*. Trad. H. T. Lowe-Porter. Nova York, Alfred A. Knopf, 1948, p. 101. As referências subsequentes virão entre parênteses.

Sonha com as galáxias torvelinhantes que, uma vez lá, encaram com paciência o esforço de existir. Sonha com o formoso braço e sua antiga estrutura óssea, com as flores do campo que, ajudadas pelo sol, dissolvem a matéria sem vida e a incorporam a seus corpos vivos. E não deixa de sonhar com a pedra musgosa de um riacho de montanha, ali repousada por milhares de anos, resfriada, banhada e polida pela espuma e pela corrente. Examina a sua existência com simpatia, o Ser mais vigilante olhando para o Ser no mais profundo sono, e a saúda em nome da Criação! Tudo está bem quando o Ser e o Bem-Estar em alguma medida se reconciliam.[27]

É relevante, porém, que o professor Kuckuck esteja falando de um sonho. *Felix Krull* é a história de um vigarista, um impostor profissional, e o romance é tanto uma alegoria da arte quanto uma espécie de cultivo de sonhos. Tais sonhos podem ser nobres – o que de fato se aplica a este descrito por Kuckuck –, mas, até que se concretizem na realidade, devem permanecer como visões do que pode acontecer. Além disso, o fato de eles virem ou não a se concretizar é uma questão que, do ponto de vista da obra como um todo, ainda não pode ser respondida. Na ficção de Mann, talvez as expressões mais adequadas de sua opinião sobre a natureza do homem e daquilo que ele poderia se tornar não se encontrem na boca de qualquer um dos personagens de seus romances, mas na oração final do *Doutor Fausto* – "Que Deus tenha misericórdia de tua pobre alma, meu amigo, minha pátria!" – e na pergunta que encerra *A Montanha Mágica*: "Será que também da festa universal da morte, da perniciosa febre que ao nosso redor inflama o céu desta noite chuvosa, surgirá um dia o amor?"

O ideal que Mann delineia é uma variante da ideia do Terceiro Reino, tal como indica o nome que lhe é dado: "terceiro humanismo". Ademais, a profissão de fé que o autor formula no ensaio *I Believe* – "De fato, creio na chegada de um humanismo novo, um

---

[27] Thomas Mann, *The Confessions of Felix Krull, Confidence Man: The Early Years*. Trad. Denver Lindley. Nova York, Alfred A. Knopf, 1955, p. 277.

terceiro humanismo (...)"[28] – evoca claramente, ainda que Mann não tivesse ciência disso, a semelhante profissão feita por Ibsen em 1887, no banquete de Estocolomo.[29] Mann descreve seu "terceiro humanismo" como uma mistura da tradição do humanismo secular com a reverência da religião cristã e sua consciência da realidade do pecado. "O que os cristãos chamam de 'pecado original'", diz ele, "é mais do que uma artimanha sacerdotal desenvolvida para manter os homens sob o domínio da Igreja; trata-se da ciência profunda, presente no homem como ser espiritual, de sua própria enfermidade e de sua inclinação ao erro, as quais ele transcende pelo espírito".[30] Ao mesmo tempo, porém, em que descreve sua "enorme antipatia pelo aglomerado sem formação que hoje se mobiliza para 'conquistar o cristianismo'", Mann também deixa claro que é num monismo imamentista que ele crê, e não no que chama de "dualismo cristão da alma e do corpo, do espírito e da vida, da verdade e do 'mundo'".[31]

A atitude de Mann diante da tradição religiosa ortodoxa do Ocidente foi, na verdade, bastante ambígua. Por um lado, ele a valorizava demasiadamente; por outro, julgava-a carente de uma revisão radical. Em seus anos de maturidade, Mann às vezes falou de seu ideal humanista como uma esperança particularmente cristã. Em carta escrita no ano de 1953, por exemplo, ele escreveu:

> (...) bom seria se, de todos os nossos sofrimentos, emergisse um novo sentimento de compaixão pela humanidade, uma comiseração unificadora pelo precário posto do homem no universo, entre a natureza e o

---

[28] *I Believe*, p. 193.

[29] Ver cap. 3, p. 63. Fritz Kaufmann, *Thomas Mann: The World as Will and Representation*, Boston, Beacon Press, 1957, p. 27, remonta à preocupação de Mann com a síntese dialética ao "Terceiro Reino" de Ibsen e ao casamento nietzschiano do apolíneo com o dionisíaco. Outra fonte seria Goethe, a quem Mann se refere de modo particular no ensaio *I Believe*, p. 193.

[30] *I Believe*, p. 192.

[31] Ibidem, p. 192-93.

espírito; em suma, se um sistema ético novo e humanista se formasse e adentrasse a consciência e a subconsciência geral. Ele exerceria uma salutar influência sobre a vida aqui na terra. (...) Esses, porém, são desejos piedosos. Desejos até mesmo cristãos, se assim quiserem. "Cristão", para mim, apesar de Nietzsche, ainda não é um termo ultrajante.[32]

Até mesmo a crítica feita por Nietzsche à religião cristã ele preferia interpretar como "um acontecimento ocorrido *dentro* da história do cristianismo".[33]

Mann estava tentando investigar o limite dos conceitos que os homens utilizam para definir sua relação com o universo e com o sagrado, e portanto não é supreendente que tenha encontrado dificuldades para descobrir onde se posicionar em relação às tradições religiosas e para definir onde de fato almejava chegar. O que fica claro, porém, é que, em toda a sua obra, Mann tentou redescobrir uma dimensão sagrada na experiência humana e apresentá-la ao seu tempo. Qualquer que fosse a sua relação com as religiões, sua atitude era claramente religiosa. Como ele afirmou num ensaio de 1948 sobre Nietzsche: "Religião é reverência – reverência, antes de mais nada, pelo enigma que o homem representa."[34]

---

[32] *The Letters of Thomas Mann*. Org. e trad. Richard e Clara Winston. Nova York, Alfred A. Knopf, 1971, p. 652.

[33] *The Story of a Novel: The Genesis of Doctor Faustus*. Trad. Richard e Clara Winston. Nova York, Alfred A. Knopf, 1961, p. 191.

[34] "Nietzsche's Philosophy in the Light of Recent History", *Last Essays*. Trad. Richard e Clara Winston. Nova York, Alfred A. Knopf, 1959, p. 177.

Capítulo 7

O CAMINHO PARA CIMA E O CAMINHO PARA BAIXO: A REDENÇÃO DO TEMPO NA "QUARTA-FEIRA DE CINZAS" E NOS *QUATRO QUARTETOS*, DE T. S. ELIOT

> *In the uncertain hour before the morning*
> *Near the ending of interminable night*
> *At the recurrent end of the unending*
> *After the dark dove with the flickering tongue*
> *Had passed below the horizon of his homing (...)*
> "Little Gidding"[1]

Passar dos autores que já estudamos – os quais, simpáticos ou hostis à religião, estão fora da ortodoxia religiosa do Ocidente – para o exame do pensamento e da sensibilidade religiosa de dois poetas ortodoxos como T. S. Eliot e W. H. Auden é adentrar um território tão diferente que se torna válido analisar algumas de suas características distintivas. A principal delas, é claro, deve ser encontrada no conceito de Deus. Como pudemos perceber, os vários autores discutidos não carecem de um conceito de divindade; contudo, sempre que eles falam, direta ou indiretamente, de uma deidade, esta é passível de ser chamada de *deus sive natura*, seguindo um conceito de divindade completamente imanente ao mundo. Para esses autores, o polo transcendente do sagrado não tinha relação com um elemento real

---

[1] "A uma hora incerta que antecede a aurora / Vizinha ao término da noite interminável / No recorrente fim do que jamais se finda / Após o negro pombo de flamante língua / Perder-se no horizonte de sua fuga (...)." In: *Poesia*. Trad. Ivan Junqueira. Rio de Janeiro, Nova Fronteira, 2006, p. 232. A tradução de todos os excertos poéticos de Eliot virá desta edição. (N. T.)

de transcendência na estrutura do ser. Em vez disso, ele estava ligado a um senso de valor ideal, algo que não era real em si, mas que talvez fosse realizável – não um ser verdadeiro, e sim um objetivo a ser almejado. Até mesmo quando, como no caso de Thomas Mann, eles se mostravam capazes de falar seriamente sobre "Deus", tratava-se não de um centro de consciência e de liberdade independente do homem, mas daquilo que alguns teólogos modernos chamariam de um "Deus em processo", o universo que busca a consciência e a personalidade no homem.[2] Assim, no prefácio a *José e Seus Irmãos*, Mann descreve Deus não como um ser, mas como um incansável devir: "(...) um Deus cuja natureza não era repouso e não tolerava conforto, um Deus de desígnios futuros (...) que (...) era Ele mesmo apenas um processo de transformação, sendo assim um Deus de inquietação, um Deus de cuidados que deve ser buscado (...)."[3] Esse Deus deve ser buscado não apenas porque se faz necessário ao homem, mas também porque Ele precisa do homem para ganhar existência. A necessidade que o homem tem de Deus não é uma dependência ontológica radical; em vez disso, precisamos dEle do mesmo modo como precisamos ser leais a um valor supremo – não por causa de nossa existência, mas a fim de que possamos nos tornar completamente humanos, isto é, eticamente conscientes.

O cristão ortodoxo concordaria com a crença de que o homem necessita de Deus para tornar-se completamente humano, e na verdade esse é um aspecto importante da maneira como tanto Eliot quanto Auden pensam as suas religiões. No entanto, tal cristão não veria a busca do homem por Deus como modo de compensar uma deficiência

---

[2] O principal representante dessa ideia na teologia é Charles Hartshorne. Ver Hartshorne, *The Divine Relativity: A Social Conception of God*. New Haven, Conn., Yale University Press, 1948. Hartshone fundamenta seu pensamento na metafísica apresentada por Alfred North Whitehead em seu *Process and Reality: An Essay in Cosmology*. Nova York, Macmillan, 1929.

[3] *Joseph and His Brothers*, p. 31.

ontológica do próprio Deus. Pelo contrário, ele O veria como algo que contém, em Sua existência infinita, todas as perfeições do ser passíveis de ser encontradas nos entes finitos, mas abarcando-as, na linguagem dos tomistas, tanto "virtualmente" (*virtualiter*) quanto "na transcendência formal" (*formaliter eminenter*).[4] Ser leal a Deus é ser leal a um valor supremo, o qual, porém, já é um valor real concretizado na existência transcendental de Deus.

Para o cristão, portanto, o polo transcendente do sagrado é tão ontológico quanto fenomenológico, e, por conseguinte, seu papel no senso do sagrado é inevitavelmente mais importante do que para aquele que não acredita numa realidade transcendente. Isso não significa que ela necessariamente eclipsará o polo imanente da experiência do sagrado, mas essa tendência existe e é o que constitui, para alguns, os traços distintivos do pensamento de Eliot e Auden. Ambos os poetas chegaram à religião cristã após terem abandonado uma visão amplamente dessacralizada do universo, e para os dois essa conversão envolveu a redescoberta do senso de transcendência divina, o sentimento de Deus como *majestas* e como *mysterium tremendum*, ao lado do qual o homem parece pequeno e indigno. Em termos cristãos, essa conversão envolveu o sentimento de pecado.

Para compreender claramente o que isso significa, é preciso lembrar que, do ponto de vista teológico, a palavra "pecado" não se refere basicamente a uma atitude ou transgressão específica, mas a um estado. Tal como formula uma das citações que Auden selecionou para o seu livro sobre os lugares-comuns: "Os homens não são punidos em virtude de seus pecados, mas por eles".[5] Eliot se aproxima da mesma

---

[4] Reginald Garrigou-Lagrange, *Reality: A Synthesis of Thomistic Thought*. Trad. Patrick Cummins. St. Louis, Missouri, B. Herder, 1950, p. 87. O tratamento que Tomás de Aquino dá ao tema pode ser encontrado em sua *Summa Theologica*, I, q. 13.

[5] W. H. Auden, *A Certain World: A Commonplace Book*. Nova York, Viking Press, 1970, p. 180. O autor da citação é E. G. Hubbard. Mais adiante, Auden critica com suas próprias palavras a inadequação do uso tradicionalmente

ideia ao falar do uso que Dante dá, no retrato do Inferno, à figura fictícia do Odisseu homérico: "Assim recordamos que o Inferno não é um lugar, mas um *estado*; aquele homem é condenado ou abençoado nas criaturas de sua imaginação e nos homens que de fato viveram".[6] Os atos pecaminosos não passam de expressões particulares de um estado voluntarioso de deficiência ontológica. Para se aproximar de Deus na conversão cristã, precisamos reconhecer essa condição e o papel voluntário que desempenhamos nela, recorrendo então a Ele em busca de libertação. Isso desloca o centro do valor sagrado para fora do mundo e coloca o homem no ser transcendente de Deus. Como efeito inicial da conversão, portanto, o senso do sagrado como algo transcendente provavelmente se fortalecerá, ao passo que a ideia da sacralidade imanente passará a soar um tanto problemática. Como explicamos no segundo capítulo, a ortodoxia cristã necessita de ambos – e, idealmente, num equilíbrio exato –, mas o movimento rumo a esse ideal pode envolver oscilações para cima e para baixo; em especial para o convertido, um sentimento quase esmagador da majestade da transcendência divina provavelmente surgirá para compensar sua tendência anterior a concentrar-se exclusivamente no valor do finito. Segundo percebemos a partir da sensibilidade religiosa expressa por seus poemas, parece ter sido esse o caso de Eliot durante seus primeiros anos de crença. "Ash Wednesday" [Quarta-feira de Cinzas], por exemplo, descreve a beleza da religião cristã de maneira bastante comovente, mas deixa o mundo secular parecendo tão abandonado quanto em *Waste Land* [A Terra Desolada]. Foi apenas com *Four Quartets* [Quatro Quartetos], escrito aproximadamente uma década após a sua conversão, que os polos imanente e transcendente do sagrado se equilibraram por completo em sua poesia.

---

dado, nas discussões sobre o pecado e a condenação, às analogias extraídas do direito criminal (p. 180-81).

[6] "Dante" (1929), *Selected Essays*. Nova York, Harcourt, Brace and World, 1964, p. 211.

A formação que precedeu o avanço de Eliot rumo à crença religiosa parece um clássico exemplo do desaparecimento do sagrado no mundo moderno. Eliot fora criado de acordo com o que chamou de "a mais 'liberal' das crenças 'cristãs': o unitarismo".[7] Originário de New England, seu avô William Greenleaf Eliot tornou-se um importante pastor unitarista em St. Louis, Missouri, onde Eliot cresceu numa casa que reverenciava sua memória.[8] O unitarismo de New England era, em parte, fruto de uma reação à radical ênfase dada pelo calvinismo à majestade transcendente de Deus e, em parte, fruto do idealismo filosófico do final do século XVIII e início do XIX. Além de ser a mais "liberal" das crenças cristãs, ela era também a mais imamentista. Para Eliot, a divindade imanente e difusa de sua religião familiar simplesmente se dissipava em tudo o que impregnava, abandonando-o num universo de secularidade não sacra.

O agnosticismo que Eliot adotou tinha suas raízes na tradição filosófica idealista e se expressava filosoficamente como uma metafísica monista fundamentada no pensamento de F. H. Bradley, tema de sua tese de doutorado.[9] No entanto, no pensamento do próprio poeta, esse agnosticismo não assumiu qualquer traço daquela sacralidade panteísta que o monismo muitas vezes oferece. Pelo contrário, ele via as mentes individuais como se estivessem presas em seus "centros finitos", impossibilitadas de participar de um ponto de vista absoluto que lhes permitiria ver a unidade do todo.

---

[7] Carta a John Middleton Murry (29 de agosto de 1925), citada em John D. Margolis, *T. S. Eliot's Intellectual Development 1922-1939*. Chicago, University of Chicago Press, 1972, p. 62.

[8] Ver Herbert Howarth, *Notes on Some Figures Behind T. S. Eliot*. Boston, Houghton Mifflin, 1964, p. 1-14.

[9] *Knowledge and Experience in the Philosophy of F. H. Bradley*. Nova York, Farrar, Straus and Company, 1964. O melhor estudo sobre a relação da tese de Eliot com o desenvolvimento posterior de seu pensamento é J. Hillis Miller, *Poets of Reality*, p. 131-89.

Toda a poesia inicial de Eliot encontra-se embebida nessa visão de que a vida humana está condenada ao subjetivismo fragmentado. "The Love Song of J. Alfred Prufrock" [A Canção de Amor de J. Alfred Prufrock], por exemplo, trata do desejo que o locutor tem de escapar de seu isolamento. No entanto, quando pensa em rompê-lo para entrar em contato os com outros, ele pensa que, se comprimisse todo o universo numa bola para "arremessá-lo ao vértice de uma suprema indagação" ["*To roll it toward some overwhelming question*"], a resposta da mulher a quem se dirigiria provavelmente se resumiria a: "Não é absolutamente isso o que quis dizer, / não é nada disso, em absoluto" ["*That is not what I meant at all. / This is not it, at all*"].[10] O monólogo dramático que Eliot emprega nesses poemas condiz com seu tema: o retrato de uma mente que se volta para si. Até mesmo quando, em "Portrait of a Lady" [Retrato de uma Senhora], um relacionamento é descrito, esse relacionamento é, na melhor das hipóteses, tênue, ao mesmo tempo que parece se dissipar diante de nossos olhos. Também o mundo físico se apresenta tão fragmentado e desolado quanto o social:

> *The winter evening settles down*
> *With smell of steaks in passageways.*
> *Six o'clock.*
> *The burnt-out ends of smoky days.*
> *And now a gusty shower wraps*
> *The grimy scraps*
> *Of withered leaves about your feet*
> *And newspapers from vacant lots* (...).
>
> [A tarde de inverno declina
> Com ranço de bifes nas galerias.
> Seis horas.
> O fim carbonizado de nevoentos dias.

---

[10] *Complete Poems and Plays, 1909-1950*. Nova York, Harcourt, Brace and World, 1952, p. 6. Doravante, a obra será indicada pela sigla *CPP*.

E agora um convulso aguaceiro enrola
Os encardidos restos
De folhas secas ao redor de nossos pés
E jornais que circulam no vazio (...).]

Quando, nos últimos versos desse poema em particular – "Preludes"[11] [Prelúdios] –, o narrador pensa na possibilidade de haver algo como um Deus pessoal que age como princípio unificador na experiência do todo, ele formula a ideia, mas desiste e a rejeita amargamente:

I am moved by fancies that are curled
Around these images, and cling:
The notion of some infinitely gentle
Infinitely suffering thing.

Wipe your hand across your mouth, and laugh;
The worlds revolve like ancient women
Gathering fuel in vacant lots.

[Movido sou por fantasias que se enredam
Ao redor dessas imagens, e a elas se agarram:
A noção de algo infinitamente suave
De alguma coisa que infinitamente sofre.

Enxuga tuas mãos à boca, e ri;
Os mundos se contorcem como velhas mulheres
A juntar lenha nos terrenos baldios.]

Todos esses poemas foram escritos entre cerca de 1901 e 1911. "Gerontion", redigido no ano de 1919, foi o primeiro de uma importante série de textos poéticos em que Eliot retratou o espírito do ambiente cultural europeu no século XX. No poema, o narrador é um "velho" (significado do título grego) alegórico que representa o que, no ensaio "Tradition and the Individual Talent" [Tradição

---

[11] *CPP*, p. 12-13.

e Talento Individual], Eliot chamou de "mente da Europa".[12] Tal como é ali representada, essa é uma mente envelhecida e desiludida. Há aqueles que gritam "Queremos um signo!" [*"We would see a sign!"*] e que abraçam o cristianismo, mas o comentário do narrador sobre isso é: "Navetas ociosas / Tecem o vento. Não tenho fantasmas (...)" [*"Vacant shuttles / Weave the Wind. I have no ghosts"*].[13] Voltando-se para a história, ele afirma ser ela um labirinto no qual nos perdemos enquanto seguimos nossas vaidades e nossas "sussurrantes ambições"; além disso, ela "dá tarde demais / Aquilo em que já não confias, se é que nisto ainda confiavas, / Uma recordação apenas (...)" [*"Gives too late / What's not believed in, or if still believed, / in memory only (...)"*]. Sua reflexão final sobre o conteúdo de sua consciência traz: "Inquilinos da morada, / Pensamentos de um cérebro seco numa estação dessecada" [*"Tenants of the house, / Thoughts of a dry brain in a dry season"*].

A imagem da secura foi levada até *The Waste Land* (1922). Nela, o mundo moderno é retratado como um espaço árido que espera por chuvas restauradoras que nunca vêm. O poema é conhecido o bastante para não exigir muitos comentários, mas é interessante notar que até mesmo aqui, muitos anos antes de sua conversão à religião cristã, Eliot já começava a descrever certos aspectos das tradições religiosas sob uma luz favorável. Em "What the Thunder Said" [O Que Disse o Trovão], a ordem upanixádica de doar-se, compadecer-se e controlar-se clama pelo ascetismo – no sentido da autodisciplina e da renovação espiritual –, e não parece haver nada de irônico nisso. Os valores ali proclamados parecem representar exatamente aquilo que é necessário ao mundo descrito pelo texto. Esse mundo, por sua vez, mostra-se incapaz ou indisposto a praticá-los e, no final, ainda se apresenta árido e fragmentado. Também vale a pena notar que um

---

[12] *Selected Essays*, p. 6.
[13] O poema aparece em *CPP*, p. 21-23.

dos poucos momentos emocionalmente positivos do poema envolve a descrição de uma das igrejas anglocatólicas de Londres:

> O City city, I can sometimes hear
> Beside a public bar in Lower Thames Street,
> The pleasant whining of a mandoline
> And a clatter and a chatter from within
> Where fishmen lounge at noon: where the walls
> Of Magnus Martyr hold
> Inexplicable splendour of Ionian white and gold.[14]

> [Ó Cidade cidade, às vezes posso ouvir
> Em qualquer bar da Lower Thames Street
> O álacre lamento de um bandolim
> E a algazarra que farfalha em bocas tagarelas
> Onde repousam ao meio-dia os pescadores, onde os muros
> Da Magnus Martyr empunham
> O inexplicável esplendor de um jônico branco e ouro.]

A Igreja de São Magno, o Mártir, de fato se encontra na Lower Thames Street, estando próxima ao mercado de peixes de Billingsgate.[15] A palavra "pescadores" recorda os apóstolos e o uso do peixe na Antiguidade como sinal secreto que distinguia os cristãos. O branco e o ouro, cores do interior do templo, são as cores litúrgicas da Páscoa, inexplicáveis porque as ideias da regeneração e do júbilo por elas representadas talvez sejam incompreensíveis àqueles que vivem na terra desolada. Ainda que Eliot não estivesse pensando em tornar-se cristão em 1922, *The Waste Land* parece expressar um respeito genuíno pelas tradições religiosas do Ocidente e do Oriente e contrastá-las com a apatia espiritual de grande parte do mundo moderno.

---

[14] Versos 260-65, *CPP*, p. 45.

[15] Ver Robert A. Day, "The 'City Man' in *The Waste Land*: The Geography of Reminiscence". *PMLA*, 80, n. 3, junho de 1965, p. 289-90. Day afirma que a Igreja de São Magno, o Mártir, é bastante tradicional, conservando confessionários, incenso e relíquias de santos perto do altar.

Como muitas vezes acontece nas conversões religiosas, Eliot vivenciou uma acentuada ruptura com o passado quando, em 1927, enfim se converteu ao cristianismo.[16] Isso o afastou de muitos membros de seu meio social e literário. Em meados da década de 1920, Eliot já era uma figura proeminente; ele ganhara fama por escrever poemas considerados portadores dos sentimentos de uma geração inteira e, além disso, tornara-se um influente crítico por causa de obras como *The Sacred Wood*, por exemplo, ou de sua função como editor da *Criterion*.[17] Ele também desfrutava de amizades diversificadas com outras importantes figuras do mundo literário londrino. Aquele era um ambiente altamente secularista, e havia poucos, tanto entre seus amigos quanto entre seus leitores, que poderiam reagir com algo além de desdém à sua conversão ao cristianismo.[18] Quando Eliot finalmente a tornou pública no prefácio de *For Lancelot Andrewes*, em 1928, as reações foram em grande parte hostis.[19] Posteriormente, ele abordaria em várias ocasiões a solidão vivenciada pelo cristão no mundo moderno. Num artigo de 1937 sobre Paul Elmer More, por exemplo, ele falou da "estrada solitária (...) da ortodoxia anglicana";[20] e, em "Thoughts after Lambeth" (1931), afirmou que a resenha que *For*

---

[16] Eliot recebeu seu batismo e sua confirmação na Igreja da Inglaterra em 1927. Para mais detalhes, ver Margolis, *T. S. Eliot's Intellectual Development*, p. 104-05, e Robert Sencourt, *T. S. Eliot: A Memoir*. Org. Donald Adamson. Nova York, Dodd, Mead and Company, 1971, p. 131-32.

[17] Para uma descrição do que Eliot representava para seus admiradores da época, ver Stephen Spender, "Remembering Eliot", in *T. S. Eliot: The Man and His Work*. Org. Allen Tate. Nova York, Delacorte Press, 1966, p. 38-39, 44-45, 57.

[18] Ao revelar sua conversão, ele recebeu provocações não muito bondosas até mesmo de alguns amigos. Spender, "Remembering Eliot", p. 59, descreve Virgina Woolf, por exemplo, caçoando de Eliot por causa de suas visitas à igreja e de suas orações.

[19] Ver Margolis, *T. S. Eliot's Intellectual Development*, p. 114-15.

[20] "An Anglican Platonist: The Conversion of Elmer More". *Times Literary Supplement*, 30 de outubro de 1937, p. 792, citado em ibidem, p. 139.

Lancelot Andrewes recebera no *Times Literary Supplement* não passara de um registro obituário: "De alguma forma eu havia fracassado e reconhecido meu fracasso; se não como um leitor perdido, ao menos como uma ovelha perdida; ademais, eu era uma espécie de traidor."[21] De maneira indireta, Eliot também descreveu sua sensação de isolamento por meio da poesia – por exemplo, em "The Journey of the Magi" [A Viagem dos Magos] (1927):

> (...) *this Birth was*
> *Hard and bitter agony for us, like Death, our death.*
> *We returned to our places, these Kingdoms,*
> *But no longer at ease here, in the old dispensation,*
> *With an alien people clutching their gods.*[22]

> [(...) tal Nascimento era, para nós,
> Amarga e áspera agonia, como a Morte, nossa morte.
> Regressamos às nossas plagas, estes Reinos,
> Porém aqui não mais à vontade, na antiga ordem divina,
> Onde um povo estranho se agarra aos próprios deuses.]

Além da ruptura entre Eliot e seu meio causada por essa conversão, havia também a mudança, necessária e radical, de sua vida interior. Em seu ensaio "Second Thoughts about Humanism" [Pensamentos Secundários Sobre o Humanismo] (1928), ele afirmou que a convicção intelectual pode se desenvolver aos poucos "sem violentar a honestidade e a natureza", mas que "colocar os sentimentos em ordem é uma tarefa posterior e imensamente difícil".[23] Era essa tarefa que ele estava tentando cumprir quando escreveu os poemas que constituíram as seis seções de "Quarta-feira de Cinzas".

Embora sempre corramos riscos ao identificar o poeta com o locutor de seus textos, "Quarta-feira de Cinzas", mais do que a

---

[21] *Selected Essays*, p. 325.
[22] *CPP*, p. 69.
[23] *Selected Essays*, p. 438.

maioria dos poemas, parece nos convidar a interpretá-lo como uma expressão pessoal que reflete os sentimentos de Eliot e as mudanças de posicionamento pelas quais ele passou entre 1927 e 1930, quando lentamente se adaptava à nova fé e escrevia o poema.[24] O texto traz um retrato do arrependimento e da reorientação em que a relação do locutor com o mundo gradualmente passa da desconfiança e do desespero a um novo senso de responsabilidade, pelo qual ele deve redimir o mundo.[25] Após descrever a agonia do renascimento e sua isolação diante de seu próprio povo, aquele que fala em "The Journey of the Magi" diz: "Uma outra morte me será bem-vinda" ["*I should be glad of another death*"]. "Quarta-feira de Cinzas" tem início com uma atitude semelhante, com o desejo de que os ossos dispersos na seção II permaneçam dispersos e esquecidos, mas seu final traz o reconhecimento da vocação cristã à vida nova e ao serviço a Deus. Poderíamos dizer que o poema descreve o processo pelo qual uma nova identidade psicológica e espiritual se desenvolvia em Eliot à medida que ele escrevia.

A seção II de "Quarta-feira de Cinzas", publicada pela primeira vez sob o título "Salutation" [Saudação], veio a público em 1927, um ano antes da profissão pública de fé realizada em *For Lancelot Andrewes*. No entanto, Eliot já vinha revelando a notícia de sua conversão aos amigos mais próximos e vivenciando o isolamento em que

---

[24] Cf. Margolis, *Intellectual Development*, p. 137: "Como a sua prosa no final da década de 1920, naqueles anos a poesia de Eliot mostrava-se profundamente pessoal e refletia seus movimentos em direção à fé. É difícil não ver um pouco de Eliot no locutor de 'Song for Simeon' [Um Cântico para Simeão], que luta para se acomodar à revelação cristã. Do mesmo modo, o drama expiatório e a derradeira façanha espiritual de 'Quarta-feira de Cinzas' apontam para as experiências de seu autor."

[25] *CPP*, p. 64. "Ash Wednesday" aparece nas páginas 60-67. Como minha discussão do poema o abordará por seções e nenhuma delas cobre muito mais do que uma folha, o número das páginas só será indicado entre parênteses quando as seções em que as citações aparecem não estiverem identificadas.

aquilo o colocava.²⁶ "Salutation" deu voz à sensação de perda de sua velha identidade e à sua morte para o mundo. *"Perch'io non spero"* (1928), o qual veio a tornar-se a seção I de "Quarta-feira de Cinzas", é uma despedida explícita daquele mundo, descrevendo, junto com *"Al som de l'escalina"* (1929), futura seção III, não apenas sua nova resolução, mas também a verdadeira dor que ele sente com isso. Aqueles foram anos em que Eliot precisou trabalhar duro para repensar toda a sua visão da vida e para aceitar o sacrifício pessoal da morte exigida pelo renascimento que buscava. Quando, em 1930, "Quarta-feira de Cinzas" foi finalizado e publicado com o acréscimo das seções IV, V e VI, lá se encontrava a nova visão de Eliot e o novo eu que deveria sustentá-la. Isso não quer dizer que essa visão ou esse eu tivessem assumido por completo a forma que assumiriam na obra tardia do autor, mas ambos foram desenvolvidos o bastante para permitir-lhe capturar sua vida como cristão no mundo, como alguém que vê seu destino de maneira clara, embora parcial, e que o busca com persistência – mas com um coração dividido – naquele que inevitavelmente deve ser "o tempo de tensão entre nascimento e morte" [*"this time of tension between dying and birth"*] (p. 66).

A seção I é um adeus à velha vida do autor: "Porque não mais espero retornar (...) / A este invejando-lhe o dom e àquele o seu projeto" [*"Because I do not hope to turn again (...) / Desiring this man's gift and that man's scope"*]. Ele renuncia à "face abençoada" [*"the blessèd face"*] e à "voz" de uma senhora que personifica as belezas do mundo secular que sua nova vida o convida a deixar para trás.

Redigida no passado, a seção II parece, se identificarmos o pano de fundo do narrador com o de Eliot, uma rememoração do estado mental do autor logo após sua conversão e sua morte batismal. Ela

---

²⁶ Em "To Criticize the Critic" (*To Criticize the Critic and Other Writings*. Nova York, Farrar, Straus and Giroux, 1965, p. 15), Eliot descreve sua apreensão por ter de revelá-la a Irving Babbitt, seu antigo professor, ao mesmo tempo em que se diz exasperado pela reação dele.

nos apresenta um estado de isolação que se aproxima do orgulho e um estado de rendição que se assemelha à lassitude. Isso não quer dizer que aquele seja um estado pecaminoso, mas está próximo dele e, se permanecesse inalterado, assim o seria. Ele é incompleto. Esse estado é o da morte que antecede o renascimento, mas que deve ser completada pelo renascimento de fato num processo doloroso e exigente que, na época, o locutor compreensivamente relutou a aceitar.

Essa seção tem início com a descrição de três leopardos brancos[27] sentados sob um zimbro, "saciados" de suas pernas, seu coração, seu fígado e seu cérebro. À pergunta "Viverão esses ossos?" ["*Shall these bones live?*"], feita por Deus, "o que pulsara outrora / Nos ossos" ["*that which had been contained in the bones*"] responde que, em virtude da bondade e amabilidade daquela a que a seção é dedicada, assim como do fato de ela honrar a Virgem enquanto medita, é "que em fulgor resplandecemos" ["*We shine with brightness*"]. Em seguida, passa-se ao pronome singular quando o falante diz que não deseja ser trazido de volta à vida:

And I who am here dissembled
Proffer my deeds to oblivion, and my love
To the posterity of the desert (...).
As I am forgotten

---

[27] Tenho a impressão de que, segundo o contexto – a morte cristã que precede o renascimento –, os leopardos não são as figuras inteiramente negativas (o pecado, o mundo, a carne, o diabo, etc.) que alguns críticos julgam ser, e sim figuras cujo significado é essencialmente positivo. Uma interpretação simples e adequada dos leopardos seria aquela que os julga análogos a certos aspectos da Santa Trindade, o próprio Deus criador; o redentor da humanidade e fundador da Igreja; e a presença imanente a ela. A Trindade, afinal, é ao mesmo tempo Um e Três em Um, e devorará todo cristão. A brancura dos leopardos, cor que tradicionalmente simboliza a santidade, apoia essa identificação, assim como a associação dos leopardos e das panteras com Cristo nos bestiários medievais. Cf. T. H. White, *The Bestiary: A Book of Beasts*. Nova York, Putnam's, 1960, p. 13-15. Compare também com o "Cristo, o tigre" que Eliot coloca em "Gerontion" (p. 21).

And would be forgotten, so I would forget
Thus devoted, concentrated in purpose.

[E eu que estou aqui dissimulado
Meus feitos ofereço ao esquecimento, e consagro meu amor
Aos herdeiros do deserto (...).
Como esquecido fui
E preferi que o fosse, também quero esquecer
Assim contrito, absorto em devoção.]

Deus então diz: "Profetiza ao vento e ao vento apenas, pois somente / O vento escutará" ["*Prophesy to the wind, to the wind only, for only / The wind will listen*"]. Como se no intuito de cumprir isso, os ossos cantam uma litania à dama, que parece ser uma figura alegórica a representar a Igreja:

Lady of silences
Calm and distressed
Torn and most whole
Rose of memory
Rose of forgetfulness
Exhausted and life-giving
Worried reposeful (...).

[Senhora dos silêncios
Serena e aflita
Lacerada e indivisa
Rosa da memória
Rosa do oblívio
Exânime e instigante
Atormentada tranquila (...).]

O segmento chega ao fim com os ossos ainda espalhados e, de acordo com sua descrição, felizes por estarem desse jeito.

Essa é uma das seções mais complicadas do poema e, como tal, exige alguma explicação. Sua relevância deve ser encontrada em seus vários graus de ironia, dos quais alguns são dirigidos contra o locutor, e outros, contra seu público, tanto o secular quanto o sagrado. A ironia deriva de várias alusões a passagens bíblicas, a maioria retirada dos lecionários anglicanos dedicados aos ofícios matinais e noturnos da Quarta-feira de Cinzas e da Quaresma. Um exemplo pode ser encontrado nas associações das imagens do cenário, o deserto repleto de ossos secos espalhados que ecoa Ezequiel 37,1-14 e Isaías 58,1-12, primeira leitura das matinas da Quarta-feira de Cinzas. Essas duas passagens bíblicas utilizam as imagens do deserto e dos ossos, e ambas também tratam de morte e renascimento, da passagem da carne aos ossos e da terra desolada à fecundidade. No trecho de Ezequiel, o profeta é levado por Deus a um vale de ossos secos, onde ouve a pergunta: "Filho do homem, podem viver estes ossos?" Quando Ezequiel afirma não saber, Deus ordena-lhe que profetize para os ossos, os quais representam "toda a casa de Israel", e lhes diga para ouvirem "a palavra de Iahweh", pois Ele os trará à vida: "Eis que vou fazer com que sejais penetrados pelo espírito e vivereis. Cobrir-vos-ei de tendões, farei com que sejais cobertos de carne e vos revestirei de pele. Porei em vós o meu espírito e vivereis. Então sabereis que eu sou Iahweh".[28] Ezequiel fala com os ossos, quando então eles se agrupam e uma nova carne os recobre. Em seguida, Deus lhe diz: "Profetiza ao espírito (...) e dize-lhe: 'Assim diz o senhor Iahweh: Espírito, vem dos quatro ventos e sopra sobre estes mortos para que vivam.'" Quando Ezequiel assim o faz, eles ganham vida e se põem de pé, como "um imenso exército". Na passagem de Isaías, Deus repreende o povo de Israel por não ter praticado sua religião de maneira persistente ou adequada, mas promete que, se ele retornasse a ela,

> tua luz brilhará nas trevas, a escuridão será para ti como a claridade do meio-dia. Iahweh será teu guia continuamente e te assegurará a fartura, até em terra árida; ele revigorará os teus ossos, e tu serás como

---

[28] Neste capítulo, citarei a Versão Autorizada da Bíblia, já que muito provavelmente foi essa a que Eliot teve em mente ao escrever seus poemas. [Em português, usamos como referência a *Bíblia de Jerusalém*. São Paulo, Paulus, 2002. (N. T.)]

um jardim regado, como uma fonte borbulhante cujas águas nunca faltam. Teus escombros antigos serão reconstruídos; reerguerás os alicerces dos tempos passados e serás chamado Reparador de brechas, Restaurador de caminhos, para que se possa habitar. (Isaías 58,10-12)

O estado espiritual descrito nessas passagens bíblicas é aquele dos hebreus como povo de Deus, uma nação chamada, no mundo, a uma missão sagrada que não estava restrita ao que hoje chamaríamos de atividades eclesiásticas, e sim abarcava toda a vida nacional. Na casa de Israel, o sagrado e o secular deveriam se unir num único ideal de civilização religiosa. A respeito disso, vale lembrar que o problema da união do sagrado com o secular se tornaria recorrente no pensamento de Eliot.[29] Ele o discutiu extensivamente em *The Idea of a Christian Society* (1940) e, de maneira mais sucinta, em "Thoughts After Lambeth", de 1931, mas o tema já se apresentava como uma preocupação importante nos ensaios de *For Lancelot Andrewes* (1928).

O locutor dessa seção morrera para sua vida anterior e agora aceita tal morte com um entusiasmo um pouco exagerado, de modo que o sagrado e o secular são deixados em fragmentos. Em vez de começar uma vida na qual, a fim de anunciar a mensagem do sagrado ao mundo, teria de se tornar um "reparador de brechas" e um "restaurador de caminhos", ele prefere passar o tempo cantando litanias à "Senhora dos silêncios", valendo-se de "Fala sem palavra / E palavra sem fala" ["*Speech without word and / Word of no speech*"]. É como se o Eliot poeta estivesse objetificando através do narrador sua tentação de recuar e, ao mesmo tempo, criticando-a por meio da ironia, a fim de desobrigar-se a responder o chamado que o locutor não deseja aceitar. Implicitamente, o fato de as passagens bíblicas se referirem a

---

[29] Ver Adrian Cunningham, "Continuity and Coherence in Eliot's Religious Thought", in *Eliot in Perspective: A Symposium*. Org. Graham Martin. Nova York, Humanities Press, 1970, p. 213-14 e 220-24. Para um estudo mais extenso sobre esse aspecto do pensamento de Eliot, ver Roger Kojecký, *T. S. Eliot's Social Criticism*. Londres, Faber and Faber, 1971.

Israel como um todo, tanto em seu aspecto sagrado quanto em seu aspecto secular, estende a referência ao estado espiritual da Igreja universal – a nova Israel –, de sua ramificação inglesa e da Inglaterra como nação. Todas estão em estado de fragmentação em virtude de sua incapacidade de corresponder àquilo a que Deus as chama.

Embora o locutor deseje permanecer morto para o mundo e de fato reze para isso ao responder a pergunta de Deus – "podem viver estes ossos?"[30] –, não é isso o que Deus preparou para ele. Outra alusão bíblica, dessa vez à história de Elias no primeiro livro dos Reis, deixa isso claro. Elias, fugindo da bruxa Jezabel, "fez pelo deserto a caminhada de um dia e foi sentar-se debaixo de um junípero. Pediu a morte (...)" (1 Reis 19,4). Em vez de enviar-lhe a morte, Deus, porém, envia-lhe um anjo com comida e bebida – de acordo com a tradição cristã, um "tipo" de Eucaristia. Finalmente, após o jejum de quarenta dias de Elias – um "tipo" de jejum cristão no deserto e também de Quaresma –, Deus lhe esclarece sua missão. Essas alusões indicam que o resultado do presente fugitivo será, ou ao menos pode ser, semelhante.

No entanto, se é isso o que deve ocorrer, o locutor terá de ouvir o chamado de Deus e interpretá-lo corretamente. Nessas circunstâncias, quando Deus ordena que profetize para o espírito, ele adapta a ordem às suas próprias inclinações, fazendo que ela signifique não "Recorre ao Santo Espírito para que Ele traga o povo de Deus à vida", mas apenas: "Fala somente à Igreja, pois só ela irá ouvir." A litania que, em seguida, ele dirige à Igreja expressa seu desejo de paz ("Extinto o tormento" ["*Terminate torment*"]) e de isolamento no "Jardim / Onde todo amor termina" [*the Garden / Where all love ends*"].

O que o locutor quer da Igreja é um fim, ao passo que tanto ela quanto Deus o convocam a um começo. É relevante que as imagens

---

[30] A mudança do "podem viver" de Ezequiel para o "viverão" do poema de Eliot é relevante: eles *podem* viver por meio da graça de Deus, mas se *viverão* ou não é algo que depende da aceitação, por parte do locutor, desse dom.

empregadas mostrem a Igreja como algo externo, uma fonte extrínseca de conforto à qual ele pode recorrer. Na terra prometida que Deus lhe oferece – "Eis a terra / Que dividireis conforme a sorte" ["*This is the land which ye / Shall divide by lot*"], uma alusão a Ezequiel 48,29 –, a nova vida à qual ele é chamado é aquela da Igreja como comunidade de cristãos maduros; ou seja, ele não é chamado apenas a confiar-se à Igreja, mas a transformar-se nela, a fazer da vida e da voz dela a sua voz e a sua vida. Quando renunciara, na seção I, à "face abençoada" da senhora mundana, ele também renunciara à "voz" que era igualmente sua, já que, como poeta secular, o locutor tomava parte na voz do mundo. Em sua antiga vida, o mundo não lhe era algo externo; o próprio locutor era um elemento ativo nele. Agora, ele é chamado a viver a vida da Igreja de modo semelhantemente ativo. O locutor da seção II vê a Igreja como algo quietisticamente silente e reservado, mas, à medida que o poema se desenvolve, emerge aos poucos a necessidade que a Igreja tem de uma voz capaz de anunciar o Verbo. Desse modo, o narrador passa a compreender sua responsabilidade e a contribuir para isso.

A seção III, dedicada à subida da escada, exige poucos comentários. Também ela é uma lembrança – dessa vez, dos incessantes esforços do *homo viator* –, e sua apresentação é direta. Vários críticos palpitaram sobre a origem da imagem da escada na literatura sagrada e secular primitiva,[31] mas seu significado é claro o bastante mesmo sem haver qualquer referência a seus antecedentes: morrer para o mundo da maneira certa é difícil, muito mais difícil do que imaginara o locutor da seção II, mas é essencial. O narrador, por sua vez, sabe disso e está determinado a persistir. Vale notar que a presente seção, por expressar uma visão menos ingênua que a anterior, traz um locutor cuja fé vem se tornando mais madura e, por conseguinte,

---

[31] Para uma lista das possíveis fontes, ver Grover Smith, *T. S. Eliot's Poetry and Plays: A Study in Sources and Meanings*. Chicago, University of Chicago Press, 1960, p. 147.

mais humilde; ele, portanto, já é retratado renascendo em sua nova identidade cristã. A seção III termina significativamente com "mas dizei somente uma palavra" ["*but speak the word only*"], expressão que fora pronunciada pelo centurião gentio que declarou sua crença nos poderes de cura de Cristo e que, daí em diante, é repetida durante a missa como uma devoção comunitária que expressa esse mesmo tipo de confiança. O retorno ao tema da palavra – e, implicitamente, à necessidade de uma voz – nos prepara para a ênfase dada mais uma vez a esse assunto nas seções posteriores.

A seção IV tem início com outras reflexões sobre a senhora da seção II – personificação da Igreja –, mas agora com uma importante diferença: ela não está apenas afastada para contemplação, mas caminha "por entre os outros" – aqueles cuja visão permanece limitada ao século – e restaura com sua presença a vitalidade da cultura secular:

Who walked between the violet and the violet
Who walked between
The various ranks of varied green
Going in white and blue, in Mary's colour,
Talking of trivial things
In ignorance and knowledge of eternal dolour
Who moved among the others as they walked,
Who then made strong the fountains and made fresh the springs

Made cool the dry rock and made firm the sand (...).

[Quem caminhou entre o violeta e o violeta
Quem caminhou por entre
Os vários renques de verdes diferentes
De azul e branco, as cores de Maria,
Falando sobre coisas triviais
Na ignorância e no saber da dor eterna
Quem se moveu por entre os outros e como eles caminhou
Quem pois revigorou as fontes e as nascentes tornou puras

Tornou fresca a rocha seca e solidez deu às areias (...).]

O verde é um símbolo tradicional da esperança – como cor litúrgica – e da vitalidade da natureza. O violeta é a cor usada na liturgia durante a Quaresma, simbolizando o arrependimento, a reflexão crítica sobre a vida que precede a sua renovação. Aqui, o violeta e o verde não estão em conflito, mas são complementares, uma vez que o arrependimento não nega o valor do secular, e sim o prepara para a redenção e satisfação. O fato de a senhora trajar "as cores de Maria" é adequado porque Maria é o protótipo da Igreja e porque sua associação com ela enfatiza seu papel materno, vivificante e acalentador em relação ao mundo. O saber e a ignorância simultâneos da senhora, tal como a abordagem de coisas triviais, são aspectos da vida paradoxal da Igreja, que vive simultaneamente no tempo e na eternidade e que, enxergando verdadeiramente, mas em enigma, deve ser como uma criança a fim de tomar parte numa sabedoria que transcende a sabedoria do mundo. Talvez a figura da senhora nessa passagem estivesse baseada, conforme sugeriu Leonard Unger, em alguma mulher que Eliot de fato conhecia,[32] ou então em vários homens e mulheres que vivificaram a vida cristã para Eliot à medida que ele se interessava pela fé. Talvez seja por isso que a passagem esteja escrita no passado e termine com o *Sovegna vos* de Dante (*Purgatorio*, XXVI, 150), um pedido de oração no paraíso. De todo modo, o relevante aqui é o fato de a senhora, seja ela real ou figurativa, representar a Igreja como uma presença que revitaliza o mundo. Isso mostra o quão distante o locutor se colocou da postura quietista descrita na seção II.

A seção IV prossegue com um cortejo no qual "os anos que permeiam" ["*the years that walk between*"] arrebatam "flautas e violinos" ["*the fiddles and the flutes*"] e reabilitam uma senhora "que no tempo flui entre o sono e vigília, oculta / Nas brancas dobras de luz que em torno dela se embainham" ["*who moves in the time between*

---

[32] Leonard Unger, *T. S. Eliot: Moments and Patterns*. Minneapolis, University of Minnesota Press, 1966, p. 50.

sleep and waking, wearing / White light folded, sheathed about her, folded"]. Enquanto isso, "novos anos" revivem "Com um verso novo antigas rimas" [*"With a new verse the ancient rhyme"*], as quais podem se referir às injunções que imediatamente se seguem: "Redimem / O tempo, redimem / A indecifrada visão do sonho mais sublime" [*"Redeem / The Time. Redeem / The unread vision in the higher dream"*]. Os "anos que permeiam" são provavelmente os anos que se passaram desde que o locutor se afastou pela primeira vez da senhora secular – o mundo – e se aproximou da Igreja. No início, ele teve de rejeitar vigorosamente o mundo a fim de não ser seduzido por visões de violinos e flautas, o "sonho menos sublime" do prazer mundano buscado como um fim autossuficiente. Na seção III, o poder de seu encanto foi descrito nas distrações do terceiro degrau, e a seção IV mostra como o locutor ainda não está imune; no entanto, ele agora se encontra suficientemente desligado daquele tipo de amor inadequado que o mundo apresenta – a flauta do deus do jardim está muda –, sendo, então, capaz de contemplar novamente o secular – dessa vez, de maneira mais objetiva – e de começar a compreender o seu valor.

Essa reavaliação do valor do secular é um dos principais temas do poema. A cilada que se coloca diante daquele que tenta corresponder ao desafio cristão de estar no mundo sem pertencer a ele é a tentação de rejeitar o mundo como um todo e, assim, cair naquilo que veio a ser conhecido como maniqueísmo: a crença de que o secular é intrinsecamente mau e, portanto, irredimível. Essa é uma tentação à qual o locutor esteve muito perto de sucumbir na seção II e, talvez, até mesmo na seção I, embora nesta última também houvesse indícios de uma perspectiva mais equilibrada: ele sabia que deveria renunciar à senhora secular, mas também compreendia levemente que ela era, ainda assim, "abençoada". Agora, na seção IV, essa senhora lhe é restituída tanto como alguém envolto em luz branca, no significado transcendente que espera por ser decifrado na cultura secular, quanto como alguém "entre o sono e vigília", aguardando o completo despertar que esse deciframento constituiria. O "sonho mais sublime" incorporado na literatura secular contém intimações do sagrado.[33] Essa é a "indecifrada visão", o rastro da palavra inaudita e inexpressa, que precisa ser interpretada para que o tempo possa ser redimido.

A irmã em branco e azul, símbolo da Igreja, está em silêncio como em todo o poema, claramente porque não tem qualquer voz com a qual possa comunicar a mensagem sagrada ao mundo moderno; não há mais Dante, Donne ou Herbert, e até mesmo Hopkins dificilmente parecia falar ao mundo como um todo. No entanto, eis que surge a fonte, símbolo da vitalidade da natureza e do secular em geral, e que um pássaro repete a injunção da redenção do tempo ao interpretar o significado indecifrado no sonho mais sublime da civilização secular. O pássaro é um emblema tradicional do Espírito Santo, e aqui claramente representa a presença imanente de Deus, no mundo, como fonte da graça natural e da divina providência.

Um dos símbolos menos óbvios desse segmento, mas ainda digno de alguma atenção, uma vez que volta tanto na seção V quanto na VI, é aquele dos teixos entre os quais se encontra a irmã silente. O teixo é tradicionalmente associado aos cemitérios e à história inglesa, ostentando frutas venenosas e crescendo diretamente para o alto, como se tentasse alcançar os céus. Tudo isso sugere que ele seja um símbolo do mundo temporal que carrega consigo tanto a inclinação para a morte quanto o desejo do sagrado. A posição da senhora entre os teixos representa a posição da Igreja no mundo temporal, e embora a Igreja possa não ter agora uma voz com que falar diretamente ao mundo, às vezes o vento – o Espírito Santo, mais uma vez – sacode aquelas árvores e desperta murmúrios, intimações de significado mais sublime.

O fato de o locutor agora se referir à senhora como "irmã" é importante por assinalar sua crescente maturidade na vida cristã

---

[33] Ver o ensaio "Dante", em T. S. Eliot, *Selected Essays*, p. 223, para mais sobre o emprego que o autor dá às expressões "sonho sublime" e "sonho inferior" na crítica feita durante esse período.

e o novo papel que isso o leva a desempenhar com relação à Igreja. Na seção II, em que engatinhava na fé e desejava apenas uma função passiva, ele falava dela como sua mãe. Agora, mesmo sem perder de vista seus traços maternais – o que fica claro a partir da expressão de agradecimento do início da seção IV –, o locutor começa a distinguir sua vocação pessoal na vida da Igreja, em especial aquela de redimir o sonho do mundo tornando-se uma voz para a Igreja e escrevendo poemas como esse. Isso quer dizer que ele deve ser agora não apenas um filho da Igreja, mas também um irmão. A oração que conclui o poema como um todo se dirigirá a ela como mãe e irmã, e o fato de ela precisar ser ambas é um dos paradoxos da vida cristã. O cristão deve ser tanto um indivíduo maduro e responsável quanto um membro fiel da comunidade de fé. O último verso da seção IV, fragmento da tradicional oração "Salve Regina", reconhece que o locutor necessita incessantemente de cuidados maternos, o que mais uma vez o coloca no papel do filho que, contemplando sua nova tarefa no mundo, reza para que a Virgem interceda por ele e, assim, ajude-o a encarar com sucesso os perigos deste mundo.

A seção IV torna-se o clímax do poema ao apresentar, como objetivo da maturidade cristã, uma vida ativa que redime o tempo. Nesse momento, o locutor percebe que é chamado a ela e que essa vocação deve envolver a leitura da visão indecifrada no sonho mais sublime, isto é, a interpretação do significado religioso da literatura secular e, talvez, sua própria contribuição, como poeta, à expressão dessa visão no sonho. Ao mesmo tempo, porém, o locutor percebe que a maturidade religiosa ainda está muito distante de seu estado atual; ele deve repensar-se e esvaziar-se mais antes de se sentir seguro para reviver a voz renunciada na seção I sem que ela o tente a retornar às ambições mundanas a que também abdicara. As duas seções restantes estão menos preocupadas com o objetivo da maturidade do que com as tensões que a ameaçam nesta vida de "nosso exílio".

A seção V tem início com uma meditação sobre o poder que o "Verbo" exerce no mundo ainda quando não tem uma "palavra", ou uma voz, capaz de fazê-lo ouvido:

If the lost word is lost, if the spent word is spent
If the unheard, unspoken
Word is unspoken, unheard;
Still is the unspoken word, the Word unheard,
The Word without a word, the Word within
The world and for the world;
And the light shone in darkness and
Against the Word the unstilled world still whirled
About the centre of the silent Word.

[Se a palavra perdida se perdeu, se a palavra usada se gastou
Se a palavra inaudita e inexpressa
Inexpressa e inaudita permanece, então
Inexpressa a palavra ainda perdura, o inaudito Verbo,
O Verbo sem palavra, o Verbo
Nas entranhas do mundo e ao mundo oferto;
E a luz nas trevas fulgurou
E contra o Verbo o mundo inquieto ainda arremete
Rodopiando em torno do silente Verbo.]

Mesmo quando não é reconhecido, o Verbo, que na tradição teológica representa o Logos divino, é o princípio da vida no mundo. Ele é tanto a fonte da existência do homem quanto o objetivo de sua atividade. Até mesmo quando o mundo persegue metas ilusórias e excêntricas, seu movimento é composto de forças que o arrastam para junto e para longe de Deus, e por isso ele sempre paira ao redor de seu verdadeiro centro.

Com a citação das "Improperia" da liturgia da Sexta-feira Santa – "Meu povo, que te fiz eu?" –, a reprimenda que Cristo dirige a Israel por ter rejeitado tanto ele quanto sua mensagem,[34] o locutor volta

---

[34] Esta é uma alusão litúrgica cristã à reprimenda de Israel por parte de Deus em Miqueias 6,3.

sua atenção para a incapacidade do mundo de responder ao chamado de Deus e para sua própria incapacidade de responder-lhe com todo o coração. Quando pergunta se a senhora rezará por aqueles que escolheram Deus e ainda assim se opõem a Ele, ele provavelmente está pensando na apostasia da Inglaterra atual e em sua própria dificuldade em manter-se fiel a Deus. O locutor parece ter sua condição em mente quando fala daqueles que estão divididos entre "palavra e palavra, poder e poder" ["*word and word, power and power*"], isto é, entre a palavra que se encontra a serviço do Verbo e a palavra que se encontra a serviço da eminência pessoal do eu lírico, do "poder fugaz" a que ele tentara renunciar. Sentindo que o "sonho inferior" o impele nessa direção, ele se identifica com todos aqueles que, a exemplo de Eliot no prefácio a *For Lancelot Andrewes*, professaram a fé diante do mundo, mas se veem tentados a afastar-se dela no deserto interior do autoesvaziamento ascético que se faz necessário a uma renovação espiritual completa.

O tom encontrado no fim da seção V sugere que o locutor tem tamanha ciência de sua tentação que quase sucumbe ao desespero. O fato de ele perguntar se a irmã velada *irá* rezar por aqueles que se encontram nessa condição indica isso; ele se sente tão abjeto que começa a questionar se poderia receber a divina misericórdia mediada pela Igreja.

A seção VI dá sequência ao tema da tentação, mas mostra o locutor superando o desespero ao voltar-se humildemente para aquilo que ele quase julgara impossível receber de Deus e da Igreja: o perdão e a renovação de suas forças por meio do sacramento da penitência, o qual tradicionalmente se inicia com o "Abençoai-me, padre, porque pequei" do penitente:

Although I do not hope to turn again (...)

Wavering between the profit and the loss
In this brief transit where the dreams cross
The dreamcrossed twilight between birth and dying

(Bless me father) though I do not wish to wish these things
From the wide window towards the granite shore
The white sails still fly seaward, seaward flying
Unbroken wings

[Conquanto não espere mais voltar (...)

Flutuando entre o lucro e o prejuízo
Neste breve trânsito em que os sonhos se entrecruzam
No crepúsculo encruzilhado de sonhos entre o nascimento e a morte
(Abençoai-me pai) conquanto agora
Já não deseje mais tais coisas desejar
Da janela debruçada sobre a margem de granito
Brancas velas voam para o mar, voando rumo ao largo
Invioladas asas]

O locutor confessa a tentação de tomar o caminho errado – "Flutuando entre o lucro e o prejuízo" [*"wavering between the profit and the loss"*] – e retornar às belezas naturais que são essencialmente boas, mas que assumem a atratividade dos sonhos falsos – as "formas vazias entre as portas de marfim" [*"the empty forms between the ivory gates"*] – quando o olhar que as contempla está corrompido.

Essa vida entre o nascimento e o fim físico do homem, tal como entre seu nascimento e seu fim espiritual, é um "crepúsculo encruzilhado" porque, nela, ele não vê com clareza nem é completamente cego. Além disso, essa é uma época de tensão porque, sendo ao mesmo tempo falsas e verdadeiras, tal como engendradas por esse inevitável estado de conhecimento e ignorância parciais, as visões nos três sonhos – o inferior, o superior e o mais sublime – impelem-no para a frente e para trás, para cima e para baixo – e tudo isso ao mesmo tempo. Na seção IV, o locutor vislumbrara a possibilidade de travar uma relação mais feliz com o mundo e até mesmo de vivê-la dando as costas ao sonho inferior e voltando-se para a visão indecifrada no sonho mais sublime, simbolizada pelos murmúrios sacudidos do teixo sob o sopro do Espírito Santo. A consciência do quão difícil é viver isso não é, porém, sinal de declínio, e sim de um crescimento espiritual que um dia pode culminar no cumprimento de sua vocação. Essa ciência é a humildade, na qual ele reconhece tanto sua condição atual quanto seu chamado para superá-la e compreende, com muito mais clareza do que no início, o que realmente são o desvelo e o menosprezo, o que é postar-se em sossego e o que agora precisa buscar na Igreja – o cuidado de uma mãe *no intuito de* encontrar, nela, também a parceria de uma irmã e o Espírito animador que dá a verdadeira vida à fonte, ao jardim, ao rio e ao mar:

> *Blessèd sister, holy mother, spirit of the fountain, spirit of the garden,*
> *Suffer us not to mock ourselves with falsehood*
> *Teach us to care and not to care*
> *Teach us to sit still*
> *Even among these rocks,*
> *Our peace in His will*
> *And even among these rocks*
> *Sister, mother*
> *And spirit of the river, spirit of the sea,*
> *Suffer me not to be separated*
> *And let my cry come unto Thee.*

> [Irmã bendita, santa mãe, espírito da fonte e do jardim,
> Não permiti que entre calúnias a nós próprios enganemos
> Ensinai-nos o desvelo e o menosprezo
> Ensinai-nos a estar postos em sossego
> Mesmo entre estas rochas,
> Nossa paz em Sua vontade
> E mesmo entre estas rochas
> Mãe, irmã
> E espírito do rio, espírito do mar,
> Não permiti que separado eu seja
> E que meu grito chegue a Ti.]

Ainda assim, mesmo se dissermos que, nesse poema, Eliot trabalhou a vocação cristã de comunicar ao mundo o significado redentor de sua fé, é difícil ver "Quarta-feira de Cinzas" como um exemplo dessa comunicação. O poema não é exatamente pessoal, mas pode soar bastante obscuro para alguém que não está familiarizado com a Bíblia ou com a liturgia católica. O texto como um todo parece ser mais um paralelo à litania recitada pelos ossos à Igreja na seção II do que uma resposta à pergunta "Onde encontrar a palavra (...)?" ["*Where shall the word be found* (...)?"] (p. 65). Mais uma vez, questionamo-nos quantos, até mesmo entre os membros da Igreja de Eliot, teriam lido os ofícios diários e, assim, acumulado os fundamentos necessários para compreender as alusões do poeta.

Em seus poemas e peças subsequentes, Eliot dedicou-se em grande medida a encontrar uma voz e uma linguagem com que pudesse falar ao mundo como um todo, tanto para aqueles que estavam dentro da Igreja quanto para os que estavam fora. Publicados entre 1936 e 1942,[35] os textos incluídos em *Four Quartets* [Quatro Quartetos], além de desenvolverem ao máximo sua visão religiosa, também representam um passo importante do desenvolvimento de uma linguagem poética capaz de comunicar essa perspectiva para um público amplo. Baseando-se na cultura comum, e sem fazer alusões a trechos bíblicos relativamente desconhecidos, os quartetos recorrem a imagens da Bíblia reconhecíveis a quase todo leitor educado, como as línguas de fogo (p. 139) e a descida da pomba (p. 143). Até as alusões que Eliot faz à Guerra Civil inglesa do século XVII não pareceriam obscuras ao seu público inglês. E, quando ele recorre a algo um pouco menos popular, como o *Bhagavad Gita* ou os escritos de São João da Cruz, não se torna necessário conhecer sua fonte, dado que o significado desses trechos no poema é bastante claro. Esse método é quase oposto ao de "Quarta-feira de Cinzas", em que o sentido de certas passagens é praticamente opaco até que elas sejam cotejadas com suas fontes bíblicas.

---

[35] "Burnt Norton" foi publicado em 1936; "East Coker", em 1940; "The Dry Salvages", em 1941; e "Little Gidding", em 1942. Eles aparecem em *CPP*, p. 117-45. As páginas referentes a cada citação serão indicadas entre parênteses.

O tema que predomina nos *Four Quartets* [Quatro Quartetos] é o problema da relação entre o tempo e a eternidade – problema que, segundo mostra o poema, é também uma versão do problema da relação entre o secular e o sagrado. Nesse contexto, vale recordar que a palavra latina *saeculum* – que está na raiz do vocábulo inglês *secular* – significa era ou geração e, por extensão, o mundo temporal. Segundo os quartetos, o problema repousa no fato de, em seu interior, o tempo parecer um fluxo infinito e cíclico, enquanto o homem só parece ter acesso a uma dimensão sagrada da experiência em momentos atemporais "isolados, sem antes e depois" ["*isolated, with no before and after*"] (p. 129). Para o homem, deixar esses dois planos separados equivale a dividir-se em dois, já que sua vida natural está enraizada no mundo temporal e seu anseio pelo sagrado é como uma "intolerável túnica de flama" ["*intolerable shirt of flame*"] (p. 144) da qual ele não consegue se livrar. Uni-los, porém, exige a "morte de uma vida vivida no amor, / Fervor, altruísmo e renúncia de si própria" ["*a lifetime's death in love, / Ardour and selflessness and self-surrender*"] (p. 136), o que está além das capacidades do esforço humano desassistido. De acordo com a descrição que o poema lhe dá, esse é um problema comum tanto às religiões cristãs quanto às não cristãs; além disso, religiões não cristãs, como o hinduísmo do *Bhagavad Gita*, podem fornecer vislumbres válidos sobre como desempenhar a necessária autorrenúncia. A solução em si só se realiza por meio da elevação do secular ao plano do sagrado, movimento que é iniciado por um "Amor" e um "Apelo" (p. 145) e arrematado pela cooperação do homem com a graça divina.

O início de "Burnt Norton", o primeiro dos quartetos, pondera sobre a possibilidade de o tempo ser um sistema fechado:

Time present and time past
Are both perhaps present in time future
And time future contained in time past.
If all time is eternally present
All time is unredeemable. (p. 117)

[O tempo presente e o tempo passado
Estão ambos talvez presentes no tempo futuro
E o tempo futuro contido no tempo passado.
Se todo tempo é eternamente presente
Todo tempo é irredimível.]

Duas possibilidades estão implícitas aqui. Uma delas é a visão do tempo defendida por Parmênides e Zenão de Eleia, isto é, a ideia de que o tempo é uma ilusão e de que a única realidade é o Uno imutável. A outra é um dos significados implícitos na frase que dá início a "East Coker": "Em meu princípio está meu fim" ["*In my beginning is my end*"] (p. 123) – noção aristotélica da entelequia, de que tudo o que existe no presente contém em si seu futuro como possibilidade que tende à realização. Eliot pode ter encontrado no pensamento de F. H. Bradley a forma radical que essa ideia assume nos quartetos. Na discussão sobre o tempo que traz em *Appearance and Reality*, Bradley afirma: "Já foi claramente provado que, a exemplo do espaço, o tempo não é real, e sim uma aparência contraditória."[36] Um dos argumentos que ele utiliza para sustentar sua posição é o fato de a ciência "praticamente ignorar a existência do tempo": "Ela em geral trata o passado e o futuro como uma unidade que se forma com o presente. (...) A natureza de uma existência é determinada de acordo com aquilo que ela foi e aquilo que ela (potencialmente) será. Por outro lado, porém, se esses atributos não estiverem presentes, de que modo podem ser reais?"[37] Embora Eliot certamente acreditasse na redenção do tempo e o poema como um todo culmine numa visão dessa redenção, a perspectiva considerada nesses versos iniciais não deve ser

---

[36] Francis Herbert Bradley, *Appearance and Reality: A Metaphysical Essay*. 2. ed. Oxford, Clarendon Press, 1930, p. 36. Cf. o antigo poema de Eliot, escrito em 1905, que começa com "Se o Tempo e o Espaço, como dizem os Sábios, / São coisas que não podem ser (...)" ["*If Time and Space, as Sages say, / Are things which cannot be (...)*]", T. S. Eliot, *Poems Written in Early Youth*. Londres, Faber and Faber, 1967, p. 17.

[37] *Appearance and Reality*, p. 183-84.

interpretada como algo meramente superficial, e sim o contrário. Da forma como o poema a representa, essa é, do ponto de vista de um observador limitado a uma perspectiva puramente natural ou secular, uma teoria do tempo perfeitamente sensata. Nesse caso, os momentos atemporais, a "*Erhebung* estática" ["*Erhebung without motion*"] (p. 119) sem antes ou depois, seriam semelhantes a vislumbres do Ser imóvel, como o Uno do pensamento de Parmênides; ao mesmo tempo, o incessante fluxo do tempo também pareceria imutável de outra forma, dado que sempre desdobraria uma variedade limitada de possibilidades, como num ciclo perpétuo.

Uma vida presa a essa repetição ansiaria por uma fuga, tanto rumo a um universo de possibilidades mais amplas quanto rumo à morte. Nos quartetos, esse anseio é metaforicamente estendido até mesmo ao universo não humano, de modo a evocar a descrição feita por São Paulo de como "a criação inteira geme e sofre" à espera da redenção (Romanos 8,22) – exatamente como nos versos de "The Dry Salvages":

> *Where is there and end of it, the soundless wailing,*
> *The silent withering of autumn flowers*
> *Dropping their petals and remaining motionless;*
> *Where is there an end to the drifting wreckage,*
> *The prayer of the bone on the beach, the unprayable*
> *Prayer at the calamitous annunciation?* (p. 131)

[Onde fim para isso tudo, para o surdo lamento,
Para o silente agonizar das flores outonais
Que as pétalas gotejam e imóveis permanecem;
Onde fim que termo ponha ao torvelinho do naufrágio,
À súplica do osso nas areias, à insuplicável
Súplica para a calamitosa anunciação?]

Nesse caso, a súplica do osso é para "seu Deus-morte" ["*to Death its God*"] (p. 132), tendo como objetivo apenas o fim do fluxo absurdo. Do jeito que as coisas são, porém, no mundo do tempo

> *There is no end, but addition: the trailing*
> *Consequence of further days and hours (...).*
> *We cannot think of a time that is oceanless*
> *Or of an ocean not littered with wastage*
> *Or of a future that is not liable*
> *Like the past, to have no destination.* (p. 131-32)

[Não há fim, mas adição: a repisada trilha
De tantas horas mais e sempre os mesmos dias (...).
Não poderemos conceber um tempo inoceânico
Ou oceano algum não recamado de despojos
Ou futuro que não esteja, como o passado,
Sujeito a nunca possuir destinação.]

Por si só, o tempo apenas continua; a única esperança de libertação vem daquilo que, do ponto de vista da natureza, seria a oração difícil e pouco rezável "da última Anunciação" (p. 132), a qual suplicaria pela graça sobrenatural capaz de elevar a natureza a um nível superior. Isso daria à vida um fim não como término, mas como um objetivo que está além dela mesma – ou seja, além da perpétua repetição de seu círculo de limitadas potencialidades,

> *Where action [is] (...) movement*
> *Of that which is only moved*
> *And has in it no source of movement –*
> *Driven by daemonic, chthonic*
> *Powers.* (p. 136)

[Onde qualquer ação ainda [é] (...) movimento
Do que apenas é movido
Sem possuir matriz de movimento
– Guiado por demônicos, ctônicos
Poderes.]

Pistas dessa "última Anunciação" chegam ao homem nos momentos atemporais que ocasionalmente o acometem, retirando-o do estado comum de semiconsciência e conduzindo-o a uma clareza e um esplendor momentâneos, "uma luz branca imóvel e movediça" ["*a white light still and moving*"] (p. 119). É a experiência ocasional desses "momentos de felicidade – não a sensação de bem-estar, / Fruição, plenitude, (...) mas a súbita iluminação" ["*moments of happiness – not the sense of well-being, / Fruition, fulfillment (...) but the sudden illumination*"] (p. 132-33) – o que faz parecer, "quando alguém se torna mais velho, / Que o passado assume outra forma e deixa de ser uma simples sequência – / Ou mesmo um desenvolvimento" ["*as one becomes older, / That the past has another pattern, and ceases to be a mere sequence – / Or even development*"] (p. 132). A experiência acumulada na dimensão temporal não suscita essa percepção e essa libertação. Pelo contrário. O poeta afirma que a "sabedoria dos velhos" ["*the wisdom of old men*"] é apenas "a sabedoria [que] encerra apenas o conhecimento de segredos mortos / Inúteis na escuridão a que assomaram / Ou daquela de que seus olhos se esquivaram" (p. 125) ["*only the knowledge of dead secrets / Useless in the darkness into which they peered / Or from which they turned their eyes*"]; e que "as dádivas / À velhice reservadas" ["*the gifts reserved for age*"] começam com "a amarga insipidez de um fruto umbroso" ["*bitter tastelessness of shadow fruit*"] (p. 141). Ao mesmo tempo, porém, a "súbita iluminação" é apenas momentânea – e é preciso que assim seja, uma vez que, se prolongada, sua luminosidade imutável extinguiria a vida temporal do homem por completo:

> *Yet the enchainment of past and future*
> *Woven in the weakness of the changing body,*
> *Protects mankind from heaven and damnation*
> *Which flesh cannot endure.*
>
> [Contudo, o encadeamento de passado e futuro
> Entretecidos na fragilidade do corpo mutável
> Preserva o homem do céu e da condenação
> A que nenhuma carne poderia suportar.]

O homem não pode ser salvo pela extinção do tempo, mas apenas pela assunção do tempo na dimensão do sagrado. Os próprios momentos individuais de iluminação são uma amostra disso, pois cada um deles ocorre num instante específico do tempo e o transfigura de modo a dar ao secular um valor sagrado que não deve ser perdido, mas estendido ao tempo como um todo:

> (...) *only in time can the moment in the rose-garden,*
> *The moment in the arbour where the rain beat,*
> *The moment in the draughty church at smokefall*
> *Be remembered; involved with past and future.*
> *Only through time time is conquered.* (p. 119-20)

> [(...) somente no tempo é que o momento no roseiral,
> O momento sob o caramanchão batido pela chuva,
> O momento na igreja cruzada pelos ventos ao cair da bruma,
> Podem ser lembrados, envoltos em passado e futuro.
> Somente através do tempo é o tempo conquistado.]

Não existe qualquer risco de o homem se perder na contemplação da eternidade e deixar o tempo para trás. Os momentos de iluminação são infrequentes e fugazes e, mesmo quando vêm, o homem costuma se mostrar pouco preparado para se abrir completamente a eles. O mais comum é "vivermos a experiência mas perdermos o significado" ["*had the experience but missed the meaning*"] (p. 133), ao passo que apenas "a proximidade do significado restaura a experiência" ["*approach to the meaning restores the experience*"].

Os *Four Quartets* [Quatro Quartetos] como um todo são uma abordagem a esse significado. Eles exploram tanto alguns desses momentos de experiência transcendental quanto a experiência histórica que os vincula, tal como a razão que explica a frágil posse que o homem tem da iluminação recebida.

Após a reflexão inicial sobre o tempo, arrematada com a observação de que "O que poderia ter sido e o que foi, / Convergem para um só fim, que é sempre presente" ["*What might have been and what has been / Point to one end, which is always present*"] (p. 117), "Burnt Norton" passa a tratar de uma experiência arquetípica de iluminação – arquetípica no sentido de revelar a estrutura da possibilidade tanto na vida do poeta quanto na vida humana em geral. No poema, uma visita ao roseiral de uma casa de campo inglesa – o Burnt Norton do título – torna-se um passo rumo ao "nosso primeiro mundo" ["*into our first world*"] (p. 118), um correspondente ao Jardim do Éden, o ponto de origem arquetípico da vida humana em que estava aberta a possibilidade de viver de um modo em que tempo e eternidade estivessem unidos. O momento de origem se encontra no passado, e esquecer isso seria sucumbir "à trapaça do tordo" ["*the deception of the thrush*"] (p. 118); no entanto, a possibilidade por ele apresentada continua a seduzir o homem, e assim os momentos de iluminação que surgem em seu presente sempre trazem consigo um leve rastro da memória de seu lar original. O homem, contudo, "Não pode suportar tanta realidade" em seu estado atual, e, ainda assim, é no presente, no qual convergem "O que poderia ter sido e o que foi", que ele deve viver.

Uma das principais características da condição atual do homem é o tipo de tempo que ele experimenta. Este é o que poderia ser chamado de tempo psicológico, uma vez que, embora não esteja completamente desvinculado da duração objetiva, ele é em grande parte produto das preocupações humanas:

(...) *time counted by anxious worried women*
Lying awake, calculating the future,
Trying to unweave, unwind, unravel
And piece together the past and the future (...). (p. 131)

[(...) o tempo contado pelas aflitas e aborrecidas mulheres
Em vigília, calculando o futuro
Tentando esfiapar, desmanchar, deslindar
E o passado ao futuro cerzir (...).]

Esse tipo de tempo mais se assemelha a um sonho do que à realidade, e é com ele em mente que o poeta afirma: "O tempo passado e o tempo futuro / Não admitem senão uma escassa consciência" ["*Time past and time future / Allow but little consciousness*"] (p. 119). A seção III de "Burnt Norton" usa o estado mental de uma multidão reunida numa estação de metrô como exemplo dessa semiconsciência, desse "Tempo de antes e tempo de após / Numa luz mortiça" ["*Time before and time after / In a dim light*"]:

Only a flicker
Over the strained time-ridden faces
Distracted from distraction by distraction
Filled with fancies and empty of meaning
Tumid apathy with no concentration (...). (p. 120)

[Um bruxuleio apenas
Sobre faces tensas repuxadas pelo tempo
Distraídas da distração pela distração
Cheias de fantasmagorias e ermas de sentido
Túmida apatia sem concentração (...).]

De um modo que recorda o budismo que Eliot estudara em seus anos de juventude e evoca no "Fire Sermon" [O Sermão do Fogo], de *The Waste Land*, assim como o pensamento cristão de São João da Cruz, esse tipo de tempo parece ser criação dos desejos humanos: "o mundo se move / Em apetência, sobre seus metálicos caminhos / De tempo passado e tempo futuro" ["*the world moves / In appetency, on its metalled ways / Of time past and time future*"] (p. 121). Como resultado, esse aprisionamento na apetência afasta o homem da possibilidade de transcender – "A curiosidade humana esquadrinha passado e futuro / E a tal dimensão se apega" ["*Men's curiosity searches past and future / And clings to that dimension*"] (p. 136) – e reduz o tempo da experiência humana a uma terra desolada: "Absurdo o sombrio tempo devastado / Que antes e após seu rastro alastra" ["*Ridiculous the waste sad time / Stretching before and after*"] (p. 122).

"Apreender / O ponto de interseção entre o atemporal / E o tempo é tarefa para um santo" ["*to apprehend / The point of intersection of the timeless / With time, is an occupation for the saint*"] (p. 136), e o caminho humano que conduz a ele passa pelo ascetismo, pela extinção voluntária do sonho:

> *Descend lower, descend only*
> *Into the world of perpetual solitude,*
> *World not world, but that which is not world,*
> *Internal darkness, deprivation*
> *And destitution of all property,*
> *Dessication of the world of sense,*
> *Evacuation of the world of fancy,*
> *Inoperancy of the world of spirit* (...). (p. 120-21)

[Desce mais fundo, desce apenas
Ao mundo da perpétua solidão,
Mundo não mundo, mas o que não é mundo,
Escuridão interior, privação
E destituição de toda a propriedade,
Ressecamento do mundo dos sentidos,
Evasão do mundo da fantasia,
Inoperância do mundo do espírito (...).]

"Este é o único caminho" ["*This is the one way*"], diz o poeta, e "o outro / É o mesmo" ["*and the other / Is the same*"] – o caminho da escuridão e o caminho da iluminação. Ambos se afastam da distração mundana controlada pelo tempo e consistem "não em movimento / Mas movimento abstêmio" ["*not in movement / But abstention from movement*"]. Como na atual condição do homem os seus apetites costumam ser aberrantes, tendendo a arrastar todos os seus impulsos com eles, o caminho do ascetismo exige a supressão de todos os movimentos interiores, até mesmo daqueles que geralmente seriam equiparados às virtudes da esperança e do amor:

> *I said to my soul, be still, and wait without hope*
> *For hope would be hope for the wrong thing; wait without love,*
> *For love would be love of the wrong thing; there is yet Faith*
> *But the faith and the love and the hope are all in the waiting.* (p. 126-27)

[Eu disse à minh'alma, fica tranquila, e espera sem esperança
Pois a esperança seria esperar pelo equívoco; espera sem amor
Pois o amor seria amar o equívoco; contudo ainda há fé
Mas a fé, o amor e a esperança permanecem todos à espera.]

Isso não quer dizer, porém, que o caminho seja pouco afetuoso, ao menos no sentido da indiferença; em vez disso, ele é uma preparação para um novo tipo de amor, o amor sobrenatural que "é em si mesmo imóvel (...) / Sem tempo e sem desejo" ["*is itself unmoving (...) / Timeless, and undesiring*"] (p. 122). A diferença é que, entre a indiferença e o desapego,

> *There are three conditions which often look alike*
> *Yet differ completely, flourish in the same hedgerow:*
> *Attachment to self and to things and to persons, detachment*
> *From self and from things and from persons; and, growing between*
>   *them, indifference*
> *Which resembles the others as death resembles life,*
> *Being between two lives – unflowering, between*
> *The live and the dead nettle.* (p. 142)

[Três condições existem que amiúde iguais parecem
Embora difiram por completo, na mesma sebe florescem:
Apego a si próprio e às coisas e às pessoas, desapego
De si próprio e das coisas e das pessoas; e, entre ambas germinando,
      indiferença
Que às outras se assemelha tal a morte se assemelha à vida
E que entre duas vida se enraíza – inflorescência, entre
A urtiga viva e a morta urtiga.]

A supressão dos movimentos interiores de apetência também não indica que não se deve participar ativamente da vida temporal humana, e sim que é preciso agir de acordo com um espírito desapegado e, portanto, genuinamente livre. Longe de impedir a ação, é isso o que torna a verdadeira ação possível, libertando-a do domínio dos "demônicos, ctônicos / Poderes" para que enfim possa ter, como fonte de movimento interior, o amor que em si mesmo é sem tempo e sem desejo. Tal é a importância da referência que encontramos na seção III de "The Dry Salvages" à censura que Krishna dirigira a Arjuna no campo de batalha. No *Gita*, Arjuna pergunta a Krishna se a participação na guerra o impediria de alcançar o desapego; seu interlocutor responde que o desapego perfeito só deverá ser encontrado na satisfação abnegada de sua vocação como guerreiro. A chave para a libertação, diz Krishna, consiste não no ato de abster-se da ação, mas em agir sem pensar nos frutos dela.

Para redimir a vida do homem no tempo, não é preciso se afastar dela, mas vivê-la de modo a conduzi-la ao amor:

This is the use of memory:
For liberation – not less of love but expanding
Of love beyond desire, and so liberation
From the future as well as the past. Thus, love of a country
Begins as an attachment to our own field of action
And comes to find that action of little importance
Though never indifferent. History may be servitude,
History may be freedom. See, now they vanish,
The faces and places, with the self which, as it could, loved them,
To become renewed, transfigured, in another pattern. (p. 142)

[Esta é a função da memória:
Libertação – não menos amor, mas expansão
De amor para além do desejo, como também libertação
Do passado e do futuro. Assim, o amor a um país
Começa como apego à nossa própria esfera de ação

E acaba por julgar que tal ação seja de pouca importância
Conquanto nunca indiferente. A História pode ser escravidão,
A História pode ser liberdade. Vê, tudo agora se dissolve,
As faces e os lugares, com o eu que, tal como pôde, os amou
Para se renovarem, transfigurados, em outro modelo.]

O novo modelo é "o modelo / Dos momentos sem tempo" ["*a pattern / Of timeless moments*"] (p. 144), no qual o amor sem tempo, movimento e desejo que transcende a natureza assume, no mundo temporal, "sua máscara de tempo / Capturado sob a forma de limitação / Entre o ser e o não ser" ["*the aspect of time / Caught in the form of limitation / Between un-being and being*"] (p. 122); assim, ele eleva o tempo até si, o tempo como história e até mesmo pré-história: "A experiência vivida e revivida no significado / Não é a experiência de uma vida apenas / Mas a de muitas gerações" ["*the past experience revived in the meaning / Is not the experience of one life only / But of many generations*"] (p. 133), e a vida que arde a cada instante não é a vida "de um homem apenas / Mas a de antigas pedras que não podem ser decifradas" ["*of one man only / But of old stones that cannot be deciphered*"] (p. 129). É isso o que os fugazes momentos de iluminação indicam como "hipótese e conjectura, / Hipótese e depois conjectura" ["*hints and guesses, / Hints followed by guesses*"] – a redenção do tempo e de todo o mundo natural por meio de sua assunção àquele ponto de cruzamento entre o temporal e o atemporal com que Deus agracia Sua criação: "A hipótese em parte conjecturada, o dom parcialmente compreendido, é Encarnação. / Aqui se atualiza a impossível / União de esferas da existência" ["*The hint half guessed, the gift half understood, is Incarnation. / Here the impossible union / Of spheres of existence is actual*"] (p. 136).[38]

---

[38] O ponto entre "union" e "Of spheres of existence" no original desse trecho, página 136, é um erro da edição norte-americana, e por isso o suprimi de minha citação.

À medida que os quartetos exploram as lembranças da infância do poeta em Missouri, tal como a experiência de sua família e de toda a Inglaterra do Renascimento e da Guerra Civil inglesa até os dias sombrios da Segunda Guerra Mundial, a visão desse significado – a Encarnação – é gradualmente ampliada para abarcá-las e transfigurá-las, assim como para salvar o fluxo do tempo e da matéria da escuridão à qual sua trajetória natural as carregaria se deixada à própria mercê.

A exploração da história tem início com as reflexões do poeta sobre uma visita a East Coker – local de origem da família Eliot no século XVI[39] – e sobre a capacidade que a decadência física tem de destruir o que é meramente natural no passado do homem:

> *In my beginning is my end. In succession*
> *Houses rise and fall, crumble, are extended,*
> *Are removed, destroyed, restored (...).*
> *Old stone to new building, old timber to new fires,*
> *Old fires to ashes, and ashes to the earth*
> *Which is already flesh, fur and faeces,*
> *Bone of man and beast, cornstalk and leaf.* (p. 123)

> [Em meu princípio está meu fim. Umas após outras
> As casas se levantam e tombam, desmoronam, são ampliadas,
> Removidas, destruídas, restauradas (...).
> Velhas pedras para novas construções, velhos lenhos para novas chamas,
> Velhas chamas em cinzas convertidas, e cinzas sobre a terra semeadas,
> Terra agora feita carne, pele e fezes,
> Ossos de homens e bestas, trigais e folhas.]

À medida que em sua memória retorna ao cenário, ele relata como "a luz declina / Sobre o campo aberto" ["*the light falls / Across the open field*"] – sendo "absorvida, irrefratada, pela rocha grisalha" ["*absorbed, not refracted, by grey stone*"] (p. 123) – e

---

[39] Ver Grover Smith, *T. S. Eliot's Poetry and Plays*, p. 269.

como persistem as lembranças históricas do alvoroço rústico e da dança "em derredor do fogo" ["*round and round the fire*"] (p. 124), festividades descritas em The Boke Named The Governour (1531) de Sir Thomas Elyot, que nasceu em East Coker e possivelmente tinha parentesco com o poeta.[40]

As referências ao fogo e à luz que caem do ar e são absorvidos por uma pedra constituem parte de um padrão imagístico mais amplo, o qual contém os elementos que permeiam todos os quatro poemas e representa os processos da natureza. A concepção básica é heraclítea, tal como sugere o emprego, por parte de Eliot, de dois fragmentos de Heráclito como epígrafe. O segundo deles – "ὁδός ἄνω κάτω μία καὶ ὠυτή"[41] (p. 117, "O caminho para cima e o caminho para baixo são apenas um e o mesmo") – refere-se ao padrão circular pelo qual os quatro elementos tradicionais se transformam uns nos outros num ciclo que começa com o fogo, passa para a água e para a terra e, então, retorna por meio da terra ao fogo, a fim de iniciar novamente o ciclo. Outro fragmento de Heráclito o descreve: "O fogo vive na morte da terra, o ar na morte do fogo, a água na morte do ar e a terra na morte da água."[42] Este é o modelo cíclico pelo qual se desloca o fluxo do tempo, uma trajetória descendente e incessantemente repetida que culmina em "bosta e morte" ["*dung and death*"] (p. 124). A ação histórica, em virtude de sua própria natureza como vida encarnada, é sempre envolvida nesse processo de extinção: "qualquer ação / É um passo rumo ao todo, ao fogo, uma descida à garganta do mar / Ou à pedra indecifrável" ["*any action / Is a step to the block, to the fire, down to the sea's throat / Or to an illegible stone*"] (p. 144). Ao mesmo tempo, porém, a história possui um âmago espiritual –

---

[40] Ver James John Sweeney, "'East Coker': A Reading", in *T. S. Eliot* Four Quartets: *A Casebook*. Org. Bernard Bergonzi. Londres, Macmillan, 1969, p. 38.

[41] Diels, *Die Fragmente der Vorsokratiker*, fragmento 60.

[42] A tradução é de Philip Wheelwright, *The Presocratics*. Nova York, Oddyssey Press, 1966, p. 72.

"o imóvel ponto do mundo que gira" ["*the still point of the turning world*"] (p. 119) – do qual o fogo que está ao centro da dança rústica passa a ser símbolo quando é levado à vida humana que se oferece a esse "imóvel ponto":

> (...) *you can hear the music*
> *Of the weak pipe and the little drum*
> *And see them dancing around the bonfire*
> *The association of man and woman*
> *In daunsinge, signifying matrimonie –*
> *A dignified and commodious sacrament.* (p. 123-24)

> [(...) poderás ouvir a música
> Da tíbia flauta e do tambor pequenino
> E vê-los dançar em derredor do fogo
> Homem e mulher ajuntados
> Bailando na dança que celebra o matrimônio,
> Esse dino e commodo sacramento.]

Assim como toda ação é um passo rumo ao todo e ao fogo – correspondente na vida do homem àquilo que para o cosmos é o "fogo arrasador / Que na calota polar ainda flameja" ["*destructive fire / Which burns before the ice-cap reigns*"] (p. 125) –, a necessidade de aceitar nosso próprio papel na agonia do mundo constitui parte do propósito a que devemos nos aproximar a fim de reaver a iluminação dos momentos de experiência transcendente:

> *Now, we come to discover that the moments of agony*
> (...) *are likewise permanent*
> *With such permanence as time has* (...).
> *People change, and smile: but the agony abides.* (p. 133)

> [Agora, chegamos a descobrir que os momentos de agonia
> (...) são a rigor permanentes,
> Ungidos dessa permanência que ultrapassa o tempo (...).
> As pessoas mudam, e sorriem – mas a agonia permanece.]

Aceitar isso num espírito de autorrendição, confiando-se à "compaixão cortante [da arte do curador]" ["*the sharp compassion of the healer's art*"] (p. 127), é tomar parte no sacrifício central por que "chamamos santa à Sexta-feira" ["*we call this Friday good*"] (p. 128). Do mesmo modo, fazê-lo é ver o "fogo arrasador" que conduz apenas à morte transformar-se no fogo da purgação, o "fogo purificador / Onde mover-te deves como um bailarino" ["*refining fire / Where you must move in measure, like a dancer*"] (p. 142).

Viver na história é viver no fogo. Essa pode ser uma vida de agonia sem sentido, na qual vemos o tempo devorar as obras a que nos apegamos a despeito de nossos esforços – "A água e o fogo escarneceram / Do sacrifício que repudiamos" ["*Water and fire deride / The sacrifice that we denied*"] (p. 140) –, ou pode ser uma vida de sacrifício, de preparação para "nutrir (...) / A vida de uma terra em plenitude" ["*nourish (...) / The life of significant soil*"] (p. 137).

É por meio desse sacrifício que a terra se torna plena. O local em que a vida do sacrifício é vivida – East Coker, Little Gidding, a Inglaterra da Guerra Civil ou da Batalha da Grã-Bretanha – torna-se veículo de um significado que tem a capacidade de atrair vidas de gerações posteriores. Descrevendo uma visita feita a Little Gidding, o poeta diz que, independentemente de como e por que a viagem está sendo realizada, ela provavelmente terá impactos que estão além das pretensões de quem a faz:

> (...) *what thought you came for*
> *Is only a shell, a husk of meaning*
> *From which the purpose breaks only when it is fulfilled*
> *If at all. Either you had no purpose*
> *Or the purpose is beyond the end you figured*
> *And is altered in fulfillment.* (...)
> *You are not here to verify,*
> *Instruct yourself, or inform curiosity*
> *Or carry report. You are here to kneel*
> *Where prayer has been valid.* (p. 139)

[E aquilo por que supunhas vir
É somente uma concha, uma casca de significado
Cujo propósito desponta apenas ao cumprir-se,
Se acaso isto acontece. Ou seja que nenhum propósito tivesses
Ou que o propósito ultrapassa o fim que imaginaste
E se altera ao ser cumprido. (...)
Não estás aqui para averiguar,
Ou te instruíres a ti próprio, ou satisfazer a curiosidade
Ou redigir um informe. Aqui estás para ajoelhares
Onde eficaz tem sido a oração.]

Little Gidding foi uma comunidade religiosa anglicana atacada e dissipada pelas forças puritanas em 1646, durante a Guerra Civil. Aqueles que se dedicavam à vida daquela comunidade – Nicholas Ferrar e as famílias de seu irmão e cunhado – a transformaram numa "interseção do momento atemporal" ["*intersection of the timeless moment*"], e suas presenças ainda podem ser sentidas por aquele que ali se ajoelha: "a comunicação / Dos mortos se propaga – língua de fogo – para além da linguagem dos vivos" ["*the communication / Of the dead is tongued with fire beyond the language of the living*"].

Tendo apresentado o tema da Guerra Civil em relação a Little Gidding, o poeta então explora o significado do tipo de conflito histórico que ela representa. Uma vez que se dedicavam a servir a Deus, ambos os lados, tanto o anglicano e monarquista quanto o puritano, estavam "marcados por um só gênio comum" ["*touched by a common genius*"] – o Espírito Santo –, e portanto se encontravam "unidos na discórdia que os sangrava" ["*united in the strife which divided them*"] (p. 143).

A primeira epígrafe de Heráclito toca essa ideia de uma unidade mais profunda no interior do conflito: "τοῦ λόγον δ'ἐόντος ξυνοῦ ζώουσιν οἱ πολλοί ὡς ἰδίαν ἔχοντες φρόνησιν"[43] (p. 117, "Embora o Logos seja comum a todos, cada um procede como se tivesse um pensamento

---

[43] Diels, *Die Fragmente der Vorsokratiker*, fragmento 2.

próprio"). Quando os homens vivem apenas em função de suas próprias finalidades, a história continua sendo, com o fluxo do cosmos, apenas um "torvelinho do naufrágio" ["*drifting wreckage*"] (p. 132). No entanto, quando os homens se entregam, ainda que parcialmente e com pouco entendimento, ao fogo purificador que sempre os chama por entre os fogos do conflito humano, a história se torna uma estrutura de momentos atemporais e uma dança ao redor do ponto imóvel do tempo. Assim, os homens se unem na vida do único Logos e, ao partirem, veem suas vidas se tornarem símbolos pelos quais ele continua a chamar a humanidade de seu fluxo sem sentido rumo à união do tempo e do atemporal representada pela Encarnação:

> *Whatever we inherit from the fortunate*
> *We have taken from the defeated*
> *What they had to leave us – a symbol:*
> *A symbol perfected in death.*
> *And all shall be well and*
> *All manner of thing shall be well*
> *By the purification of the motive*
> *In the ground of our beseeching.* (p. 143)

[Tudo quanto herdamos aos afortunados
Tomado foi por nós aos derrotados.
Seu único legado – um símbolo:
Um símbolo na morte temperado.
E tudo irá bem e toda
Sorte de coisa irá bem
Pela purificação do impulso
Nas raízes de nossa súplica.]

A consciência desse significado encarnado no passado histórico também pode nos ajudar a vê-lo nos conflitos do presente – ver, por exemplo, no avião alemão que volta para casa após um ataque noturno contra Londres, "o negro pombo de flamante língua" ["*dark dove with (...) flickering tongue*"] (p. 140). Sob essa perspectiva, até mesmo o fogo destrutivo das bombas incendiárias pode se tornar um veículo por meio do qual o Espírito Santo fala aos homens acerca daquele que é sempre o seu chamado: "A pomba mergulhando rasga o espaço / Com flama de terror incandescente" ["*The dove descending breaks the air / With flame of incandescent terror*"], recordando aos homens que sua única esperança "Está na escolha de uma ou de outra pira / Para que o fogo do fogo nos redima" ["*Lies in the choice of pyre or pyre / To be redeemed from fire by fire*"] (p. 143-44).

Salvando os propósitos humanos do fogo da destruição, a redenção realizada pelo fogo que purifica dá um sentido novo e mais elevado à afirmação de que o caminho para cima e o caminho para baixo são apenas um e o mesmo: a luz transcendente emerge das profundezas da própria escuridão, e a ascensão da alma à sua verdadeira casa se une, num único movimento, à descida que o Logos divino realiza até a vida do mundo por meio da Encarnação.

Viver fielmente essa vocação, "com o impulso deste Amor e a voz deste Apelo" ["*with the drawing of this Love and the voice of this Calling*"] (p. 145), será passar a vida explorando – movendo-se "Rumo à outra intensidade / A uma união mais ampla, uma comunhão mais profunda" ["*Into another intensity / For a further union, a deeper communion*"] (p. 129) – e, na consumação final, chegar ao primeiro jardim da possibilidade reconhecendo-o ainda "como da primeira vez" ["*and know the place for the first time*"] (p. 145). Quando isso acontecer, o tempo será transfigurado no eterno, e o *saeculum* será inteiramente aquilo que agora só é em alguns momentos – o Reino sagrado:

> *When the tongues of flames are in-folded*
> *Into the crowned knot of fire*
> *And the fire and the rose are one.*

> [Quando as línguas de flama estiverem
> Enrodilhadas no coroado nó de fogo
> E o fogo e a rosa forem um.]

Capítulo 8

W. H. AUDEN: A AMBIGUIDADE DO SAGRADO

Debruçar-se sobre W. H. Auden é encontrar um conceito de sagrado bem mais complicado e problemático do que aquele que vimos em qualquer um dos autores precedentes. Isso se dá porque, segundo Auden, havia tanto um sagrado falso extremamente poderoso quanto um sagrado verdadeiro, sendo o falso o mais proeminente na maior parte das experiências pessoais. Para chegar à visão do sagrado verdadeiro, é preciso libertar-se do poder que o falso exerce sobre a imaginação. "Em todas as épocas e em todos os lugares", escreveu ele em *The Dyer's Hand* [A Mão do Tintureiro], "certos objetos, seres e acontecimentos suscitam na imaginação [do homem] um sentimento de espanto sagrado, enquanto outros objetos, seres e acontecimentos deixam sua imaginação intata. Contudo, ao contrário do politeísta, o cristão não pode dizer: 'Tudo aquilo que faz minha imaginação experimentar um espanto sagrado é o sagrado-em-si, ao passo que tudo aquilo que a deixa intata é o profano-em-si".[1] Na verdade, a santidade genuína será provavelmente negligenciada caso o sujeito tente avaliá-la de acordo com as qualidades um tanto dramáticas que ele em geral associa à experiência do sagrado:

---

[1] *The Dyer's Hand and Other Essays.* Nova York, Random House, 1962, p. 459.

> A Encarnação, a vinda do Cristo na forma de um servo que não pode ser reconhecido pelos olhos de carne e osso, mas somente pelos olhos da fé, dá termo a todas as pretensões da imaginação de ser a faculdade que decide o que é verdadeiramente sagrado e o que é profano. (...) Cristo surge como qualquer outro homem, mas ainda assim afirma ser Ele o Caminho, a Verdade e a Vida. (...) A contradição entre a aparência profana e a afirmação sagrada é impassível [*sic*] para a imaginação. (p. 457)

A franqueza e a falta de imponência do verdadeiro sagrado são duas de suas qualidades essenciais, dado ser em virtude delas que os homens se tornam livres para fazer sua escolha pessoal. Se subjugasse os homens com seu caráter maravilhoso, ele simplesmente os arrastaria e os deixaria naquilo que Kierkegaard, teólogo querido por Auden, teria chamado de modo estético de existência; sem fazer escolha própria, os homens teriam pouca identidade e seriam tão facilmente arrebatados pelo sagrado falso quanto pelo verdadeiro. "Cristo não encantou os homens", disse Auden. "Ele exigiu que acreditassem nEle."[2] A fé capaz de ultrapassar os encantamentos e de se agarrar à realidade, além de fornecer ao indivíduo a realidade objetiva que ele almeja, também lhe concede a realidade subjetiva de uma liberdade pessoal vivenciada de maneira consciente.

Obviamente, isso é muito mais estrênuo do que o modo estético de existência, no qual as paixões vivem a vida pelo indivíduo, e, portanto, o falso sagrado tende a possuir um apelo mais forte e amplo do que o verdadeiro. O encantamento é ao mesmo tempo estimulante e fácil, substituindo até mesmo a tensão da fé por uma agradável ilusão de certeza: "Quando encantados, nós não cremos, duvidamos ou negamos; nós *sabemos*, ainda que, como no caso de um falso encantamento, nosso conhecimento seja autoilusão".[3] "Quando os

---

[2] *A Certain World: A Commonplace Book*. Nova York, Viking Press, 1970, p. 150.

[3] Ibidem, p. 149.

deuses pagãos apareciam aos homens", escreveu Auden em *Secondary Worlds* [Mundos Secundários], "sua divindade era imediatamente reconhecida através do espanto e do fascínio que suscitavam nos mortais que os viam, e os poetas pré-cristãos eram considerados porta-vozes dos deuses porque sua linguagem era a linguagem do encantamento mágico".[4]

O encantamento é a matéria própria da arte, razão pela qual ela é tão cativante. Distinguindo o mundo primário da realidade objetiva dos mundos secundários criados pela imaginação, Auden afirmou que o descontentamento com o mundo primário é a principal motivação artística. A arte pode criar um mundo que tem o homem como Deus onipotente e onisciente e que não exige fé alguma para que sua sacralidade seja descoberta, apresentando seu encantamento ilusório de maneira direta: "Uma quantidade demasiada de nossas experiências é profana, desimportante, enfadonha. De um mundo secundário, somos capazes de excluir tudo aquilo que não julgamos sagrado, importante e encantador" (*Secondary Worlds*, p. 52). Consequentemente, a arte tende a conduzir os homens da verdade à inautenticidade, e aquele que, como Auden, está interessado na verdade, deve ficar alerta contra suas tentações. Por outro lado, se seus limites forem reconhecidos e ela vier a ser utilizada adequadamente, a arte pode funcionar como uma espécie de magia branca que liberta o indivíduo dos encantamentos falsos. Segundo coloca Auden na epígrafe da segunda parte do volume *Homage to Clio* [Homenagem a Clio],

> *Although you be as I am, one of those*
> *Who feel a Christian ought to write in Prose*
> *For Poetry is Magic – born in sin, you*
> *May read it to exorcise the Gentile in you.*[5]

---

[4] *Secondary Worlds*. Nova York, Random House, 1968, p. 135.

[5] *Homage to Clio*. Londres, Faber and Faber, 1960, p. 53. O trecho também veio a ser utilizado como epígrafe dos *Collected Shorter Poems 1927-57*. Nova York, Random House, 1966.

[Embora sejas, como eu, alguém
Para quem só Prosa ao cristão convém
Pois Poesia é Mágica, sua leitura
Pode matar o Gentio que em ti dura.]

Qualquer uso de magia, porém, é uma empreitada perigosa que só deve ser realizada com o reconhecimento realista de seus riscos.

O sagrado pode ser verdadeiro ou pode ser falso; a arte pode buscar o verdadeiro sagrado ou pode sucumbir à atração do falso. Não surpreende muito o fato de, para Auden, autor cristão, o sagrado parecer mais problemático do que para os escritores não cristãos que examinamos, mas há também uma diferença considerável entre a maneira como Auden pensa o sagrado e a maneira como T. S. Eliot o faz. Nos poemas escritos antes de sua conversão ao cristianismo, Eliot representava o mundo sobretudo como uma terra desolada profana, dotada, aqui e ali, de algumas imagens sagradas que apontavam para além de si mesmas, na direção de esperanças que poderiam parecer verdadeiras ou falsas dependendo da atitude do observador – falsas para o Gerontion e para os Homens Ocos, mas em alguma medida verdadeiras para certos pontos de vista encontrados em *The Waste Land*. No que diz respeito à sua relação com a experiência secular, o conceito de sagrado da poesia cristã de Eliot continuou muito semelhante àquele de seus poemas anteriores; o mundo secular em si, tal como descrito pelos *Four Quartets*, parece um oceano repleto de escombros, exceto nas partes em que a experiência de um momento atemporal o ilumina brevemente ou nas partes em que a voz de uma tradição religiosa comenta o significado desses momentos. De acordo com esse ponto de vista, o mundo secular se torna sagrado ao elevar-se até a vida de Deus por meio daquilo que os quartetos chamam de "Encarnação". É relevante que a expressão por eles utilizada não seja "*a* Encarnação", mas apenas "Encarnação"; tal como representada pelos quartetos, ela não é algo atualizado apenas na pessoa de Cristo, mas um estado do qual aqueles que procuram Cristo participam quando unidos a Ele em oração e na vida sacramental da Igreja. Implícita nessa abordagem da religião cristã encontra-se a ideia de que existe um sentido no qual Deus pode ser imanente ao mundo e também transcendente. Ao contrário do que afirmaria uma perspectiva panteísta, Ele não é imanente ao mundo secular por natureza, mas assim se torna quando o atrai para o Seu modo de existência; a ideia, aqui, é a mesma expressa pelo Credo Atanasiano, que descreve a união do divino e das naturezas humanas em Cristo como um acontecimento que se dá "não pela conversão da divindade em carne, mas porque Deus assumiu a humanidade". Desse ponto de vista, o sagrado, por mais que sua expressão particular possa ser obscura ou parcial, está sempre fundamentado na presença de Deus, e tem como função trazê-Lo à tona e, assim, conduzir o indivíduo a uma união mais íntima com Ele.

Ao menos em sua ênfase, isso é clara e completamente diferente da ideia de Auden, que acreditava na existência de formas falsas e verdadeiras do sagrado e no fato de que as falsas teriam um poder de sedução tão poderoso que, para aproximar-se adequadamente de Deus, seria imprescindível sujeitar toda experiência do sagrado a uma crítica minuciosa. Eliot não ignorava completamente a possibilidade de um tal desvio – sua ideia de que esperar pela esperança sem ter esperança equivaleria a esperar pela coisa errada está relacionada a isso –, mas talvez por haver, em sua opinião, poucas chances de uma sacralidade falsa ser deduzida do mundo secular, para ele isso não era tão problemático quanto para Auden; do ponto de vista de Eliot, o mundo tendia a parecer extremamente profano, exceto ali onde um instante de iluminação lhe chegava do reino do verdadeiro sagrado. Para Auden, porém, o mundo tende a se encher de encantamentos falsos que devem ser desmascarados como se devêssemos conhecer o mundo real tal como ele se fundamenta no único Deus verdadeiro.

Provavelmente há muitos motivos que nos levam a explicar as diferenças entre as visões do sagrado sustentadas por Eliot e por Auden.

Um desses motivos pode ser temperamental: Eliot simplesmente não costumava achar o mundo tão encantador a ponto de poder assumir uma qualidade sacra. Outro motivo, que a seu modo pode ter relação com as diferenças de temperamento, tem a ver com a teologia, com a diferença entre a maneira de pensar a doutrina cristã do Pecado Original. Embora ela seja um elemento importante do pensamento de ambos os poetas, descrevendo a incompletude do homem afastado de Deus, os dois seguiram tradições diferentes no que diz respeito ao seu significado. Enquanto Eliot, que jamais chegou a definir de fato qualquer um de seus artigos de fé, seguia implicitamente a tradição teológica geral do catolicismo, Auden falou abertamente sobre essa doutrina e vinculou seu próprio posicionamento à tradição dos protestantes. Resenhando, em 1941, *The Nature and Destiny of Man* [A Natureza e o Destino do Homem], de Reinhold Niebuhr, Auden declarou sua preferência por essa tradição ao discutir a crítica de Neibuhr à teoria católica de que o Pecado Original consiste na privação de um dom externo, e não, como afirma a teoria protestante, numa corrupção da natureza essencial do homem.[6] Segundo a tradição católica, em especial de acordo com o que foi desenvolvido por Tomás de Aquino e transmitido ao anglicanismo por Richard Hooker, o homem é fundamentalmente racional até mesmo quando desordenado por seu afastamento de Deus; assim, se cautelosamente seguida, a razão age como um guia confiável rumo tanto à felicidade natural do homem quanto à sua preparação para a revelação e para a graça natural que o completarão por meio do dom de Deus.

Os reformistas protestantes, por sua vez, tendiam ao agostinianismo e à crença em que a desordem da natureza humana proporcionada pela Queda deixava suas paixões tão intensas e sua razão

---

[6] "The Means of Grace". *New Republic*, 104, junho de 1941, p. 766. Cf. Herbert Greenberg, *Quest for the Necessary: W. H. Auden and the Dilemma of Divided Consciousness*. Cambridge, Mass., Harvard University Press, 1968, p. 139, 200.

tão enfraquecida que, por si só, ela não poderia mais servir como um guia apropriado.

Auden, no entanto, não desejava depreciar por completo a razão e, assim, defender um irracionalismo subjetivista. Em vez disso, tentou mesclar as perspectivas das tradições católica e protestante, e talvez tenha sido essa uma das razões – além do fato de ele ter sido criado numa família anglocatólica – pelas quais ele optou, como Eliot, por tornar-se anglicano. Como muitos críticos indicaram,[7] sua mente tem se mostrado propensa a pensar em termos de dualidade e equilíbrio, e o equilíbrio, para ele, é um dos caminhos que libertam o homem do encantamento. *The Enchafèd Flood*, estudo crítico do movimento romântico, examina várias estratégias que visam ao equilíbrio entre razão e paixão, ambas incapazes de ser, como seus membros tendem a afirmar, a totalidade do homem. Em determinada passagem, a obra associa a oposição das duas àquela entre o catolicismo e o protestantismo.

> As mentes talvez sejam semelhantes, mas não são o todo do ser humano ou sequer seu elemento principal. "Sejas quem for", diz Ismael, "eu prefiro sentir tua espinha do que teu crânio".
>
> A religião deísta da razão possuía um mito católico, aquele da deusa da razão, mas nenhum culto (...).
>
> A reação romântica trocou a deusa por uma série protestante de mitos individuais, mas também ela não tinha um culto de que todos os homens pudessem participar. Antes, ela substituiu a razão pela imaginação, colocando no lugar do homem de *esprit* o artista como mágico-sacerdote.[8]

Por si só, nenhuma dessas abordagens, seja a católica-racional, seja a protestante-subjetivista, é capaz de conduzir o homem de volta à

---

[7] Justin Replogle, *Auden's Poetry*. Seattle, University of Washington Press, 1969, p. 50 ss.

[8] *The Enchafèd Flood or The Romantic Iconography of the Sea*. Nova York, Vintage Books, s/d, p. 55.

totalidade, devendo ser contrabalançada pelo reconhecimento da outra. Em comparação com Eliot, porém, para Auden era a supervalorização da razão que parecia ser a pior ameaça. O caminho rumo ao equilíbrio exige tanto a percepção de que a paixão pode levar a razão a um estado de autoengano quanto a percepção de que, mesmo se fosse capaz de defender a si própria desse perigo, a razão ainda seria apenas um dos elementos da totalidade da vida existencial do homem, terminando, caso deixada por si só, não numa existência concreta, mas em abstrações e hipóteses.

A mente, tal como afirmou Auden, não é nem o todo, nem o principal elemento do ser humano; é a espinha, e não o crânio, que finca o indivíduo na realidade existencial. Ao mencionar, em *Secondary Worlds*, a definição de ceticismo proposta por Santayana – "a castidade do intelecto" –, Auden comenta: "Exatamente. No entanto, a castidade que não se fundamenta numa reverência profunda pelo sexo nada mais é do que o puritanismo de uma velha virgem" (p. 126). Kierkegaard formula a mesma ideia de maneira ainda mais vigorosa: "O paganismo nunca se aproxima mais da verdade do que Pilatos: o que é a verdade? E, com isso, a crucifica".[9] Para Auden, era a preocupação com a concretude existencial que estava no centro do cristianismo. A vida da fé cristã está no extremo oposto da abstração intelectual; como Auden, o poeta, afirmou em sua introdução a *The Living Thoughts of Kierkegaard* [Os Pensamentos Vivos de Kierkegaard], "Cristo não é um instrutor de verdades, mas a Verdade".[10]

O não cristão, contudo, poderia muito bem perguntar o que isso significa. Um significado possível é o de que, enquanto o homem caído se encontra fragmentado, Cristo, se for aquilo que a religião cristã afirma ser, é a totalidade viva; outro é o de que, vivendo na condição de unidade interior que constitui essa totalidade, Ele vive com completa consciência na realidade. Em "For the Time Being" [Por

---

[9] Kierkegaard, *The Journals*. In: *A Kierkegaard Anthology*. Org. Robert Bretall. Princeton, NJ, Princeton University Press, 1951, p. 9.

[10] Nova York, David McKay, 1952, p. 17.

Enquanto], seu oratório de Natal, Auden descreveu como a Queda dividiu a consciência do homem em quatro faculdades – a intuição, o sentimento, a sensação e o pensamento:

> *We who are four were*
> *Once but one,*
> *Before his act of*
> *Rebellion;*
> *We were himself when*
> *His life was free,*
> *His error became our*
> *Chance to be.*[11]

[Nós hoje somos quatro, mas
Só uma fomos antes,
Até que ele realizasse
Enfim o seu levante;
Aquele mesmo éramos nós
Quando tinha livre a vida,
Com seu erro a existência foi
A nós admitida.]

Separadamente, elas buscam ou abstrações vazias, ou concretudes fragmentárias e sem sentido,

> *Beautiful facts or true*
> *Generalisations,*
> *Test cases in Law or*
> *Market quotations.* (p. 415)

[Embelecidos fatos ou
Só generalizações,
Precedentes no Direito ou
No mercado, cotações.]

---

[11] *The Collected Poetry of W. H. Auden*. Nova York, Random House, 1945, p. 414. Doravante, o título será indicado como *Poetry*.

De maneira particular, o pensamento afirma que o "cérebro sonhador" ["*dreaming brain*"] se torna para ele um "mundo encantado" ["*fairyland*"]; a abstração equivale à fantasia ociosa. O advento de Cristo é a salvação da natureza humana de sua condição e a reunião das quatro faculdades na integridade. Embora, com exceção de Cristo, os homens permaneçam na fragmentação e na consciência onírica que constituem o estado do Pecado Original, o fato de haver alguém que seja uma alternativa viva a esse estado se torna o fundamento da esperança de que também eles possam alcançar a unidade e a concretude. Desse modo, quando Simeão diz que, "no caso desse Menino, Ele de forma alguma é um símbolo" ["*of this Child it is the case that He is in no sense a symbol*"], o coro responde: "Temos o direito de crer que realmente existimos" ["*We have right to believe that we really exist*"] (p. 452).

Antes, porém, que possam se aproximar dessa salvação, os homens devem reconhecer o quão longe estão dela, enfrentando seu estado de fragmentação e de desenraizamento com honestidade e percebendo sua incapacidade de escapar dele pelos caminhos que geralmente seguem – os caminhos que Kierkegaard chama de estético e ético. Tal como descrito por Auden em sua introdução ao filósofo, o caminho estético de Kierkegaard "vê as paixões não como se pertencessem ao eu, mas como visitas divinas, poderes que ele deve se esforçar para atrair ou repelir a fim de que possa sobreviver".[12] O caminho ético crê que "o homem, (...) dotado como é de razão, é capaz de apreender Deus diretamente como Ideia e Lei, de transcender suas paixões corporais finitas e de se tornar um Deus" (p. 12). Seguindo esse caminho, o homem ético acaba por descobrir que o conhecimento do que é bom não leva o conhecedor a automaticamente desejá-lo e que ele pode até mesmo violar essa bondade de maneira deliberada. Do mesmo modo, o homem estético descobre que suas paixões diminuem com o tempo

---

[12] *Living Thoughts*, p. 9.

e, com isso, lançam-no em um fastio que só é intermitentemente aliviado. Auden declarou: "Provavelmente é verdade que não há quem tenha se convertido ao cristianismo e não se 'apavorasse', seja por ser esteticamente infausto, seja por ser eticamente impotente, isto é, incapaz de realizar o que sabia ser o seu dever" (p. 18). Esse "apavorar-se" é o reconhecimento da insuficiência estética e ética ou, colocando em termos teológicos, do Pecado Original.

Selecionada por Auden para figurar em seu livro sobre os lugares-comuns, uma passagem retirada de *Markings*, de Dag Hammarskjöld, descreve o Pecado Original e seu significado para a vida humana em termos provavelmente muito semelhantes ao que o próprio Auden utilizaria para defini-los:

> Podemos alcançar o momento em que se torna possível, para nós, reconhecer e compreender o Pecado Original, aquele contraponto de iniquidade em nossa natureza – isto é, embora não *seja* a nossa natureza, ele é *dela* –, aquele algo interior que se regozija quando o desastre acomete a causa mesma a que tentamos servir ou quando o infortúnio domina até mesmo aqueles que amamos.
>
> A vida em Deus não é uma fuga disso, mas uma forma de compreendê-lo por completo. Não é a nossa depravação que nos impõe uma explicação religiosa fictícia, mas a experiência da realidade religiosa que força o "Lado Noturno" à nossa luz.
>
> Apenas quando nos colocamos sob a luz justa e onividente do amor que podemos ousar olhar, admitir e *conscientemente* sofrer sob esse algo em nosso interior que deseja o desastre, o infortúnio, a derrota de tudo o que não se encontra ao alcance de nosso egoísmo mais estrito. (*A Certain World*, p. 343-44)

Esse "algo em nosso interior que deseja o desastre, o infortúnio, a derrota" é aquilo a que Auden se referiu, em "Ascension Day, 1964" [Dia da Ascensão, 1964], como a "abatida Kundry" ["*glum Kundry*"] que permanece em cada um de nós no período que separa a partida do retorno de Cristo:

(...) *Absence remains*
The factual loss it is:

Here on out as permanent,
Obvious to all,
As the presence in each

Of a glum Kundry,
Impelled to giggle
At any crucifixion.[13]

[A falta é ainda
A perda que é:

Doravante tão fixa,
Tão clara a todos,
Como a presença em cada

De uma abatida Kundry,
Forçada a rir
Em toda crucifixão.]

Encarar isso, "ousar olhar, admitir e *conscientemente* sofrer", é voltar-se para a realidade que se encontra no centro da vida, ao passo que fugir disso é fugir não apenas de Deus, mas também de si. A fuga de si nunca é bem-sucedida, tendo como fruto apenas uma ansiedade torturante: "Não houve ainda quem acreditasse ou apreciasse uma mentira (...)" ["*No one has yet believed or liked a lie* (...)"], diz Auden em "Another Time" [Outro Tempo].[14] Ainda assim, há mais candidatos ao desespero do que à esperança: "Tantos buscam dizer Não Agora / Tantos são os que já ignoram / Como dizer Eu Sou" ["*So many try to say Not Now, / So many have forgotten how / To say I Am*"]. Ou, como ele afirma em "Our Bias" [Nosso Pendor]: "Quem

---

[13] *About the House*. Nova York, Random House, 1965, p. 81.

[14] *Collected Shorter Poems, 1927-1957*. Nova York, Random House, 1967, p. 170. Doravante, o título será indicado como *Shorter Poems*.

não prefere dar umas voltas, fazer hora, / Em vez de ir direto para onde está agora?" ["*When have we not preferred some going round / To going straight to where we are?*"].¹⁵

Ir direto para onde se está é dar meia-volta e, em meio à ansiedade, regressar para descobrir o que não se tem. O coro final de "For the Time Being" diz de Cristo: "Ele é a Verdade / Procura-O no Reino da Angústia; / Chegarás a uma incrível cidade que teu retorno aguardou por anos" ["*He is the Truth / Seek Him in the Kingdom of Anxiety; / You will come to a great city that has expected your return for years*"].¹⁶ Isso equivale também a descobrir o verdadeiro eu – o eu provavelmente negligenciado por tantos anos que, na imagem de "Like a Vocation" [Como uma Vocação], parece uma criança perdida a bradar de suas próprias profundezas:

> *But somewhere always, nowhere particularly unusual,*
> *Almost anywhere in the landscape of water and houses,*
> *His crying competing unsuccessfully with the cry*
> *Of the traffic or the birds, is always standing*
> *The one who needs you, that terrified*
> *Imaginative child who only knows you*
> *As what the uncles call a lie,*
> *But knows he has to be the future and that only*
> *The meek inherit the earth, and is neither*
> *Charming, successful, nor a crowd;*
> *Alone among the noise and policies of summer,*
> *His weeping climbs towards your life like a vocation.*¹⁷

[Mas em certa parte sempre, em área nada incomum,
Em quase toda a paisagem de água e lares,
Onde seu choro malogrado com o brado compete

---

¹⁵ Ibidem, p. 171. [Ed. brasileira: "Nosso Pendor", *Poemas*. Trad. José Paulo Paes e João Moura Jr. São Paulo, Companhia das Letras, 1986, p. 93. (N. T.)]

¹⁶ *Poetry*, p. 466.

¹⁷ *Shorter Poems*, p. 149.

Do trânsito ou dos pássaros, eis sempre
A que de ti necessita, a apavorada
Criança imaginativa que a ti só conhece
Como a mentira que os tios definem,
Mas que sabe que há de ser o futuro, que só
Os mansos herdam a terra, e que não é
Amável, exitosa, numerosa;
Sozinha entre o ruído e as polícias do estio,
Seu lamento até tua vida ascende como uma vocação.]

Felizmente, nas palavras de "Kairos and Logos" [Kairos e Logos], "nós não estamos perdidos, mas somente foragidos" [*"we are not lost but only run away"*].[18] Nossa realidade perdida nos chama, e nosso próprio sofrimento pode nos servir de guia. Alonso, em "The Sea and the Mirror" [O Mar e o Espelho], aconselha seu filho:

But should you fail to keep your kingdom
And, like your father before you, come
Where thought accuses and feeling mocks,
Believe your pain: praise the scorching rocks
For their desiccation of your lust,
Thank the bitter treatment of the tide
For its dissolution of your pride,
That the whirlwind may arrange your will
And the deluge release it to find
The spring in the desert, the fruitful
Island in the sea, where flesh and mind
Are delivered from mistrust.[19]

[Caso falhes em manter teu reino
E, qual teu pai, no futuro chegues
Onde a ideia acusa e o sentir troça,
Crê na dor e louva a ardente rocha
Que então desseca a lascívia tua,

---

[18] *Poetry*, p. 16.
[19] Ibidem, p. 368.

Rende graças à maré amarga
Por ser ela o que o orgulho embarga,
Tua vontade o turbilhão arrume,
E o dilúvio a ela oriente
À flor no deserto, à fecunda
Ilha no mar, onde carne e mente
São da suspeita libertos.]

Creia na dor, busque a Verdade no reino da ansiedade e, assim, seu sofrimento o conduzirá por um processo de purgação e integração rumo àquela união ideal de opostos que constituiria a totalidade humana. Tal como descrito aqui e em *The Enchafèd Flood*, esse processo é basicamente o processo junguiano de integração da personalidade. Os primeiros críticos de Auden estiveram tão mais interessados na psicologia freudiana que certo tempo precisou transcorrer até que o lado junguiano do pensamento do poeta fosse apreciado; no entanto, estudos recentes o têm julgado predominante, e ainda mais à medida que Auden foi se aproximando do cristianismo no final da década de 1930 e no início da década de 1940.[20] O esquema das quatro faculdades da consciência encontrado em "For the Time Being", por exemplo, vem de Jung.[21] A cristianização do processo junguiano envolvia, em Auden, a ideia de que apenas em Cristo esse processo alcançaria seu objetivo; sob essa perspectiva, a hipótese de Jung se torna, nas palavras de um crítico atual, "uma hipótese religiosa, tal como a fé em Deus passa a ser, ao homem, inseparável da esperança".[22]

O processo descrito por Alonso, portanto, não tem termo nesta vida, mas aguarda seu arremate naquela que está por vir. Aquilo a que

---

[20] O estudo mais abrangente acerca da influência de Jung sobre Auden é John E. Stoll, *W. H. Auden: A Reading*. Muncie, Indiana, Ball State University, 1970. Ver também Greenberg, *Quest for the Necessary*, p. 111 ss.

[21] Jolande Jacobi, *The Psychology of C. G. Jung: An Introduction with Illustrations*. New Haven, Conn., Yale University Press, 1968, p. 27.

[22] Stoll, *W. H. Auden*, p. 6.

ele de fato conduz ao avançar suficientemente nesta existência – como parece ser o caso de Alonso e Próspero em "The Sea and the Mirror" – é o despertar do homem, em sua atual condição fragmentada, na forma da realidade existencial de Calibã e do espírito ludibriador da reflexão, Ariel.

Em sua carreira como mágico, Próspero utilizara os poderes de Ariel para esconder de si mesmo a sua própria existência. Agora que aquela vida acabou – o poema de Auden é uma espécie de epílogo à *Tempestade* de Shakespeare –, ele é capaz de conhecer a si próprio como de fato é, ou seja, como um mortal existente: "Contente fico por haver-te libertado / E assim enfim em minha morte poder crer. / Pois sob a tua influência a morte é inconcebível" [*"I am glad I have freed you, / So at last I can really believe I shall die. / For under your influence death is inconceivable"*] (p. 352). Próspero estivera empregando o poder de Ariel para suprimir tanto a desconfortável certeza de que a existência paira às margens do nada – "Velejando só, ao longo de setenta mil braças" [*"Sailing alone, out over seventy thousand fathoms"*] (p. 358) – quanto o seu eu em geral, de modo que este permanecera incipiente até aquele momento. Ao perceber isso, Próspero se desespera:

> (...) *Caliban remains my impervious disgrace.*
> *We did it, Ariel, between us; you found on me a wish*
> *For absolute devotion; result – his wreck*
> *That sprawls in the weeds and will not be repaired:*
> *My dignity discouraged by a pupil's curse,*
> *I shall go knowing and incompetent into my grave.* (p. 356)

> [(...) É Calibã ainda minha impérvia desgraça.
> Entre nós, Ariel, conseguimos; em mim encontraste desejo
> De absoluta devoção; efeito – sua ruína
> Que pelas ervas se espraia e não será restaurada:
> Minha dignidade abatida por maldição de um pupilo,
> Alerta e incompetente chegarei ao túmulo.]

Contudo, o desespero de Próspero ante Calibã é prematuro. Quando, na parte final do poema, Calibã finalmente aparece, ele se transforma durante o longo discurso que dirige ao público e, após persuadi-lo de sua realidade, demonstra uma sabedoria que aponta para além da arte, para a nova vida de graça.

À medida que Calibã descreve os mecanismos da fantasia pelos quais os membros da plateia, como Próspero e os homens em geral, procuram varrer a realidade para baixo das ilusões de magnificência pessoal, ele diz que chega uma hora em que nos enfastiamos com o jogo de Ariel e tentamos descartá-lo, mas apenas para descobrirmos que ele se tornou tão natural que não irá embora. Por fim, caminhando com raiva até ele, vemos em seus olhos espelhados o nosso próprio eu, refletido em seu estado bruto e abandonado:

> (...) uma criatura gaguejante e de punhos cerrados com quem não tens qualquer familiaridade, pois é essa a primeira vez em que de fato encontras o único súdito que possuis, que não é um sonho aberto à mágica, mas a carne demasiado sólida que deves reconhecer como tua; ao menos ficaste frente a frente comigo, chocando-te ao saber o quão longe estou de ser, em qualquer sentido, de teu agrado, como careço por completo daquela bonomia composta e serena que a tudo perdoa porque a tudo compreende e que, ao olho crítico, povoa de maneira tão maravilhosa e doméstica cada página de tuas publicadas invenções.

> Mas, se me permites a pergunta, onde teria eu assimilado isso tudo quando, como a mãe da alta-roda que, embora diga a todos que ao filho se *dedica* por completo, simplesmente é *incapaz* de deixar a mesa de jantar agora e de fato *deve* estar em Le Touquet amanhã, deixando-o então aos cuidados de empregados que não conhece ou de internatos que jamais viu, ao longo de todos esses anos jamais demonstraste o menor interesse por mim? (p. 387-88)

No final, porém, talvez porque ouvi-lo, como a plateia o faz, seja deixar de ignorá-lo, Calibã não é mais a "criatura gaguejante e de punhos cerrados" cuja visão está limitada à "estagnação secular

(...), um olhar fixo e desdenhoso ao qual a mitologia é uma bobagem, cercado por uma passividade infinita e por uma desordem puramente aritmética que está aberta apenas à percepção" (p. 395), à existência vivenciada como uma superfície sem sentido. Em vez disso, ele é alguém capaz de falar não só pelo homem em seu estado mais bruto, mas também pelo homem completo – por si mesmo, por Ariel, por todos os personagens da peça, inclusive pelo público; do mesmo modo, pode expressar o sentido no qual a obra como um todo estivera caminhando:

> Agora acabou. Não, não foi um sonho. Estamos de fato aqui, na frente do palco, as faces coradas e sem aplausos (...). Contudo, neste exato momento em que enfim nos vemos como realmente somos, nem confortáveis nem chistosos, mas oscilando sobre a cornija que é açoitada pelo vento e paira sobre o vazio insuportável – jamais estivemos em outra parte, – em que nossas razões são silenciadas pelo enorme e pesado escárnio, – Nada há a ser dito. Jamais houve, – e nossa vontades estão em suas mãos – Não há saída. Jamais houve, – é neste momento que pela primeira vez ouvimos não os sons que, como atores natos, até agora condescendemos em usar como excelente veículo para exprimir nossas personalidades e aparências, mas o verdadeiro Verbo que é nossa única *raison d'être*. (p. 402)

Isso não significa, afirma ele, que nesta vida nós nos libertemos por completo de nossa tendência ao ilusionismo egoísta. Na verdade, o que sua fala quer dizer é que, embora permaneçamos "atores natos", dotados de "nossa vergonha, nosso medo, nossa incorrigível teatralidade", nós também tomamos parte na vida do mundo real sob a graça:

> (...) só que agora não é apesar deles, mas com eles que somos agraciados por essa Vida Toda Outra que se separa de nós por um golfo essencialmente enfático, do qual nossas fissuras artificiais de espelho e de arco de proscênio – finalmente as compreendemos – são frágeis signos figurativos; desse modo, é precisamente nessa imagem negativa de Julgamento que podemos vislumbrar positivamente a Misericórdia; é apenas aqui, entre as ruínas e os ossos, que podemos regozijar-nos

com a Obra aperfeiçoada que não é nossa. Sua grande coerência se destaca em nosso borrão secular com toda a sua obrigação preponderantemente virtuosa; sua voz atravessa nossos bancos silenciados de flores artificiais e profere com firmeza seu verdadeiro perdão molar; seus espaços nos saúdam com toda a sua velha perspectiva de espanto e amplitude; o encantamento eficaz é o florescer completo do estado intato; a nota sonora é a relação restaurada. (p. 402-03)

Utilizando os termos que Auden posteriormente empregaria – os termos dos mundos primário e secundários –, o homem, nascido ator e ilusionista, geralmente vive apenas nos mundos secundários que cria para si. Ele jamais chega a abandoná-los por completo, mas ao descobrir a realidade de sua vida, isto é, o Calibã negligenciado por baixo de sua postura, começa a viver, em alguma medida, a vida do mundo primário, o mundo real da criação de Deus.

Isso traz de volta nosso problema inicial das formas verdadeira e falsas do sagrado, ao mesmo tempo em que aponta para a sua solução. O mundo normal da experiência humana pode parecer profano – isto é, enfadonho e sem sentido – ou encantadoramente belo, mas de um modo que toma algo finito por Deus, tratando um bem limitado e relativo como se possuísse um valor ilimitado e absoluto ou considerando a identidade do indivíduo como se fosse o fundamento do ser. De todo modo, essa experiência é uma ilusão. O mundo real está enraizado no ato criativo de Deus e, por essa mesma razão, independentemente do que possa parecer, é sagrado, mas não de modo a colocá-lo em competição com sua fonte.

Para o homem caído, contudo, perceber isso com clareza é demasiado difícil, embora não impossível. Tal como descreveu Auden, fazê-lo não é fácil nem para os cristãos, uma vez que, para a maioria deles, uma existência plenamente cristã parece sempre estar mais adiante; em sua introdução a Kierkegaard, por exemplo, ele afirmou: "ninguém exceto Cristo, e talvez ao final da vida os santos *sejam* cristãos. Dizer 'Eu sou cristão' na verdade quer dizer 'Eu, que sou um pecador, estou obrigado a ser como Cristo'".[23] Ainda assim, uma vez que alguém pode participar da visão cristã da verdade, o cristianismo de fato acaba dissolvendo encantamentos falsos e admitindo o indivíduo no universo do sagrado verdadeiro. Auden fala da missão dos apóstolos em "The Twelve" [Os Doze]:

> (...) *They did as the Spirit bid,*
> *Went forth into a joyless world*
> *Of swords and rhetoric*
> *To bring it joy.*[24]

> [Fizeram o que mandou o Espírito,
> Partiram a um mundo sombrio
> De espadas e retórica
> A fim de levar-lhe alegria.]

E isso não foi realizado por meio de um novo encantamento, mas pela demitologização do universo:

> *Children play about the ancestral graves: the dead no longer walk.*
> *Excellent still in their splendor are the antique statues: but can do either good nor evil.*
> *Beautiful still are the starry heavens: but our Fate is not written there.*
> *Holy still is Speech, but there is no sacred tongue: the Truth may be told in all.*

> [Crianças brincam junto a covas ancestrais: os mortos não mais caminham.
> Em esplendor ainda excelem as velhas estátuas: mas de bem ou mal não são capazes.
> Belos são ainda os céus estrelados: mas não se inscreve lá nosso Destino.
> Sagrada é ainda a Fala, mas língua sacra não mais existe: em todas a Verdade é exprimível.]

---

[23] *Living Thoughts*, p. 20.

[24] O poema aparece em *City Without Walls and Other Poems*. Nova York, Random House, 1969, p. 105-06.

Como Simeão afirma em "For the Time Being", quando o cristianismo traz a mensagem de que em Cristo "o Verbo encontra-se unido à Carne sem perda de perfeição" [*"the Word is united to the Flesh without loss of perfection"*], ele também redime a razão da "fixação incestuosa em sua própria Lógica" [*"incestuous fixation on her own Logic"*], levando o universo a transformar-se de "ilusão pública" num reino de verdade existencial autenticamente estimulante:

> Pois a Verdade é de fato Una e sem ela não há salvação, mas as possibilidades do conhecimento genuíno são tantas quantas são as criaturas no universo real e extremamente instigante que Deus cria com e para o Seu amor; ademais, não é a Natureza que é uma única ilusão pública, mas cada um de nós que nutrimos várias ilusões particulares acerca da Natureza.[25]

Ou então, como afirmou Calibã, quando o homem acorda do sonho egoísta que falsificou sua imagem da realidade criada por Deus, "seus espaços nos saúdam com toda a sua velha perspectiva de espanto e amplitude".

Tanto a visão profana quanto o sagrado falso são produtos do pecado; e o pecado, embora seja por si só muito real, é tão somente a tentativa de acreditar numa ilusão – a de que o homem e o universo não são criações de Deus, mas um caos infundado de relatividades flutuantes. O Simeão de Auden diz da Queda: "ainda sem ter caído, sua vontade só poderia rebelar-se contra a verdade se fugisse rumo a uma mentira inconsciente; ele só poderia comer da Árvore da Ciência do Bem e do Mal esquecendo-se de que a existência dela era uma ficção do Maligno, de que só a Árvore da Vida existe."[26]

Para escapar dessa ilusão, torna-se necessário desenredar do falso o verdadeiro sagrado, o que exige que o indivíduo liberte sua visão de qualquer vestígio das concepções pagãs e panteístas da deidade.

---

[25] *Poetry*, p. 454.
[26] Ibidem, p. 450.

Uma declaração de Leslie Dewart citada ao menos duas vezes por Auden – uma em seu livro sobre os lugares-comuns, outra em *Secondary Worlds* – diz algo importante sobre isso: "O Deus cristão não é transcendente *e* imanente. Ele é uma realidade diferente do ser que se coloca na presença do ser e que, por meio dessa presença, faz com que o ser seja."[27] Antes que seja possível ao homem conhecer a sacralidade verdadeiramente imanente da criação de Deus, ele precisa libertar-se da visão falsa do sagrado imanente produzida por sua tendência a olhar para o mundo, ou para algo que no mundo se encontra, como se esse algo representasse a presença mesma de Deus. Uma passagem do *Post Scriptum Final Não Científico*, de Kierkegaard, atesta diretamente o que Auden quer dizer:

> Todo paganismo consiste nisso, em que Deus está diretamente relacionado ao homem, como o extraordinário ao observador estupefato. Todavia, a relação espiritual com Deus na verdade, isto é, na interioridade, é condicionada por um irrompimento prévio de interioridade que corresponde à ilusão de que Deus não possui absolutamente nada de óbvio nEle, de que Deus está tão longe de ser óbvio que se torna invisível. Não pode ocorrer a ninguém, de imediato, que Ele exista, embora Sua invisibilidade seja a sua onipresença.[28]

Deus não é um ser finito, mas o fundamento do ser como tal, e Sua invisibilidade é uma função de Sua onipresença como base transcendental de todo ser. Quando isso é percebido, as verdadeiras belezas deste mundo se libertam do falacioso jugo de precisar ser Deus, podendo então apontar para seu Criador e ser aquilo que na realidade elas sempre foram: dons do amor divino. Escrito mais ou menos na época de sua conversão, o poema "The Prophets" [Os Profetas], de Auden, apresenta essa ideia com grande beleza:

---

[27] *A Certain World*, p. 176; *Secondary Worlds*, p. 135. A citação é de Leslie Dewart, *The Future of Belief*.

[28] *Kierkegaard Anthology*. Org. Bretall, p. 224.

Their lack of shyness was a way of praising
Just what I didn't know, why was I gazing,
While all their lack of answer whispered "Wait",
And taught me gradually without coercion,
And all the landscape round them pointed to
The calm with which they took complete desertion
As proof that you existed.

It was true.
For now I have the answer from the face
That never will go back into a book
But asks for all my life, and is the Place
Where all I touch is moved to an embrace,
And there is no such a thing as a vain look.[29]

[Sua impavidez servia para enaltecer
O que eu olhava sem no entanto compreender,
Enquanto "Aguarde" o seu silêncio murmurava
E me instruía sem ter pressa ou coerção,
E o ambiente todo ao redor dizia
O quão calmos aceitavam a deserção
Como prova de que existias.

Era verdade.
Pois o motivo ora no rosto eu retraço
Que nunca mais retornará para a estante
Mas minha vida inteira pede e é o Espaço
Onde o que toco se encaminha a um abraço
E não existe nada como um vão semblante.]

Então, quando isso é compreendido e aceitado pela fé, "o primeiro mundo fenomenal", como afirma Auden em *Secondary Worlds*, pode ser visto como "um reino de analogias sagradas".[30] Em outras

---

[29] *Shorter Poems*, p. 148. O poema foi publicado pela primeira vez na *Southern Review*, outono de 1939.

[30] p. 144.

palavras, quando o mundo deixa de ser encarado como um fundamento autossuficiente e não mais vê partes suas transformadas em deuses finitos, o ser finito se torna um sinal sacramental que remete analogicamente ao Ser infinito que é seu fundamento. Nas palavras de "In Due Season" [Na Devida Estação], um poema recente:

> (...) *Stones, old shoes, come alive, born sacramental signs,*
> *Nod to us in the First Person of mysteries*
> *They know nothing about, bearing a message from*
> *The invisible sole Source of specific things.*[31]

> [Pedras e calçados nascem sinais sagrados,
> Anuem na Primeira Pessoa de enigmas
> Que desconhecem, e trazem uma mensagem
> Da invisível Fonte das coisas específicas.]

Para Auden, como já foi mencionado, a poesia era uma espécie de magia, tomando parte também na ambiguidade do sagrado; ela poderia seduzir alguém com falsos encantamentos ou poderia servir para "matar o Gentio que em ti dura". Um dos motivos pelos quais, segundo Auden, a arte é tão apelativa encontra-se no fato de ser tão difícil perceber o verdadeiro sagrado na realidade:

> *Timeless fictional worlds*
> *Of self-evident meaning*
> *Would not delight,*
>
> *Were not our own*
> *A temporal one where nothing*
> *Is what it seems.*

> [Mundos ficcionais, sem tempo,
> De sentido autoevidente
> Prazer não trariam

---

[31] *City Without Walls*, p. 83.

Não fosse este nosso
Temporário, onde nada
É o que parece.]

Um poema pode funcionar como uma mentira, como um convite ou até como um chamado para a verdade:

A poem – a tall story
But any good one
*Makes us want to know.*³²

[Poema – invenção
Mas tudo o que bom é
Nos deixa a buscar mais.]

O poder de encantamento da poesia pode fazê-la parecer sagrada em si, mas quando o poeta é capaz de compreender que, "para o cristão, (...) a arte e a ciência são atividades seculares, isto é, ninharias",³³ ele fica em posição de satisfazer a verdadeira vocação do poeta: "O poeta deve preservar e expressar, por meio da arte, aquilo que os povos primitivos sabiam instintivamente, isto é, o fato de que, para o homem, a natureza é um reino de analogias sacramentais."³⁴

Fazer isso é tornar-se o que Auden chamou, numa imagem crucial para sua concepção da vida cristã, de tradutor. No prólogo escrito para o *son et lumière* da Christ Church College realizado no verão de 1968, ele fala da "Dama Filologia" que preside aquele reino da Verdade "em que ouvir é traduzir e conhecer é ser conhecido", louvando-a então por verter em analogias verdadeiramente sacramentais as aparências que poderiam muito bem ser falsamente sagradas:

Except Her Grace prevent, we are doomed to idolatry,
to worship imaginary gods of our own childish making,
creatures of whim both cruel and absurd.

---

³² *About the House*, p. 11-12.
³³ *Dyer's Hand*, p. 456.
³⁴ *Secondary Worlds*, p. 131.

For She it is, and She alone who, without ambiguity
or palter, can teach us to rejoice in the holy Providence
of our Creator and our Judge.[35]

[Exceto se Sua graça impedir, estamos fadados à idolatria,
a louvar deuses imaginários de nossa própria fabricação infantil,
criaturas de caprichos tanto cruéis quanto absurdos.

Pois é ela e só ela quem, sem ambiguidade
ou logro, pode nos ensinar o júbilo na santa Providência
de nosso Criador e Juiz.]

Nesse sentido, ser tradutor é participar como instrumento criado e secular numa arte tradutória intrinsecamente sobrenatural – do milagre do Pentecostes. Em diversas ocasiões, Auden falou do Pentecostes cristão não como um dom de línguas compreendido como a capacidade de "fazer sons verbais que ninguém mais é capaz de compreender", mas como um dom dos ouvidos, "o milagre da tradução instantânea": "Seria possível dizer que a maldição de Babel foi redimida porque, pela primeira vez, os homens estiveram absolutamente dispostos a falar e ouvir não somente o seu tipo de gente, mas desconhecidos."[36] Como afirma ele em "Whitsunday in Kirchstetten" [Domingo de Pentecostes em Kirchstetten]:

Rejoice: we who were born congenitally deaf are able
to listen now to rank outsiders. The Holy Ghost does not abhor a
    golfer's jargon,
A Lower-Austrian accent, the cadences even of my own little
    Anglo-American
musico-literary set (though difficult, saints at least may think in algebra
without sin): but no sacred nonsense can stand Him.
Our magic syllables melt away,
our tribal formulae are laid bare: since this morning, it is with a
    vocabulary

---

[35] *City Without Walls*, p. 115-16.
[36] *Secondary Worlds*, p. 139.

made wholesomely profane, open in lexicons to our foes to translate, that we endeavor
each in his idiom to express the true magnalia which need no hallowing from us (...).[37]

[Regozijemo-nos: nós, surdos de nascença, somos hoje capazes de ouvir os que são todo estrangeiros. O Espírito Santo não odeia o jargão do golfista,
O sotaque da Baixa Áustria, sequer as cadências de meu próprio aparato músico-literário
Anglo-americano (embora com dificuldades, os santos podem ao menos pensar em álgebra
sem pecado): mas nenhum absurdo sagrado pode a Ele suportar. Nossas sílabas mágicas se dissolvem,
nossas fórmulas tribais se revelam: desde a manhã, é com um vocabulário
feito saudavelmente profano, aberto em léxicos para que os inimigos traduzam, que buscamos,
cada qual em seu idioma, expressar a verdadeira *magnalia* que de nenhuma reverência nossa carece (...).]

Antes de receber esse dom que redime e desencanta, "cada um de nós", nas palavras das "Horae Canonicae", "Reza a uma imagem de sua imagem de si" ["*Prays to an image of his imagem of himself*"],[38] isolado de Deus, do mundo natural e dos outros homens, preso ao solipsismo que, como Auden afirmou em seu livro dos lugares-comuns, era a essência do pecado do orgulho.[39] A saída para isso está no ato que é, ao mesmo tempo, o salto do homem rumo a Deus e a descida da pomba[40] na vida renovada do homem. O pré-requisito que se faz

---

[37] *About the House*, p. 83.
[38] *Shorter Poems*, p. 324-25.
[39] *A Certain World*, p. 344-45.
[40] Charles Williams, *The Descent of the Dove: A History of the Holy Spirit in the Church* (Londres, Longmans Green and Company, 1939), foi uma das influências mais importantes sobre o pensamento teológico de Auden durante

necessário para tanto é a aceitação da finitude, tanto a de si mesmo quanto a do mundo. Em "Ode to Terminus" [Ode a Término], temos Término, o deus romano desencantado e traduzido que simboliza a finitude secular,

> *By whose grace, also, every gathering*
> *of two or three in confident amity*
> *repeats the pentecostal marvel*
> *as each in each finds his right translator.*[41]

[Por cuja graça, também, todo encontro
de dois ou três em amizade confiante
repete o espanto pentecostal
quando um no outro encontra seu justo tradutor.]

Ainda assim, por mais bem-vindo e jubiloso que seja, esse dom continua sendo apenas parcial nesta vida – um vislumbre ou um aperitivo daquilo que o cristão almeja. Ele não livra o indivíduo das consequências do Pecado Original, mas prepara-o para uma libertação completa no futuro. Os últimos versos de *City Without Walls* [Cidade Sem Muros] são uma oração para que Deus continue a "traduzir" para um novo público os próprios esforços que o poeta emprega para traduzir em verso as analogias sacramentais que por ora só falam obscuramente da glória que, segundo espera, todos conhecerão através da glória de Deus:

> *Can Sixty make sense to Sixteen-Plus?*
> *What has my camp in common with theirs,*
> *with buttons and beards and Be-Ins?*
> *Much, I hope. In Acts it is written*
> *Taste was no problem at Pentecost*

---

o período de sua conversão. A ênfase dada por Williams à atividade imanente do Espírito Santo no mundo era um importante contrapeso à influência de Kierkegaard e Niebuhr.

[41] *City Without Walls*, p. 99.

To speak is human because human to listen,
beyond hope, for an Eight Day,
when the creatured Image shall become the Likeness:
Giver-of-life, translate for me
till I accomplish my corpse at last.[42]

[Pode ao jovem o sessentão ser acessível?
O que meu lado em comum tem com o deles,
com seus broches, barbas, manifestações?
Muito, espero. Nos Atos lemos:
Gosto não foi problema em Pentecostes.

Falar é humano porque é humano atentar,
além da esperança, a um Oitavo Dia,
quando a Imagem criada virará Semelhança:
Doador-da-Vida, para mim traduza
até que enfim em defunto eu termine.]

O período interveniente é um período de tensão. Nas palavras do narrador ao fim de "For the Time Being": "Para os que viram / A Criança, mesmo turva, mesmo sem crer, / O Agora é, de certa forma, o período mais árduo de todos" [*"To those who have seen / The Child, however dimly, however incredulously, / The Time Being is, in a sense, the most trying time of all"*].[43] Uma das explicações para essa arduidade está no fato de, na vida atual, os sagrados verdadeiro e falso só serem distinguidos com muita dificuldade. Se fosse apenas uma questão de afirmar a glória transcendente de Deus, as coisas não seriam tão penosas, mas uma parte essencial da vida cristã resume-se a "recordar a estrebaria em que de uma vez por todas em nossas vidas / Tudo tornou-se um Tu e nada era Isso" [*"remembering the stable where for once in our lives / Everything became a You and nothing was an It"*] (p. 466). Os últimos versos do oratório são: "Ele

---

[42] "Prologue at Sixty", p. 120-21.
[43] *Poetry*, p. 465.

é a Vida. / Ama-O no Mundo da Carne; / E em teu casamento todo instante dançará de alegria" ["*He is the Life. / Love Him in the World of Flesh; / And at your marriage all its occasions shall dance for joy*"]. Se fosse possível apenas rejeitar o sagrado imanente por ser ele uma ilusão pagã, ou então exaltar o transcendente em detrimento do imanente, essa tarefa seria muito mais fácil, mas ao mesmo tempo não passaria de uma substituição do falso sagrado por um falso profano. Em vez disso, a verdadeira vocação do cristão é defender-se dos encantamentos e rezar com as "Horae Canonicae": "Deus abençoe este verde mundo temporal" ["*God bless this green world temporal*"].[44]

Auden afirmou que esta é uma das diferenças entre sua visão da vida cristã e aquela de Kierkegaard. Num ensaio acerca de sua conversão, ele escreveu:

> Por mais que eu deva a Kierkegaard – entre tantas outras virtudes, ele ostenta o talento, inestimável num pregador segundo os gregos, de fazer o cristianismo soar boêmio –, não posso deixar de comentar aquilo que parece ser sua grande limitação, uma limitação que caracteriza o protestantismo em geral. Um visitante de outro planeta poderia ler cada uma de suas volumosas obras sem descobrir que os seres humanos não são fantasmas, mas possuem corpos de carne e osso (...).[45]

Enquanto Kierkegaard fazia com que o plano estético da existência, a vida do prazer e da paixão, parecesse algo que tivesse de ser deixado para trás durante a ascensão ao plano religioso, grande parte da poesia produzida por Auden a partir de sua conversão ao cristianismo envolveu o esforço de lembrar à cristandade que também a carne tem sua redenção. "In Praise of Limestone" [Em Louvor do Calcário] é um exemplo particularmente adequado dessa tentativa. O poema descreve a vida estética em sua forma mais pura – uma amena paisagem de

---

[44] "Lauds", *Shorter Poems*, p. 338.
[45] James A. Pike (org.), *Modern Canterbury Pilgrims*. Nova York, Morehouse-Gorham, 1956, p. 42.

encostas sinuosas, recendendo a tomilho e regada por fontes ridentes, tal como um povo cuja vida se assemelha a esse cenário:

> *What could be more like Mother or a fitter background*
> *For her son, the flirtatious male who lounges*
> *Against a rock in the sunlight, never doubting*
> *That for all his faults he is loved; whose works are but*
> *Extensions of his power to charm?*[46]

[O que seria mais parecido à Mãe ou ambiente mais propício
Para seu filho, macho galanteador que se espreguiça
Sobre um rochedo ao sol, sem ter dúvida alguma
De que é amado malgrado os seus defeitos, e cujas obras são apenas
Extensões do seu poder de encanto?]

Essas pessoas são "incapazes / De conceber um deus cujos ímpetos de ira são morais / E não podem acalmar-se com um verso talentoso / Ou uma boa trepada" [*"unable / To conceive a god whose temper-tantrums are moral / And not to be pacified by a clever line / Or a good lay"*], e tanto os melhores quanto os piores, os candidatos a santos e os intendentes Césares, evitam seu mundo. Contudo, conclui o poema, também a vida deles terá lugar na vida que há de vir, assim como também eles, mesmo agora, podem servir como analogia sacramental que aponta para o júbilo a ser partilhado pela carne e pelo espírito:

> *(...) But if*
> *Sins can be forgiven, if bodies rise from the dead,*
> *These modifications of matter into*
> *Innocent athletes and gesticulating fountains,*
> *Made solely for pleasure, make a further point:*
> *The blessed will not care what angle they are regarded from,*

---

[46] O poema aparece em *Shorter Poems*, p. 238-41. [Edição brasileira: "Em Louvor do Calcário", *Poemas*. Trad. José Paulo Paes e João Moura Jr. São Paulo, Companhia das Letras, 1986, p. 107-11. (N. T.)]

Having nothing to hide. Dear, I know nothing of
Either, but when I try to imagine a faultless love
Or the life to come, what I hear is the murmur
Of underground streams, what I see is a limestone landscape.

[(...) Mas contudo se
Os pecados são passíveis de perdão, se os corpos erguem-se, dos mortos,
Tais modificações de matéria em inocentes
Atletas e fontes a gesticular,
Tão-só para o prazer, suscitam outra questão:
Aos bem-aventurados não importa o ângulo por que são vistos,
Pois nada têm para esconder. Minha cara, não sei nada
De um ou outra, mas quando tento imaginar amor sem jaça
Ou a vida futura, o que escuto é o rumorejo
De rios subterrâneos, o que vejo é uma paisagem de calcário.]

No percurso da vida presente, não há escolha fácil capaz de suprimir tanto a *via positiva* quanto a *via negativa*; em vez disso, o chamado cristão exige que ambas sejam conservadas em tensão e, na medida do possível, em equilíbrio, até o momento derradeiro em que todos os encantamentos falsos desaparecerão e a verdade será conhecida em sua plenitude. Um dos primeiros poemas que Auden escreveu como cristão afirma esse princípio, e toda a sua obra subsequente, por mais específico que seja o seu tema – religioso ou secular, durante a Sexta-feira Santa ou na casa austríaca do poeta – representa o esforço para praticá-lo:

(...) *Let* (...)
The positive and negative ways through time
Embrace and encourage each other
In a brief moment of intersection.

That the orgulous spirit may while it can
Conform to its temporal focus with praise,
Acknowledging the attributes of
One immortal, one infinite Substance;

And the shabby structure of indolent flesh
Give a resonant echo to the Word which was
From the beginning, and the shining
Light be comprehended by the darkness.[47]

[(...) Deixa (...)
Os caminhos positivo e negativo que o tempo cruzam
Um ao outro abraçar e encorajar
Num breve momento de interseção.

Que o espírito orgulhoso possa enquanto pode
Conformar-se com louvor ao seu foco temporal,
Reconhecendo os atributos
Da única Substância infinita, imortal;

E a estrutura surrada da carne indolente
Ecoe com força a Palavra que era
Desde o início, e a radiosa
Luz assimilada seja pelas trevas.]

---

[47] O poema era originalmente o epílogo de *The Double Man* (Estados Unidos) e *New Year Letter* (Reino Unido). Subsequentemente, foi incluído na *Collected Poetry* como "Autumn 1940" (p. 101-03) e nos *Collected Shorter Poems* como "The Dark Years" (p. 176-78), em ambos os casos com modificações. Cito a passagem tal como reproduzida em *New Year Letter*. Londres, Faber and Faber, 1941, p. 187-88.

Capítulo 9

CONCLUSÃO

Agora compreende-se que o crítico se assemelha exatamente a um poeta; só lhe falta o sofrimento no coração e a música nos lábios. Vejam, portanto, que prefiro ser um pastor de porcos de Amager e ser compreendido pelos suínos a ser um poeta e não ser compreendido pelos homens.
     KIERKEGAARD, Ou Isso, ou Aquilo

E, após, ao fogo apurador se envia.
     DANTE, *Purgatorio*, XXVI, 148

No caso de um estudo que se iniciou com o paradoxo do sagrado e que teve fim com sua ambiguidade, tentar chegar a uma conclusão clara e definitiva pode parecer, na melhor das hipóteses, algo paradoxal ou, na pior, algo tolo. Com suas formas e transformações, o tema do sagrado é tão complexo e sutil que talvez apenas o tipo de estudo particular realizado nos capítulos anteriores faça jus a ele. De todo modo, há algumas considerações finais que gostaria de tecer.

No primeiro capítulo, afirmei que o significado da crise moderna do sagrado – chamada popularmente de "morte de Deus" – depende do objetivo da linguagem pela qual as posturas tradicionais da fé são exprimidas. Além disso, é necessário recordar que, embora o conteúdo conceitual dessa linguagem não seja insignificante, ele não é a totalidade dela – e, em muitos casos, sequer é sua parte mais importante: há também o aspecto experiencial, o senso do sagrado, uma força que dá origem aos conceitos e que pode até mesmo violar os seus limites. Quando isso acontece, a linguagem tradicional não mais se adequa com tanta precisão, e utilizá-la passa a ser rude e provavelmente capcioso.

Isso se aplica, em grande parte, aos autores que este livro discutiu. Embora Nietzsche, Beckett e Stevens, em virtude da aspereza de suas críticas à religião tradicional, a princípio pareçam certamente ateístas, depois de um exame atento se torna muito mais difícil distinguir com tanta simplicidade esse "ateísmo" das posturas panteístas e teístas de Yeats, Rilke, Joyce, Mann, Eliot e Auden.

Uma linha de abordagem que pode nos ajudar a esclarecer esse problema é a que o considera nos termos de seu aspecto experiencial. De acordo com esse ponto de vista, uma das formas pelas quais o teísmo de tipo ortodoxo, o panteísmo e o ateísmo podem ser distinguidos encontra-se em sua relação com o senso do sagrado. Em sua forma hebraica, o teísmo ortodoxo apresenta um grande sentimento do sagrado como algo transcendente; em sua forma cristã, ao menos de maneira ideal, ele vem caracterizado tanto como imanente quanto transcendente, tendo ambos os polos em equilíbrio. O panteísmo, por sua vez, se diferencia por um senso de sagrado preciso, mas com um predomínio relativamente forte do polo imanente; o senso do sagrado transcendental precisa existir em alguma medida – caso contrário, não haveria qualquer sentimento de sacralidade –, mas no panteísmo ele geralmente parece quase eclipsado. Quando totalmente obscurecido, não há mais qualquer senso de sagrado, o que então gera uma perspectiva que pode ser adequadamente chamada de ateísta.

Sob essa luz, nenhum dos três autores que acabei de mencionar como possíveis candidatos ao adjetivo "ateísta" parecem adequados, sendo Ibsen o único discutido capaz de ser assim classificado – e isso com base na visão apresentada em *Hedda Gabler*. Ademais, não se pode esquecer que a forma como Hedda vê o universo não é necessariamente a de Ibsen. O que mais parece provável é que Ibsen, a exemplo de grande parte dos outros autores que debatemos, vislumbrasse ao menos dois modos de visão possíveis, alternando sua própria perspectiva com eles e sempre sentindo sua tensão.

Do ponto de vista conceitual, o problema da distinção entre o ateísmo, o teísmo e o panteísmo é apenas um aspecto do problema da relação entre os seres e o ser – um mistério que talvez não esteja suscetível a análises ou que só está suscetível de uma forma bastante limitada. Sob esse aspecto, o diálogo entre os três grupos pode ser mais bem compreendido como um aspecto do diálogo, mais antigo, entre as abordagens catafática e apofática à teologia. Desse ponto de vista, o problema na verdade se resume à melhor maneira de descrever, por meio de imagens limitadas e inevitavelmente inadequadas, algo que está além do alcance de todas elas: *Ipsum Esse*.[1] Do mesmo modo, o debate na realidade não trata da existência ou da não existência de uma deidade conceitualmente definida, sendo, antes, uma crítica de analogias, uma discussão acerca da melhor – ou menos inadequada – forma de alcançar o objetivo que cada um está buscando.

Todos os autores discutidos neste livro se deixaram tocar de alguma forma pelo senso do sagrado; da mesma maneira, todos se deixaram afetar pela percepção de sua ausência. Até mesmo Eliot e Auden, que vieram a se tornar cristãos, percorreram a Terra Desolada dessacralizada em sua viagem rumo à fé. O mesmo poderíamos dizer dos outros, dado que nenhum deles simplesmente cruzou os braços para morrer no descampado: cada um viu algo no horizonte que os estimulou a continuar, fosse esse algo uma luz brilhante ou uma "escuridão brilhando na claridade". Além disso, cada um deles, fundamentando-se nas intuições suscitadas por seus autênticos pontos de vista, também respondeu à sua maneira ao chamado e ao desafio que esse norte impunha.

No entanto, até mesmo falar sobre respostas a desafios pode ser uma simplificação excessiva do que tem acontecido, quiçá até uma distorção. Também isso é "uma imagem como qualquer outra". Os movimentos do pensamento e da sensibilidade humanas não se dão

---

[1] Ver Tomás de Aquino, *Summa Theologica*, I, q. 3, a. 4.

apenas através de empresas individuais deliberadas, assim como os desenvolvimentos ocorridos na vida dos indivíduos não acontecem necessariamente de modo consciente ou por meio de esforços. Uma pessoa pode optar por buscar ou rejeitar o sagrado, mas não pode escolher encontrá-lo ou perdê-lo; seria mais adequado afirmar que é ele que a encontra ou abandona.

É igualmente verdade que, assim como as ideias podem ter vida própria – desenvolvendo-se, no pensamento de determinado período, de acordo com as leis de sua própria lógica e independentemente do desejo daqueles que com elas trabalham –, o mesmo acontece com as imagens.[2] À medida que as experiências mudam, as imagens que elas originam também se alteram, e nossos pensamentos se enformam em função de tais modificações.

Assim como numa cultura primitiva o simbolismo natural das alturas continua a funcionar mesmo após o criador ter se tornado um *deus otiosus*, também pode ocorrer – e nós tivemos a oportunidade de estudar alguns exemplos – de a imagística tradicional do sagrado, quando usada por um autor irreligioso moderno num contexto secular, carregar consigo um sentimento do transcendente capaz de ressacralizar o mundo do homem.

Como o sagrado vive nas analogias – e as analogias devem ser sempre claudicantes e, para que permaneçam eficazes, criticadas –, em certo sentido ele nunca deixará de agonizar; no entanto, sua morte nunca chega. Nós podemos fugir ou, o que é mais provável, nos afastar dele, mas, embora possamos abandoná-lo, ele não ficará longe por muito tempo – afinal, seu apelo é algo que está em nós,

---

[2] Cf. Austin Farrer, *A Rebirth of Images: The Making of St. John's Apocalypse*. Boston, Beacon Press, 1963, p. 14: "As imagens [da Bíblia] não percorrem invariáveis todas as eras, e não há estudo histórico mais relevante do que o estudo de suas transformações. Uma dessas transformações encontra expressão no nascimento do cristianismo; ele representa uma renascença visível das imagens." Ver também Austin Farrer, *The Glass of Vision*. Londres, Dacre Press, 1948.

no centro mesmo de nosso ser. Tentar viver permanentemente sem ele é afirmar que o ser não tem profundidade alguma, o que acaba por eliminar a possibilidade de essa mesma profundidade vir um dia a existir na vida do sujeito. Quando nos toca – o que deve ocorrer quando lemos, com todo o nosso eu, autores como os que examinamos –, ele jamais nos deixa intatos; segundo afirma Auden em "Nones" [Nona],

> (...) *we have time*
> *To misrepresent, excuse, deny,*
> *Mythify, use this event*
> *While, under a hotel bed, in prison,*
> *Down wrong turnings, its meaning*
> *Waits for our lives.*[3]

> [(...) temos tempo
> Para falsear, justificar, negar,
> Mitificar, usar esse fato
> Enquanto, sob uma cama de hotel, na prisão,
> Por equivocadas curvas, seu significado
> Aguarda nossas vidas.]

Ele nos aguarda em nossas tentativas fracassadas de viver sem ele, mas também, felizmente, em poemas como esse, em romances e peças, em todo lugar que houver uma imagem capaz de servir como seu veículo. As imagens do sagrado podem morrer e, assim, virar "antigas pedras que não podem ser decifradas"; no entanto, elas também podem surgir novamente como luz que irrompe das rochas. Quando isso acontece, podemos então nos juntar a Auden:

> *Perhaps I always knew what they were saying:*
> *Even those earliest messengers who walked*
> *Into my life from books where they were staying* (...).[4]

---

[3] *Collected Shorter Poems*, p. 331-32.
[4] "The Prophets", ibidem, p. 147.

[Talvez sempre soubesse o que afirmavam:
Mesmo os núncios de outrora que dos livros
Saíam e minha vida adentravam (...).]

Muitos podem viver sem o sagrado ao longo de toda a vida, e gerações inteiras podem dar a impressão de o terem perdido ou de terem sido por ele abandonadas; no entanto, o sagrado sempre acaba por irromper em nossas vidas, até mesmo através de velhas pedras, para nos chamar e para nos propor seu desafio – para dizer-nos, como o Arcaico Torso de Apolo do soneto de Rilke, que

> (...) *da ist keine Stelle,*
> *die dich nicht sieht. Du mußt dein Leben ändern.*[5]

[(...) ponto não há
Que não te mire. Força é mudares de vida.]

---

[5] "Archaischer Torso Appollos", *Translations from the Poetry of Rainer Maria Rilke*. Trad. M. D. Herter Norton. Nova York, W. W. Norton and Company, 1938, p. 180-81. [Edição brasileira: "Torso Arcaico de Apolo", *Estrela da Vida Inteira*. Trad. Manuel Bandeira. Rio de Janeiro, Nova Fronteira, 1993, p. 361. (N. T.)]

BIBLIOGRAFIA

Esta bibliografia não deseja ser uma lista dos livros a que nos referimos – uma vez que estes já vêm indicados nas notas –, e sim uma lista de obras que seriam do interesse de quem deseja explorar ainda mais o tema deste trabalho: o conceito do sagrado e sua relação com a cultura secular, fazendo referência especial à literatura moderna e seus fundamentos.

ALTIZER, Thomas J. J. *Mircea Eliade and the Dialectic of the Sacred.* Filadélfia: Westminster Press, 1963.

BECKER, Carl L. *The Heavenly City of the Eighteenth-Century Philosophers.* New Haven, Conn.: Yale University Press, 1932.

BEJA, Morris. *Epiphany in the Modern Novel.* Seattle: University of Washington Press, 1971.

BELLAH, Robert N. *Beyond Belief: Essays on Religion in a Post-traditional World.* Nova York: Harper and Row, 1970.

BERGER, Peter L. *The Sacred Canopy: Elements of a Sociological Theory of Religion.* Garden City, NY: Doubleday, 1967.

BURTT, Edwin Arthur. *The Metaphysical Foundations of Modern Physical Science.* Londres: Routledge and Kegan Paul, 1932.

CAMPBELL, Joseph (org.). *Spirit and Nature: Papers from the Eranos Yearbooks.* Nova York: Pantheon Books, 1954.

_____. (org.). *Man and Time: Papers from the Eranos Yearbooks.* Nova York: Pantheon Books, 1957.

_____. *The Masks of God: Creative Mythology.* Nova York: Viking Press, 1968.

COHN, Norman. *The Pursuit of the Millennium: Revolutionary Millenarians and Mystical Anarchists of the Middle Ages.* Nova York: Oxford University Press, 1970.

Cox, Harvey. *The Secular City: Secularization and Urbanization in Theological Perspective*. Nova York: Macmillan, 1965.

Eliade, Mircea. *The Myth of the Eternal Return*. Trad. Willard R. Trask. Nova York: Pantheon Books, 1954.

———. *Patterns in Comparative Religion*. Trad. Rosemary Sheed. Nova York: Sheed and Ward, 1958.

———. *Birth and Rebirth*. Trad. Williard R. Trask. Nova York: Harper and Row, 1961.

———. *The Sacred and the Profane: The Nature of Religion*. Trad. Willard R. Trask. Nova York: Harper and Brothers, 1961.

———. *The Two and the One*. Trad. J. M. Cohen. Nova York: Harper and Row, 1965.

———. *The Quest: History and Meaning in Religion*. Chicago: University of Chicago Press, 1969.

Eliot, Thomas Stearns. *The Idea of a Christian Society*. Nova York: Harcourt Brace, 1940.

———. *Notes toward the Definition of Culture*. Londres: Faber and Faber, 1948.

Ellmann, Richard. *The Identity of Yeats*. Nova York: Oxford University Press, 1954.

———. *Ulysses on the Liffey*. Nova York: Oxford University Press, 1972.

Erikson, Erik. *Young Man Luther: A Study in Psychoanalysis and History*. Nova York: W. W. Norton, 1958.

Fadiman, Clifton (org.). *I Believe: The Personal Philosophies of Certain Eminent Men and Women of Our Time*. Nova York: Simon and Schuster, 1939.

Farrer, Austin. *The Glass of Vision*. Londres: Dacre Press, 1949.

Feder, Lillian. *Ancient Myth in Modern Poetry*. Princeton, NJ: Princeton University Press, 1971.

Fedotov, George P. *The Russian Religious Mind: Kievan Christianity – the Tenth to the Thirteenth Centuries*. Cambridge, Mass.: Harvard University Press, 1946.

GARDNER, Helen. *Religion and Literature*. Nova York: Oxford University Press, 1971.

GAY, Peter. *The Enlightenment: An Interpretation. The Rise of Modern Paganism*. Nova York: Alfred A. Knopf, 1966.

GILKEY, Langdon. *Naming the Whirlwind: The Renewal of God-Language*. Indianápolis e Nova York: Bobbs-Merrill, 1969.

GUARDINI, Romano. *Rilke's Duino Elegies: An Interpretation*. Londres: Darwen Finlayson, 1961.

HARTSHORNE, Charles. *The Divine Relativity: A Social Conception of God*. New Haven, Conn.: Yale University Press, 1948.

HOWARTH, Herbert. *Notes on Some Figures behind T. S. Eliot*. Boston: Houghton Mifflin, 1964.

JUNG, Carl Gustav. *Psychology and Alchemy*. Trad. R. F. C. Hull. Londres: Routledge and Kegan Paul, 1953.

_____. *Symbols of Transformation: An Analysis of the Prelude to a Case of Schizophrenia*. Trad. R. F. C. Hull. Nova York: Pantheon Books, 1956.

_____. *Psychology and Religion: West and East*. Trad. R. F. C. Hull. Nova York: Pantheon Books, 1958.

_____. *Aion: Researches into the Phenomenology of the Self*. Trad. R. F. C. Hull. Nova York: Pantheon Books, 1959.

KIRK, G. S. *Myth: Its Meaning and Functions in Ancient and Other Cultures*. Cambridge: Cambridge University Press; Berkeley e Los Angeles: University of California Press, 1971.

KITAGAWA, Joseph M.; Long, Charles H. (orgs.). *Myths and Symbols: Studies in Honor of Mircea Eliade*. Chicago: University of Chicago Press, 1969.

KOJECKY, Roger. *T. S. Eliot's Social Criticism*. Londres: Faber and Faber, 1971.

KRIEGER, Murray. *The Tragic Vision: Variations on a Theme in Literary Interpretation*. Chicago: University of Chicago Press, 1966.

LAWALL, Sarah N. *Critics of Consciousness: The Existential Structures of Literature*. Cambridge, Mass.: Harvard University Press, 1968.

Leeuw, Gerardus van der. *Sacred and Profane Beauty: The Holy in Art*. Pref. Mircea Eliade. Trad. David E. Green. Nova York: Holt, Rinehart and Winston, 1963.

Lewis, Richard W. B. *The American Adam: Innocence, Tragedy, and Tradition in the Nineteenth Century*. Chicago: University of Chicago Press, 1955.

_____. *The Picaresque Saint: Representative Figures in Contemporary Fiction*. Filadélfia e Nova York: J. B. Lippincott, 1956.

Lossky, Vladimir. *The Mystical Theology of the Eastern Church*. Londres: James Clarke, 1957.

Löwith, Karl. *Meaning in History: The Theological Implications of the Philosophy of History*. Chicago: University of Chicago Press, 1949.

Luckmann, Thomas. *The Invisible Religion: The Problem of Religion in Modern Society*. Nova York: Macmillan, 1967.

Macquarrie, John. *God-Talk: An Examination of the Language and Logic of Theology*. Nova York e Evanston: Harper and Row, 1967.

Marcel, Gabriel. *The Mystery of Being*. Chicago: Henry Regnery, 1960.

Maritain, Jacques. *Creative Intuition in Art and Poetry*. Nova York: Pantheon Books, 1953.

_____. *The Situation of Poetry: Four Essays on the Relations between Poetry, Mysticism, Magic, and Knowledge*. Trad. Marshall Suther. Nova York: Philosophical Library, 1955.

Mascall, Eric Lionel. *Via Media: An Essay in Theological Synthesis*. Londres: Longmans, Green, 1956.

_____. *Theology and Images*. Londres: A. R. Mowbray, 1963.

May, Rollo (org.). *Symbolism and Literature*. Nova York: George Braziller, 1960.

Mazzeo, Joseph Anthony. "Some Interpretations of the History of Ideas". *Journal of History and Ideas*, 33, n. 3, julho/setembro de 1972, p. 379-93.

Miller, J. Hillis. *The Disappearance of God: Five Nineteenth-Century Writers*. Cambridge, Mass.: Harvard University Press, 1963.

_____. *Poets of Reality: Six Twentieth-Century Writers*. Cambridge, Mass.: Harvard University Press, 1966.

MOLNAR, Thomas. *God and the Knowledge of Reality*. Nova York: Basic Books, 1973.

NICOLSON, Marjorie Hope. *Mountain Gloom and Mountain Glory: The Development of the Aesthetics of the Infinite*. Ithaca, NY: Cornell University Press, 1959.

_____. *The Breaking of the Circle: Studies in the Effect of the "New Science" upon Seventeenth-Century Poetry*. Ed. revisada. Nova York: Columbia University Press, 1960.

ONG, Walter J. *The Barbarian Within, and Other Fugitive Essays and Studies*. Nova York: Macmillan, 1962.

_____. *In the Human Grain: Further Explorations of Contemporary Culture*. Nova York: Macmillan, 1967.

_____. *The Presence of the Word: Some Prolegomena for Cultural and Religious History*. New Haven, Conn.: Yale University Press, 1967.

OTTO, Rudolph. *The Idea of the Holy: An Inquiry into the Non-rational Factor in the Idea of the Divine and its Relation to the Rational*. Trad. John W. Harvey. 2. ed. Londres: Oxford University Press, 1950.

REEVES, Marjorie. *The Influence of Prophecy in the Later Middle Ages: A Study of Joachimism*. Oxford: Clarendon Press, 1969.

RICHARDSON, Alan. *History and Sacred Profane*. Filadélfia: Westminster Press, 1964.

SCOTT JR., Nathan A. *Modern Literature and the Religious Frontier*. Nova York: Harper, 1958.

_____ (org.). *The Climate of Faith in Modern Literature*. Nova York: Seabury Press, 1964.

_____ (org.). *The New Orpheus: Essays toward a Christian Poetic*. Nova York: Sheed and Ward, 1964.

_____ (org.). *Forms of Extremity in the Modern Novel*. Richmond, Va.: John Knox Press, 1965.

_____ (org.). *Four Ways of Modern Poetry*. Richmond, Va.: John Knox Press, 1965.

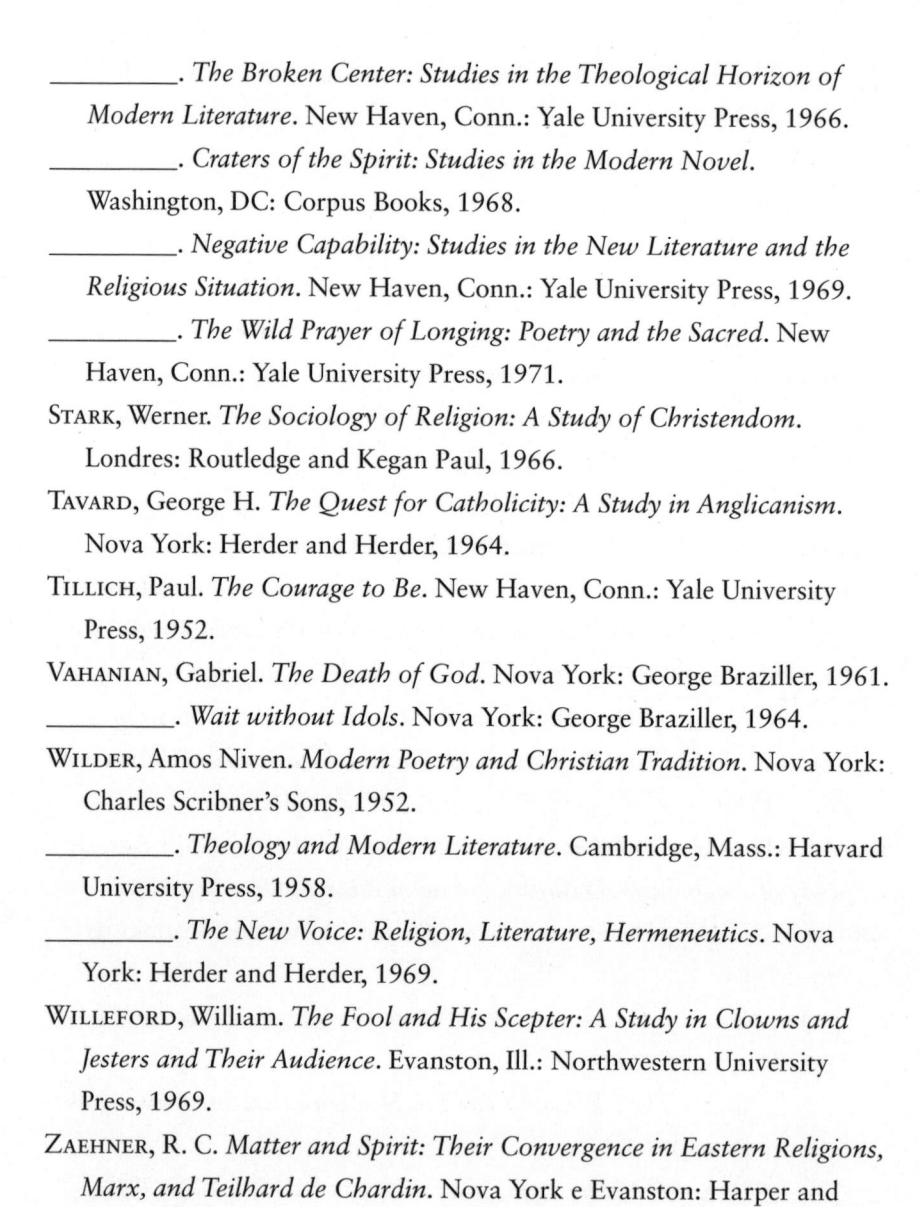

_____. *The Broken Center: Studies in the Theological Horizon of Modern Literature*. New Haven, Conn.: Yale University Press, 1966.

_____. *Craters of the Spirit: Studies in the Modern Novel*. Washington, DC: Corpus Books, 1968.

_____. *Negative Capability: Studies in the New Literature and the Religious Situation*. New Haven, Conn.: Yale University Press, 1969.

_____. *The Wild Prayer of Longing: Poetry and the Sacred*. New Haven, Conn.: Yale University Press, 1971.

STARK, Werner. *The Sociology of Religion: A Study of Christendom*. Londres: Routledge and Kegan Paul, 1966.

TAVARD, George H. *The Quest for Catholicity: A Study in Anglicanism*. Nova York: Herder and Herder, 1964.

TILLICH, Paul. *The Courage to Be*. New Haven, Conn.: Yale University Press, 1952.

VAHANIAN, Gabriel. *The Death of God*. Nova York: George Braziller, 1961.

_____. *Wait without Idols*. Nova York: George Braziller, 1964.

WILDER, Amos Niven. *Modern Poetry and Christian Tradition*. Nova York: Charles Scribner's Sons, 1952.

_____. *Theology and Modern Literature*. Cambridge, Mass.: Harvard University Press, 1958.

_____. *The New Voice: Religion, Literature, Hermeneutics*. Nova York: Herder and Herder, 1969.

WILLEFORD, William. *The Fool and His Scepter: A Study in Clowns and Jesters and Their Audience*. Evanston, Ill.: Northwestern University Press, 1969.

ZAEHNER, R. C. *Matter and Spirit: Their Convergence in Eastern Religions, Marx, and Teilhard de Chardin*. Nova York e Evanston: Harper and Row, 1963.

ÍNDICE REMISSIVO[1]

A

Adams, Robert M., 64
A.E. (George William Russell), 149
Agostinho de Hipona, Santo, 33-34, 55
Aquino, Santo Tomás de, 135, 143-44, 171, 264, 295
Arca da Aliança, 26
Aristófanes, 65
Aristóteles, 98, 122, 149, 172
Astartes, 26
Ateísmo, 16, 50, 56, 294-95
Atos dos Apóstolos, 29
Auden, Wystan Hugh, 11, 211-13, **259-92**, 297
   A Certain World, 213-14, 260, 280, 285
   "A Reminder", 283
   About the House, 283-84
   "Another Time", 270-71
   "Ascension Day, 1964", 269
   "Autumn 1940" ou "The Dark Years", 291
   "For the Time Being", 266, 271, 273, 279, 287
   Homage to Clio, 261
   "Horae Canonicae", 285, 288
   "In Due Season", 282
   "In Praise of Limestone", 288-89
   "Kairos and Logos", 272
   "Like a Vocation", 271
   "Nones", 297
   "Ode to Terminus", 286
   "Prologue at Sixty", 287
   Secondary Worlds, 260-61, 266, 280-81, 283-84
   The Dyer's Hand, 259, 283
   The Enchafèd Flood, 265, 273
   "The Prophets", 280, 297
   "The Sea and the Mirror", 272-74
   "The Twelve", 278
   "Whitsunday in Kirchstetten", 284
Averróis, 152

B

Baal, 25-26
Beckett, Samuel, 26, 76-77, 87, 103, 294
   Cascando, 84-87, 103
   Dias Felizes, 83-84
   Esperando Godot, 76-79
   Film, 84-87
   Fim de Partida, 79-84, 86
   Inominável, O, 87, 88

---

[1] Os números em negrito referem-se à principal discussão de um autor.

Beja, Morris, 130
Berkeley, George, 108
Bhagavad Gita, 239-40, 250
Borgo San Donnino, Gerardo de, 35
Bradley, Francis Herbert, 215, 241
Bruno, Giordano, 36, 38, 53-54, 134-35, 142, 155, 171-73
Budismo, 83, 247
Bultmann, Rudolph, 15
Burnet, Thomas, 38-39

C
Cabala, 150
Calcedônia, Concílio da: Definição de Fé no, 31
Campbell, Joseph, 26
Coincidentia ou *conjunctio oppositorum*, 36-37, 105, 127, 142-43, 145, 150, 155, 180, 185 passim. *Ver também* Sagrado: união do, com o secular
Coleridge, Samuel Taylor, 106, 108
Comte, Auguste, 49
Copérnico, Nicolau, 38-39
Credo niceno, 31
Cristianismo, 32, 52, 55, 61-62, 95, 136, 148, 171, 208-09, 218, 220, 262, 266, 269, 272, 278-79, 288, 296. *Ver também* Eliot, T. S.: "Ash Wednesday" e *Four Quartets*
Cristo, Jesus, 125-27, 147, 152, 157, 197, 230, 235, 260, 262, 266, 273, 277

Cristologia, 31-32
Cusa, Nicolau de, 36, 60, 105, 111, 142

D
Dante Alighieri, 35, 50, 95, 99, 117, 180, 202, 214, 233
Dessacralização, 16, 19, 21, 49-50, 56, 295
Destino, 55, 57. *Ver também* Tique
Deus otiosus, 20, 38, 78, 296
Deus Supremo: como conceito na religião comparada, 20, 25
Deus: versões modernas do conceito de, 211-13
Deuses celestes, 19-20
Dewart, Leslie, 280
Dionísio, 54, 64-65, 73, passim, 197
Donne, John, 233

E
Eckhart, Mestre Johannes, 36
Édipo, 180-85. *Ver também* Sófocles
Eliade, Mircea, 17-18, 20, 49, 52, 56, 59-60, 87, 175, 190
Eliot, Thomas Stearns, 22-23, **211-58**, 262-66, 294
"Ash Wednesday", 213-14, 222
"Dante", 233
For Lancelot Andrewes, 220, 222, 227, 236
Four Quartets [Quatro Quartetos], 214, 239-45, 253, 262

"Gerontion", 217, 224, 262
"Portrait of a Lady", 216
"Preludes", 217
"Second Thoughts about Humanism", 221
The Idea of a Christian Society, 227
"The Journey of the Magi", 221-22
"The Love Song of J. Alfred Prufrock", 216
"The Waste Land", 217-19, 247, 262
"Thoughts after Lambeth", 220, 227
"Tradition and the Individual Talent", 217
Ellmann Richard, 141, 172
Elyot, Sir Thomas, 253
Emerson, Ralph Waldo, 106
Encarnação, 28, 31, 37, 168, 195, 197, 199, 251-52, 257-58, 262
Epifania: como conceito no pensamento de James Joyce, 130
Erígena, João Escoto, 33, 36
Esfinge, 181-87, 189, 193
Eucaristia, 145, 147, 156, 197, 228

F

Farrer, Austin, 296
Fascinans. Ver *Mysterium tremendum et fascinans*
Fausto. Ver Goethe, Johann Wolfgang von
Fichte, Johann Gottlieb, 48, 105

Filosofia hermética, 36
Fiore, Joaquim de. Ver Joaquim de Fiore

G

Galileu, 39
Gerard de Borgo San Donnino, 35
Goethe, Johann Wolfgang von, 39-47

H

Hammarskjöld, Dag, 269
Hartshorne, Charles, 212
Hegel, Georg Wilhelm Friedrich, 48, 106, 108
Heidegger, Martin, 174
Heráclito, 253, 256
Herbert, George, 233
Hesse, Hermann, 190
Honest to God (J. A. T. Robinson), 15
Hooker, Richard, 264
Hopkins, Gerard Manley, 233
Hume, David, 172-73
Hunter, Alfred (original do Leopold Bloom de Joyce), 141

I

Iahweh, 25-26
Ibsen, Henrik, 23, **60-73**, 82, 134-36, 208, 294
  Casa de Bonecas, 63
  Espectros, 63
  Hedda Gabler, 63-76, 294
  Imperador e Galileu, 61-63, 136

Rosmersholm, 63
Idealismo filosófico, 36, 105, 215
Imanência da divindade. *Ver* Sagrado: polos transcendente e imanente
Iniciação, 175-80
Isaías, 29, 266

J
João da Cruz, São, 239, 247
Joaquim de Fiore, 34-36, 48, 150
Joyce, James, 23, **130-74**, 294
    Finnegans Wake, 134-39 passim
    problema de sua postura religiosa, 171-74
    Retrato do Artista Quando Jovem, Um, 130, 141, 170
    Ulisses, 130-74
Joyce, Stanislaus, 146
Jung, Carl Gustav, 273

K
Kepler, Johannes, 39
Kierkegaard, Søren, 260, 266-67, 277, 280, 286-88, 293

L
Leibniz, Gottfried Wilhelm, 36
Lessing, Gotthold Ephraim, 35-36
Little Gidding, 255-56
Logos: conceito do, 171-72, 235, 256
Löwith, Karl, 34, 48, 54, 56
Lutero, Martinho, 34

M
Macbeth (Shakespeare), 73
Maeterlinck, Maurice, 123
Mágica, 26
Maimônides, Moisés, 152
Majestas, 17, 26, 213
Mallarmé, Stéphane, 123
Maniqueísmo, 232
Mann, Thomas, 11, **157-93**, 265
    Confissões do Impostor Felix Krull, 184, 206
    Doutor Fausto, 184, 205-07
    José e Seus Irmãos, 178, 205, 212
    Montanha Mágica, A, 175-208
    problema de sua postura religiosa, 208-09
    Santo Pecador, O, 184, 190, 206
Margolis, John D., 222
Marx, Karl, 48
Miller, Joseph Hillis, 15-16, 19, 96
Milton, John, 22
Moltmann, Jürgen, 15
Movimento romântico, 38
Mysterium tremendum et fascinans, 17, 26, 28, 46, 86, 107, 174, 213

N
Nicolson, Marjorie Hope, 39
Niebuhr, Reinhold, 264, 286
Nietzsche, Friedrich, 23, 47-56, 60, 64, 82, 91, 143, 159, 209, 294
    Além do Bem e do Mal, 51

Assim Falou Zaratustra, 47-56
Nascimento da Tragédia, O, 54, 61

O
Odisseu, 180, 202, 214. *Ver também* Joyce, James: *Ulisses*
Ortodoxia oriental, 32
Otto, Rudolf, 10, 17, 26, 133

P
Pannenberg, Wolfhart, 15
Panteísmo, 23, 37-38, 135, 172, 215, 263, 294-95
Parmênides, 241-42
Paulo, São, 30-32, 242
Pecado, 137-38, 205, 208, 264, 268-69
Pentecostes, 28-30, 41, 44, 138, 284
Pitágoras e pitagorismo, 122, 155
Platão, 122
Profano: conceito de, em Joyce, 133-34
Pseudo-Dionísio, o Areopagita, 32, 36

Q
Queda do Homem, 26, 39, 267

R
Rabelais, François, 35-36
Religião grega, 25
Religião hebraica, 25, 27, 227
Richardson, Alan, 30
Rienzo, Cola di, 35

Rilke, Rainer Maria, 23, 88, 105, **108-21**, 127, 294
Cadernos de Malte Laurids Brigge, Os, 109
Das Buch vom Mönchischen Leben, 105
Elegias de Duíno, 109-10, 118
Sonetos a Orfeu, 108-09, 119
"Torso Arcaico de Apolo", 298
Robinson, John A. T., 15

S
Sacramento, 154, 196-98. *Ver também* Eucaristia
Sagrado
  como modo de experiência religiosa, 17
  economia do, 20
  polos transcendente e imanente, 19-31 passim, 26, 31, 54, 93, 172, 174, 205, 211, 213-15, 224, 233, 263, 268, 288, 294
  senso do, no Ocidente moderno, 22
  união do, com o secular, 227, 233-34, 240, 244, 262-63
Santayana, George, 266
Schelling, Friedrich Wilhelm Joseph von, 48-49, 106
Secular: união do, com o sagrado, 229, 232-33, 240, 259, 262
Seidlin, Oskar, 195-97
Shaw, George Bernard, 64

Sófocles, 181-82 *Ver também* Édipo
Spinoza, Baruch, 36, 38, 108
Stevens, Wallace, 23, 47, **83-99**, 107, 294
    "A Primitive Like an Orb", 97, 100
    "An Ordinary Evening in New Haven", 94, 99
    "Chocorua to Its Neighbor", 97, 103
    "Credences of Summer", 94, 99
    "Less and Less Human, O Savage Spirit", 98
    "Metaphor as Degeneration", 100
    "Poesie Abrutie", 96
    "Study of Images I", 100
    "Sunday Morning", 91, 94
    "The Auroras of Autumn", 102
    "The Old Lutheran Bells at Home", 95
    "The River of Rivers in Connecticut", 100
    "The Sense of the Sleight-of-Hand Man", 89-90
    "The Snow Man", 89
    "velha cristã de tom altivo", 89

T

Teísmo, 172. *Ver também* Auden, Wystan Hugh; Cristianismo; Eliot, Thomas Stearns; Deus; religião hebraica

Tempestade, A (Shakespeare), 274
Tempo
    cíclico, 55-56, 59-60, 64, 68, 76
    psicológico, 246-47
    visões helênica e judaico-cristã do, 55-56
Teologia, 16, 32-33, 212, 264, 295
Terceiro Reino do Espírito
como tema na história intelectual, 35, 47-49, 54, 63, 71, 82, 103, 136, 207-08
Thomas, Dylan, 22
Tillich, Paul, 15
Tique, 181. *Ver também* Destino
Tomismo, 144. *Ver também* Aquino, Santo Tomás de
Traherne, Thomas, 150
Transcendência. *Ver* Sagrado
Trindade: doutrina cristã da, 31-34, 172, 224

U

Unger, Leonard, 231

V

Verhaeren, Emile, 123
Vico, Giovanni Battista, 163-71

W

Whitehead, Alfred North, 9, 202
Williams, Charles, 285-86
Wordsworth, William, 40

Y

Yeats, William Butler, 23, 36, 105, 107, **108-112**, 127, 294
    "A General Introduction for My Work", 126
    A Vision, 105, 122-26
    "Among School Children", 122
    Autobiography, 12
    "Discoveries", 122-23
    "Ego Dominus Tuus", 125
    "The Magi", 126
    "The Song of the Happy Shepherd", 121
    "Vacillation", 122

Dados Internacionais de Catalogação na Publicação (CIP)
(Câmara Brasileira do Livro, SP, Brasil)

Webb, Eugene
   A pomba escura: o sagrado e o secular na literatura moderna / Eugene Webb; tradução de Hugo Langone. – São Paulo: É Realizações, 2012. –
(Coleção crítica, história e teoria da literatura).

   Título original: The dark dove : the sacred and secular in modern literature.
   ISBN 978-85-8033-094-4

   1. Crítica de arte 2. Literatura moderna - História e crítica I. Título. II. Série.

12-11467   CDD-809

Índices para catálogo sistemático:
1. Literatura moderna : História e crítica   809

Este livro foi impresso pela Gráfica Vida & Consciência para É Realizações, em outubro de 2012. Os tipos usados são da família Sabon Light Std e Compacta Bd BT. O papel do miolo é off white norbrite 66g, e o da capa, cartão supremo 250g.